잠재된 따뜻한 카리스마를 더 많이 발견하는
행복하고 보람된 날들을 기원드립니다

이 종 선

따뜻한 카리스마

따뜻한 카리스마

초판 1쇄 발행 2011년 8월 17일
초판 25쇄 발행 2023년 4월 1일

지은이 이종선

발행인 이재진 **단행본사업본부장** 신동해
편집장 조한나 **디자인** Design co*kkiri
사진 조한나 **진행** 이상권 **마케팅** 최혜진 백미숙
홍보 반여진 허지호 정지연 **제작** 정석훈

주소 경기도 파주시 회동길 20
문의전화 031-956-7208(편집) 031-956-7129(마케팅)
홈페이지 www.wjbooks.co.kr
인스타그램 www.instagram.com/woongjin_readers
페이스북 http://www.facebook.com/woongjinreaders
블로그 blog.naver.com/wj_booking

발행처 ㈜웅진씽크빅
브랜드 갤리온
출판신고 1980년 3월 29일 제406-2007-000046호

© 이종선, 2011(저작권자와 맺은 특약에 따라 검인을 생략합니다)
ISBN 978-89-01-12761-3 03320

갤리온은 ㈜웅진씽크빅 단행본사업본부의 브랜드입니다.
이 책은 저작권법에 따라 보호를 받는 저작물이므로 무단전재와 복제를 금지하며,
이 책 내용의 전부 또는 일부를 이용하려면 반드시 저작권자와 ㈜웅진씽크빅의 서면 동의를 받아야 합니다.

• 이 책은 2004년 발간된 〈따뜻한 카리스마〉의 개정증보판입니다.
• 책값은 뒤표지에 있습니다.
• 잘못된 책은 구입하신 곳에서 바꾸어 드립니다.

싸 우 지 않 고 이 기 는 힘
따뜻한 카리스마

이종선 지음

Prologue

비즈니스 현장은 일하는 능력 못지않게 무수히 많은 능력을 요구한다. 그중 빼놓을 수 없는 것 하나를 꼽으라면 대인관계 능력이다. 전문적인 능력과 함께 인간적인 매력이 있는 사람의 주변에는 자연스럽게 사람들이 모인다. 그동안 치열한 비즈니스 현장에서 개인적인 이미지의 힘과 리더로서의 능력을 어떻게 연결시키느냐 하는 문제를 컨설팅하면서 수많은 CEO와 유명인사들을 만났다. 그 속에서 나는 예전과는 달라진 성공하는 사람들의 새롭고 독특한 이미지 요소들을 찾게 되었다. 그들의 공통점을 한마디로 표현하자면 '따뜻한 카리스마'를 가진 사람들이었다.

20세기에 이르러 독일의 사회학자 막스 베버에 의해 독재자적인 의미를 부여받게 된 '카리스마'라는 말은 원래 신으로부터 특수한 능력을 부여받아 기적을 베푸는 능력을 의미했다. 아울러 '병을 고치는 힘'이나 '예언 능력'을 일컫는다. 하지만 현대적인 의미의 카리스마에는 상대의 '자발적인 신뢰'가 전제되어야 한다. 그런 점에서 카리스마는 21세기 사회에서 리더십을 원활하게 발휘하기 위한 필수 요소로서 강조된다. '군사훈련에서 제1규칙은 사병들에게 지휘관에 대한 신뢰를 불어넣는 것이다. 지휘관에 대한 신뢰가 없으면 나가 싸우지 못하기 때문이다.' 세계적인 경영사상가 피터 드러커의 말이다. 문제는 사람들을 이끌면서도 마음을 얻을 수 있는 카리스마를 어떻게 원활하게 '표현'

하느냐 하는 것이다.

따뜻한 카리스마를 가진 이들은 자신을 개방해서 상대를 통제하는 자기표현력과 뛰어난 공감능력을 통해 상대가 스스로 선택했다고 자부하게 만드는 설득의 기술을 발휘한다. 보통 사람들이 열등감을 은폐하기 위해 애쓰다가 더욱 초라해지는 반면, 이들은 열등감을 넘어서면 새로운 자신을 발견할 수 있다는 사실을 알고 자기를 훌륭하게 극복해낸다. 성공한 사람들조차 거절하는 것이 가장 어렵다고 하는데 이들은 상대가 기분 나쁘지 않게 수락하듯 거절하는 묘를 발휘하고, 여유롭게 세상을 품는 유머를 지니고 있음을 발견하게 된다. 이 모든 걸 해내는 이들의 내면에는 자신만의 비전이 자리 잡고 있으며 신뢰를 가장 소중하게 여긴다. 또한 우연한 인연마저도 값싸게 이용하지 않고 숨은 보물처럼 다룬다는 걸 발견할 수 있었다.

이 과정에서 자연스럽게 따뜻한 카리스마에 대한 정의를 내릴 수 있었다. 그것은 조직의 부품적 사고가 아닌 온전한 인간으로서 나를 실천하는 것이다.

'나는 정말 열심히 일하는데 왜 제대로 인정받지 못할까?'

'부하 직원들은 왜 내가 없을 때 더 생기 있는 것 같지?'

'어떻게 하면 쓸데없는 논쟁에 휩싸이지 않으면서 설득력 있는 사람이 될 수 있을까?'

오늘도 이런 고민 속에 사람들은 하루하루를 살아간다. 사실은 이런 고민을 다루고 해결책을 만드는 것이 내가 연구하는 이미지 설계의 핵심이다. 서로의 정체성을 제대로 파악하고 그 사람의 전문적인 영역에 대한 인식과 존중이 자연스럽게 이루어지게 하는 것이 성공적인 자기 이미지 설계라고 볼 수 있다. 그래야 성공적인 인생 설계와 커리어 관리를 이룰 수 있다. 그리고 이것을 매끄럽게 해낼 수 있는 키워드가 바로 '따뜻한 카리스마' 라고 믿는다.

나는 따뜻한 카리스마가 어떤 것이냐고 묻는 사람들에게 '싸우지 않고도 이기는 힘' 이라고 말한다. 강하지만 차가워서 매력이 없거나, 부드러우나 유약하여 믿음이 가지 않는 것이 아니라 인간적이고 감성적이면서 마음을 강력히 끌어당기는 힘. 그것이 바로 따뜻한 카리스마다. 서로가 따뜻한 카리스마를 가지고 있다면 의사소통이 수월해진다. 어느덧 자연스럽게 당신을 믿고 따르는 사람들이 모여들고 예전보다 일이 쉽게 진행되는 것을 느낄 수 있을 것이다.

이 책의 1부에서는 따뜻한 카리스마를 갖는 데 필수적이지만 놓치기 쉬운 중요 요소 10가지를 정리했다. 사회과학적인 정보와 이미지 관리의 효과적인 사례 및 나의 현장 경험들을 토대로 구성하였다. 능력을 인정받는 직장인, 인기 있는 동료, 닮고 싶은 리더의 공통분모가 무엇인지 확인하고 이에 대한 많은 사람들의 갈증을 해소하기 위하여 일반적인 사례들을 제시하였다.

2부에서는 따뜻한 카리스마를 지닌 인물들을 소개하고 분석하였다. 그들의 성공과 이미지 이면에 숨겨진 특징을 통해 본인의 유형을 찾아보고 각 인물의 표현과 장단점을 잘 응용한다면 훌륭한 자신의 모델링 대상이 될 것이다.

3부는 구체적인 실천편이다. 이 역시 자신의 이미지와 습관을 돌아보며 현재 이미지(AS-IS Image)를 잘 분석하고 목표 이미지(TO-BE Image)를 설정한다면 날로 복잡 다양해진 사람들과의 비즈니스 현장에서 효과적으로 활용할 수 있으리라 믿는다.

언어학자들에 따르면 사람들은 보통 하루에 14,000 단어를 말한다고 한다. 무척 많은 것 같지만 사실 그건 고작 두 시간 정도를 혼자 말하는 양이다. 강의하는 것이 직업이니 평소에 나는 적어도 그 4배는 사용하는 것 같다.

강의하고 사람들을 만나서 그들의 이미지를 설계하는 일을 해왔다. 회사를 처음 시작하면서 '아름다운 세상 만들기'를 모토로 강의와 컨설팅을 해온 지 어느새 18년.

난 늘 사람을 대하는 일만 해왔고 덕분에 이 책을 쓸 수 있었기에 새삼 감사하는 마음이 든다. 그간 강의와 컨설팅을 하며 만난 많은 사람들에게 오히려 내가 더 많은 걸 배웠다. 〈지금 알고 있는 걸 그때도 알았더라면〉이라는 시집 제목처럼 예전에는 미처 몰랐지만 지금은 알게 된 것들, 제한된 강의나 컨설팅에서 시간의 제약으로 미처 전하지 못했던 내용들, 그리고 몇 번이고 강조하고 싶은 핵심들을 모아 이 책에 담았다.

"죽음을 눈앞에 두고 '더 일했어야 하는데'라고 말하는 사람은 없다. 사람들은 모두 '다른 이들을 좀 더 배려했더라면… 더 많이 사랑하고 더 마음을 써주었어야 했는데…'라고 뒤늦게 깨닫고 후회한다." 어느 랍비가 했던 말로 기억된다. 세계적인 경영 컨설턴트 켄 블랜차드는 위의 말을 인용하며 "우리가 생을 마칠 때 가지고 갈 수 있는 것은 타인에 대한 사랑 그리고 타인으로부터 받은 사랑이다"라고 단언한다. 현대사회에서 성공하려면, 그리고 세상을 제법 잘 살아내려면 능력만 중요한 것이 아니라 가슴이 따뜻하지 않고는 아무 의미도 없다는 메시지를 던지고 있다.

새 생명의 탄생을 기다리듯 숨을 고르며 쓴 〈따뜻한 카리스마〉는 그렇게 살고 싶은 내 바람과 이미 그러한 모습인 멋진 이들을 향한 내 애정을 담아낸 것이다. 모두가 지금보다 서로에게 힘이 되고 그로 인해 자신의 능력을 더 맘껏 발휘하는 행복한 내일이 시작되기를 바란다.

아직도 덧칠하고 싶은 원고의 마지막 장을 덮으며 그동안 나의 소홀함과 불성실을 사랑으로 감싸주고 격려해준 내 소중한 가족들에게 눈물겨운 애정과 감사를 전하고 싶다. 또한 나의 첫 자식 같은 〈따뜻한 카리스마〉를 새로이 단장하여 출간하게 해준 갤리온 관계자분들, 여러 다른 모양과 방법으로 격려해주신 소중한 분들, 사장을 대신하여 우리 IDC를 잘 이끌어준 직원들에게 깊은 고마움을 전한다. 그들이 없이는 이 책이 없었듯이, 따뜻한 카리스마 없이는 사람도, 세상도 움직이지 않으리라는 나의 믿음을 모두에게 바친다.

2011년 8월
이종선

개정판을 펴내며

레이첼 나오미 레멘은 〈할아버지의 기도〉에서 이렇게 말한다.

"이란에서는 아름다운 문양으로 섬세하게 짠 카펫에 의도적으로 흠을 하나 남겨 놓는다. 그것을 '페르시아의 흠'이라 부른다. 인디언들은 구슬 목걸이를 만들 때 살짝 깨진 구슬을 하나 꿰어 넣는다. 그것을 '영혼의 구슬'이라 부른다."

나는 이 말이 참 좋다. 지난 20여 년 동안 완벽을 추구하며 살아온 결과, 내가 얻은 인생의 진리가 담겨있기 때문이다. 이 말이 내포하듯이 사람은 완벽해지기 어렵다. 스스로를 완벽하다고 생각하는 순간 이미 완벽에서 멀어져버린다. 그러나 완벽해지는 것이 불가능하다고 해도 완벽을 향한 노력은 당연히 필요하다.

그런 마음으로 이것저것 잔소리하듯 쓴 〈따뜻한 카리스마〉가 세상에 나온 지도 어느새 일곱 해의 시간이 흘렀다. 갓난아이가 학교에 입학할 만큼의 시간이다. 〈따뜻한 카리스마〉는 나의 맏자식 노릇을 톡톡히 하며 7년 내내 독자들의 한결같은 사랑을 받았다. 사람들은 알까. 이 책에 보내준 관심과 애정이 내게 얼마나 든든하고 고마웠는지를 말이다. 그 덕분에 열심히 살 수 있었다 해도 과언이 아니다.

어느 날 출판사가 개정판을 준비해보자고 제안해왔다. 과연 옳은 일인지 선뜻 결정을 내릴 수가 없었다. 그러다가 포털 사이트에 들어가 블로그와 카페들을 둘러보다가 결국 개정판을 내는 데 동의했다. 이 책에 대한 긍정적 평가들에 힘이 났고, 이미 절판되어 서점에서 구할 수 없게 된 책을 도서관에서 빌려보면서까지 리뷰를 올려준 독자들의 정성에 감동했다. 정말 고마워서 눈물이 날 지경이었다. 그들 덕분에 나는 다시 노트북 앞에 앉았다. '세상에 얼마나 책이 많은데…….' '이 정도는 이제 잊을 만도 하건만…….' 독자들의 순수한 애정에 절로 고개를 숙이게 되었다.

개정판을 쓰기로 결정하고 다시 펼쳐든 7년 전 원고 앞에 내 얼굴은 붉어졌다. 행여 남아있을 전국의 그 책들을 다 사들이고 싶을 정도였다. 오래 전에 쓴 글인 만큼 내 수준도, 세상의 기준도 '그땐 그랬지' 하며 위로해보려 해도 종종 한숨이 나왔다. 지금도 출판사로 책을 구할 수 없느냐며 문의하는 독자가 많다고 하지만 그렇다고 몇 자 고쳐서 내놓을 수는 없는 일이었다. 내게는 이 책, 그리고 이 책으로 맺어질 새로운 독자와의 인연이 정말 소중한 것이었다.

그래서 신작을 쓰듯 다시 몰두하기 시작했다. 이 책을 기다리는 이들이 있다면 이대로는 안 되겠다 싶어 빨간 펜을 많이도 그어댔다. 좋은 글을 인용해도 예전보다 재차 확인을 거듭했고, 근거를 확인했다. 인물편을 쓸 때는 한 분 한 분 만나고 통화하고, 그게 여의치 않을 때에는 최소한 메일로라도 교감하며 정성을 기울였다. 한 줄, 한 문장이 예전보다 조심스러웠다. 칸을 채우려는 욕심도 없었다. 멋지게 한 줄 남기려는 마음도 저절로 줄어들었다. 결국 '그냥 내일 내가 떠나도 이 정도면 용서되지 않을까' 하는 마음으로 작업을 끝냈다. 지금은 내게 개정판을 쓸 힘이 생기도록 일곱 해 동안 애정을 주었던 독자 분들과, 진심 어린 후기로 그 느낌을 알려주신 분들께 감사하는 마음만 남았을 뿐이다.

  이 책은 여기 실린 내용을 모두 기억하고 실행하여 완벽해지라고 쓴 것이 아니다. 그보다는 이것을 기준으로 삼고 한번 노력해보자는 의미가 더 크다. 그리하여 따뜻함과 강인함의 균형감으로 사람들을 대하고, 세상에 이롭도록 최선(最善)을 다하는 사람이 단 한 사람이라도 더 생긴다면 여기에 쏟은 노력의 시간들은 분명히 아깝지 않을 것이다. 그래서 오늘 다시 밤을 새우는 내 가슴은 뿌듯하기만 하다. 그래, 이거면 됐다. 이제와 무엇을 더 바랄까.

2011년 8월
이종선

Contents

Prologue 4

Chapter One 따뜻한 카리스마의 10가지 구성 요소

1 | **자기표현력** | 나를 개방하여 상대를 통제한다 · 19
2 | **공감능력** | 상대를 존중하는 데서 관계는 시작된다 · 28
3 | **신뢰** | 목숨을 걸 만한 최대의 자산 · 38
4 | **설득력** | 상대가 스스로 선택했다고 자부하게 만든다 · 46
5 | **겸손** | 마음의 완장을 제거할 수 있는 힘 · 54
6 | **거절의 기술** | 수락하듯 거절한다 · 61
7 | **자기극복** | 새로운 자신을 발견한다 · 67
8 | **유머** | 여유 있게 세상을 품는다 · 78
9 | **인연** | 모든 만남을 숨은 보물처럼 다룬다 · 86
10 | **비전** | 카리스마의 핵 · 93

Chapter Two 우리가 정말 닮고 싶은 이 시대의 따뜻한 카리스마들

먼저 마음을 열어 세상의 신뢰를 얻는다 | **반기문** · 103
원칙을 지키는 사람이 승리한다는 믿음을 증명한다 | **안철수** · 109
놀라운 변화를 이끌어내는 진정한 소통의 힘 | **신창재** · 114
가장 낮았을 때를 기억하는 사람이 가장 높은 곳에 오른다 | **최경주** · 119
일관된 신뢰감이 능력에 깊이를 더한다 | **안성기** · 125

넘치지 않게 자신을 다스려야 감동을 줄 수 있다 | **조수미** · 130
현명한 사람은 주어진 조건을 원망하지 않는다 | **김만덕** · 135
누군가에게 꼭 필요한 사람이 된다는 것 | **이태석** · 140

<u>Chapter Three</u> 싸우지 않고 이기는 힘은 이렇게 만들어진다

▶1단계 | 긍정적인 심상화를 만들어라
긍정적인 자기 인식부터 시작하라 · 149
똑똑하기보다 친절하라 · 155
주변인들에게서 숨은 내 이미지를 찾아라 · 161
나만의 멘토를 만들어라 · 164
나의 분노에 수면제를 먹여라 · 171
초콜릿을 쥔 부모의 마음을 지녀라 · 177

▶2단계 | 매력 있는 태도와 화술을 갖춰라
들을 줄 아는 저력을 과시하라 · 183
드러내놓고 칭찬하라 · 189
제대로 요구하라 · 195
입보다 눈으로 말하라 · 201
말재주로 설득하지 말아라 · 205
짧게, 짜릿하게, 인상적인 메시지를 전달하라 · 210
음색에 멋을 내지 말고 맛을 내라 · 215

▶ 3단계 : 성공한 사람으로서 행동하라

미소는 입을 구부릴 뿐이지만 많은 걸 펴준다 · 222

자신감이 생기는 용모를 갖춰라 · 229

패션도 능력임을 기억하라 · 234

최초 3분간을 잡아라 · 240

온 몸으로 말하라 · 247

나누는 기쁨을 누려라 · 254

플레이보이처럼 쉬어라 · 260

Chapter Four 작은 변화로 큰 차이를 만드는 자기 관리법

마음을 움직이는 프레젠테이션 · 267

SNS를 현명하게 사용하는 법 · 276

가장 작은 자기소개서, 명함 · 286

애창곡에 담는 나만의 이미지 · 292

가치를 높이는 선물 이미지 · 298

영혼을 담는 사진 이미지 · 308

10초의 홍보, 인터뷰 이미지 · 315

Chapter One

따뜻한 카리스마의 10가지 구성 요소

1
나를 개방하여 상대를 통제한다
자 기 표 현 력

　마키아벨리는 "사람들은 당신이 어떤 사람인 것처럼 보이는가는 알지만, 실제로 당신이 어떤 사람인지를 아는 사람은 없다"고 말했다. 서로에게 전달되는 이미지는 보이지 않는 내면을 읽게 한다. 나라는 존재가 실제로 어떤 사람인가 하는 것은 상대방을 어떻게 대하고, 상대방에게 어떻게 보이는가에 달렸다고 해도 지나치지 않다.
　세상 사람들이 나를 제대로 평가해주지 않는다고 느끼는 사람들은 세상 사람들을 원망할 것이 아니라, 자신의 이미지를 어떻게 전달할 것인지부터 고민하고 바꾸어나가야 한다. 지나치게 공격적인 표현도, 무조건 속으로 삭이기만 하는 소극적인 표현도 아닌, 이성적으로 자신의 분명한 뜻을 적절하게 전달할 수 있는 자기표현력이 필요한 시대이기 때문이다.

사람들은 상대가 보내는 신호들을 기준으로 그 사람의 이미지는 물론 그 사람 자체를 읽어내려 한다. 표현의 방법, 즉 신호를 얼마나 잘 표현하는가에 따라 인간관계의 거의 모든 것이 결정된다고 해도 지나치지 않다.

미국 컬럼비아 대학교에서 성공한 사람들의 성공 비결에 관한 설문조사를 시행한 적이 있었다. 조사 결과에 따르면 성공한 사람의 비결은 기술과 능력이 15% 미만이라고 답한 반면, 원만한 인간관계와 공감 능력은 85% 이상이라고 한다. 또한 10년간 행한 한 연구 결과에 따르면, 직장을 잃은 사람들의 해고 원인 중 95% 이상이 업무 수행 능력 부족이 아니라 인간관계 능력이 부족했기 때문이었다고 한다.

"능력이 중요하지, 이미지는 무슨…" 하는 말을 쉽사리 접하던 시절이 있었다. 그러나 겉으로 보이는 이미지에 의해 상당한 부분이 결정되는 지금 시대에서는 자신을 전달하는 이미지를 제대로 표현하는 것도 능력에 포함된다. 자신이 가진 능력과 표현은 더 이상 별개가 아니라는 것이다.

자기표현이란 타인에게 자신이 어떻게 전달되고 인식되는지를 관리하는 과정을 말한다. 자신이 어떤 사람이고 어떤 것을 전달하거나 주장하고 싶은지 타인에게 표현하는 과정이다. 서양에서는 '주장 훈련(Assertiveness Training)'이라고 하는데, 한국사회에서는 '주장하다'는 개념이 상대방의 감정이나 입장을 고려하지 않고 자기의 사상과 입장을 계속해서 강력하게 고집하는 것으로 오해될 수 있다. 주장에 대한 이러한 오해와 선입견을 배제하기 위하여 우리나라에서는 '주장 훈련'이라는 용어 대신 '자기표현 훈련'이라고 많이 사용하고 있다.

이상적인 자기표현은 자신의 뜻을 전달하되 상대방의 인격과 권리를 동시에 존중해주는 행동이므로 일종의 '공감적 주장(Empathic Assertion)'이어야 한다고 심리학자들은 강조한다. 나도 대학원에서 자기표현 훈련을 받았는데 요구하기, 요청하기, 충고하기, 설득하기는 물론, 도움 청하기까지 그 범위는 사실 커뮤니케이션의 모든 경우가 해당된다.

자기표현이란 단순한 의미로서의 '솔직함'을 뜻하지는 않는다. 명절 때 식구들과 화투나 카드게임을 할 때가 있는데 나는 항상 지고 잃는다. 다들 내가 뭘 모으는지, 어떤 패를 기다리는지 알아챈다. 이유인즉 내 얼굴에 다 써있다는 것이다. 이처럼 자기의 심신 상태나 원하는 바와 다르게 표현해야 오히려 더 좋은 경우들도 있는데 나는 그걸 잘 못하는 것이다. '성동격서(聲東擊西)'라는 말이 있다. 동쪽에서 소리를 지르고 서쪽으로 공격한다는 뜻이다. '성동격서'의 전술은 내가 공격하려는 목표가 서쪽이면 동쪽에서 소리를 질러 적이 동쪽으로 모여들 때 비어있는 서쪽을 향해 기습 공격해 공격의 효과를 높이는 것이라고 한다. 이 역시 솔직함 못지않게, 목표에 집중된 훌륭한 자기표현의 하나다.

예술의 전당에서 세계적인 첼리스트 요요마가 연주하는 모습을 본 적이 있다. 검은 연미복의 남자가 그토록 섹시할 수 있었던 것은 '열정' 때문이었다. 그는 10대에 이미 '완성된 연주자'로 불리었지만, 죽도록 매일 연습하지 않고는 절대 훌륭한 연주자가 될 수 없다고 말한다. 천재는 타고나지만 '완성'의 비결은 피나는 연습에 있다. 제대로 된 자기표현의 완성 역시 오랜 시간의 트레이닝과 노력에 달려있다. 자기표현에 서툴면 서툴수록 권리 주장도 못 할뿐더러 의무 이행도 하기 어렵다. 사람들의 성향과 요구가 말 그대로 십인십색이면서 오해가 많은 세상이기에, 나의 생각과 입장을 제대로 설명해주고 표현해주지 않으면 어처구니없는 오해를 받기 쉽다. 처음부터 자기표현에 능숙한 이는 없다. 다른 사람보다 조금 일찍 시작했거나, 지금도 남모르게 노력하는 경우가 많다.

컨설팅을 하다보면 유감스럽게도 우리나라 사람들에게 가장 부족한 부분 중 하나가 바로 자기표현 능력임을 알게 된다. 어느 CEO는 종종 불같이 화를 내는 성격 때문에 직원들은 그에게 부정적인 이미지를 가지고 있었다. 컨설팅 중에 내가 그 점을 언급하자 그는 억울해했다. 많이 참다가 어쩔 수 없이 한 번 화를 내는 것인데 마치 늘 그런 사람으로 받아들여지는 것을 이해할 수 없다고 했다. 중간보고가 없어서 답답한 것도 참았고, 기한을 어겨도 말없이 기다려줬고, 좀 유능하다 싶은 직원의 건방짐도 다 참았다는 것이다. 그러다 감정이 극에 달하면 자신도 인간이기에 화를 낼 수밖에 없다는 것이다. "직원들은 당신이 그렇게 오래 참았다는 것을 알까요?" 묻자, "모르겠죠"라고 대답했다. 그가 말한 것처럼 직원들은 그런 과정을 정확히 모르기 때문에 부정적으로 생각하는 것이다. 그 때문에 똑같은 문제가 다시 발생하고, 그는 또 화를 낸다. 우리나라 사람들에게서 자주 볼 수 있는 모습이다. 말없이 참고 참다가 어느 날 갑자기 폭발하는 전형적인 경우다. 너무 강한 표현과 지나치게 소극적인 표현 사이에서 균형을 못 잡는 경우다. 표현은 부드러우면서도 뜻은 정확한 '자기표현'을 낯설어하는 이들이 우리 주위에는 아직도 많다.

자신의 의도와 요구를 정확하게 전달하려면

난생 처음 가본 목포에서 강의를 끝내고 올라오는 길이었다. 강의시간 사정상 비행기를 포기하고 차를 몰고 내려갔다 올라오게 됐다. 먼 거리를 왕복 운전해야 한다는 것이 부담스럽기는 했지만, 마침 서해안고속도로가 새로 생겨 생각보다 이동시간은 짧았다. 길은 잘 닦여 있었고 차량도 많지 않아 막히지도 않았다. 일정을 마치고 서울로 올라오는 길, 서울에 진입해 강남 쪽으로 빠지려면 서해안고속도로를 타다 중간에 경부고속도로로 들어서야 한다.

그때 이상하게도 그렇게 막히는 경부고속도로로 되도록 빨리 들어서려는 나 자신을 발견했다. 왠지 모르게 계속 불안해하던 나는 경부고속도로와 만나는 첫 번째 IC에서 성급히 나와버렸다. 이유는 하나였다. 경부고속도로는 강의를 다니며 익숙해진 도로라 머릿속에 충분한 정보가 입력되어 있었기 때문이다.

경부고속도로에서는 어느 지점에 있든 마음이 편하다. 휴게소 이름만 봐도 얼마나 왔는지 바로 계산이 나온다. 상행선에서 신탄진을 지나면 다음은 청원이다. 이런 정보가 이미 입력되어 있다. 그래서 비록 공사가 많고 차가 막혀도 마음이 안정된다. 반면 서해안고속도로는 나에게는 생소한 길이라 얼마나 더 달려가야 하는지, 다음 휴게소가 어디인지 알 수가 없다. 과속 단속 카메라가 어디쯤에 설치되어 있는지에 대한 정보도 없다. 그래서인지 마음이 계속 편치 않다. 나는 서해안고속도로에서 경부고속도로로 갈아타고 나서야 불편했던 마음이 편안해지는 것을 느꼈다.

사람들의 이미지에 관한 정보도 비슷하다. 상대방에 대한 정보가 부족하여 상대방이 어떤 사람인지를 제대로 파악하고 있지 못한 상태에서는 이내 마음이 불편하고 불안해진다. 상대에 대해 잘 파악하지 못하면 곧장 실수로 이어질 때도 있다. 우리나라 사람들은 대부분 초반에 자신을 표현하는 데 소극적이다. 자신이 어떤 사람인지, 원하는 것이 무엇인지 잘 알려주지 않을뿐더러 요구하는 바도 분명치 않다. 끝까지 그러면 그리 나쁠 것도 없다. 그러나 대개의 사람들은 머지않아 갑자기 요구하고, 안 되면 상대를 미워하고 공격성을 띠게 된다. 얼마 안 가서는 처음부터 참아왔던 감정까지 더해져 지나치게 공격적이 된다. 그래서 걸핏하면 감정을 폭발시키며 큰소리로 싸운다.

그런가 하면 처음부터 필요 이상의 큰소리, 거친 행동으로 상대를 제압하려는 사람들도 있다. 그런 경우에는 서로에게 주어진 역할만을 수행할 뿐 '관계'라는 것은 아예 형성되지도 않는다. 그러므로 애초에 소극적인 표현과 지나치게 공격적인 표현을 적절히 조절하여 자신의 의도와 요구를 정확하게 전달할 수 있는 자기표현 능력을 길러야 한다. "남들이 다 바라보고 있기에 당신의 행동 하나하나를 의식해야 한다"는 칼리 피오리나 전 휴렛패커드(HP) CEO의 말은 비단 CEO에게만 해당하는 것은 아니다. 명확하고 힘 있는 자기표현 능력이 우리 모두에게 절실한 시대다.

미국 사교계에서는 재클린 케네디의 이미지를 안개나 양파에 비유했다. 그녀가 어렸을 때 재클린의 아버지는 사교계에서 매력적인 사람이 되기 위해서는 언제나 자신을 다 드러내지 말라고 가르쳤다고 한다. 늘 안개에 싸인 것처럼, 또는 벗겨도 벗겨도 새로운 겹이 나오는 양파처럼 신비로운 존재로 비쳐야 한다는 것이었다. 재클린은 아버지의 그런 가르침을 그대로 실천했다. 그 결과 안개 같고 양파 같은 신비로운 여인의 이미지를 구축하게 됐다.

만약 개인적인 매력을 발산해야 하는 입장이라면 그런 방법이 효과적일 수 있었을 것이다. 하지만 사회생활을 하는 데 있어서 만나도 만나도 속을 알 수 없는 사람은 곧 짜증이 나거나 관심이 식게 마련이다. 오히려 이런 처신으로 인해 본의 아니게 자신의 이미지가 왜곡될 수도 있다. 기업에게는 투명 경영이 요구되듯이 현대인에게는 투명한 이미지가 요구된다. 사람들은 날로 성급해지기 때문에, 믿고 기다리기보다는 바로 정보를 얻기를 원하며 자신의 판단을 확인하고 즉시 안심하기를 원한다. 그래서 더욱 선명한 이미지 전달이 중요해진다.

사회학자 어빙 고프먼은 이미지 관리를 통한 정확한 정보 전달이 사회집단에 끼치는 이점을 광범위하게 다루었다. 그는 사람들이 자신의 공적 정체성을 제대로 구축하지 않으면 사회적 상호작용이 효율적으로 이루어질 수 없다고 말한다. 서로에 대해 성격, 능력, 태도, 동기 등에 대한 명확한 정보가 없으면 효과적인 상호작용을 하기 어렵다는 것이다.

어느 날 한 직원이 사표를 제출하기에 이유를 물으니 팀장 때문이라 한다. 대화를 해보니 그 팀장이 여러 사람 앞에서 본인을 질책하는 경우가 많아 민망과 불만이 오랫동안 쌓여있었다. 팀장에 대해 부정적인 감정을 지닌 상태이니 업무에 정성을 다하기도 어렵고, 그러니 또 지적거리들이 생겨 질책을 당하는 악순환을 거듭하게 된다고 했다. 그 팀장에게 그런 마음을 이야기해보았느냐고 물으니 한 번도 없다는 것이었다. 상사에게 뭘 하지 말아달라는 말을 해도 되는 것이냐며 오히려 내게 되묻는다. 당연히 그렇게 해야 한다고 말해주자 "건방지게 생각할 텐데요." 하며 고개를 젓는다.

상사는 내가 선택한 상대가 아니다. 경험으로 보나 나이로 보나 성격이나 취향 등이 나와 전혀 다른 사람일 확률이 높은 사람이다. 그런데 복권에 당첨되길 바라듯 그저 나와 맞는 상사를 만나는 것을 운에만 맡겨야 할까? 맞지 않으면 지금 이 직원처럼 회사를 떠나는 길밖에 없는 걸까? 가족이나 직장 동료처럼 반복되는 환경 속에서 긴 시간 함께 있어야 할 대상일수록 자기표현은 더욱 절실해진다. 안 보면 그만인 상대가 아닌 이상 상대에게 변화를 이끌어내기 위해 요구·요청·설득이 필요하다. 당연히 이때에는 상대를 존중하고 차분하게 이성적으로 표현해야 함은 물론이다.

반복되는 일상 속에서 우리를 진정 즐겁고 행복하게 만드는 사람이나 상황이 과연 얼마나 될까? 어쩌면 그런 기회가 적기 때문에 이미지 관리가 필요한지도 모른다. 함께 있어서 즐거운 사람들만 만날 수 있고, 내가 모든 상황을 선택할 수 있다면 굳이 이미지를 관리할 필요도 없다. 늘 좋은 사람, 만족스런 상황과 부딪치면 굳이 관리를 하지 않아도 좋은 이미지를 유지할 수 있을 것이다. 하지만 유감스럽게도 우리가 처한 현실은 그렇지 않다. 가고 싶지 않은 자리에 참석해야 하고, 보기 싫은 사람일지라도 웃는 낯으로 대해야 하는 순간들이 수없이 많다. 그러나 이미지 관리는 단순한 가식을 의미하지는 않는다. 감정이 편하지 않은 상황에서도 나 자신을 통제할 수 있는, 다시 말해 나 자신을 위한 관리 능력, 그것이 이미지 관리이다.

禮(예)라는 한자에는 이미지 관리의 기본이 담겨 있다. 풍성할 풍(豊),

보일 시(示)가 합쳐져 만들어진 '禮'라는 글자에는 상대방에 대한 마음이 그저 내재되어 있는 것이 아니라 풍성하게 전달될 때에 예(禮)도, 이미지도 완성된다는 뜻이 담겨 있다. 자신이 전달하는 이미지 정보를 풍성하게 만드는 노력이 상대방을 더 극진하게 대접하는 것이니 예를 다함과 그리 다르지 않다.

상대방에게 나의 이미지를 제대로 전달할 때 그것이 역으로 상대방을 통제할 수 있는 기반이 된다. 흔히 'win-win(윈-윈)' 하는 상생의 관계를 최상의 관계라 한다. 상대도 존중받고 나도 기분 좋을 수 있는 시작. 마냥 기다리거나 기대할 것이 아니라 내가 먼저 상대에게 얼마만큼을 어떻게 주었느냐에 따라 그만큼이 되돌아오는 것임은 당연한 일이고 인지상정이다.

매번 시시콜콜 전달하면 당연히 피곤한 사람으로 전해지겠지만, 반복되는 상황, 나를 힘들게 하는 요소에 대해서는 상대에게 자기표현을 해야 한다. 친구에게 하소연하면 순간 스트레스는 좀 풀릴지 모르지만, 내 마음을 모르는 상대는 다음 날이면 다시 나를 괴롭힐 것이다. 참다가 폭발하는 나는 이제 그만. 상대를 존중하며 이성적으로 전하는 자기표현력을 향상시키면 화를 내거나 싸울 일이 없고, 누구보다 본인이 행복해지기에 꼭 해볼 만하다.

2
상대를 존중하는 데서 관계는 시작된다
공 감 능 력

　미국 코넬 대학교의 존슨 경영대학원에서 앞으로 10년 안에 비즈니스 리더들에게 가장 중요하게 요구될 덕목 중 으뜸이 '타인에 대한 공감능력'이라고 발표했다. 인간은 결코 혼자서는 존재할 수 없다는 것. 이는 개인주의가 만연된 21세기 사회에서 더더욱 간과할 수 없는 요소다.

　우리나라도 학연, 지연, 혈연이 중시되던 과거의 수직적 네트워크 사회가 상명하복과 배타성을 띤 폐쇄적 네트워크였다면, 지금은 점차 수평적인 네트워크 사회로 나아가고 있다. 이 과정에서 더불어 사는 능력, 타인과의 원만한 소통능력이 절실해졌다. 지능지수나 업무, 기술상의 능력만으로는 부족하고 이른바 감성지수(Emotional Quotient)와 공존지수(Network Quotient)가 요구된다. 이는 다른 사람과 '더불어 잘

사는' 능력을 말하는데, 최고 리더에게만이 아니라 누구든 자신이 갖고 있는 다양한 역할과 위치에서 공히 필요하다. 이미 오래전부터 성공적인 리더와 그렇지 못한 리더 간의 차이는 기술적 능력이나 지능지수(Intelligence Quotient)보다 감성지능(Emotional Intelligence)에 있다는 연구 결과는 많이 발표되었다.

레오 톨스토이는 〈세 가지 질문〉에서 "세상에서 가장 중요한 때는 바로 지금 이 순간이고, 가장 중요한 사람은 지금 함께 있는 사람이고, 가장 중요한 일은 지금 내 곁에 있는 사람을 위해 좋은 일을 하는 것"이라고 했다. 그것이 세상에서 가장 중요한 것이고 우리가 사는 이유라고 한다. 사람이 서로를 완전하게 이해하고 완벽하게 공감한다는 것은 매우 어려운 일이지만, 그 시작을 위하여 나의 마음을 열고, 열린 마음을 전달하는 효과적인 방법들을 시도해보는 노력은 이제 피해갈 수 없는 능력으로 요구된다.

철의 여인으로 불리는 전 영국 수상 마거릿 대처는 여성으로서의 장점을 최대한 발휘하여 섬세하고 직접적인 표현들로 국민의 마음을 사로잡았던 인물이다. 1982년 국운을 건 포클랜드 제도의 재탈환을 결정한 그는 아르헨티나와의 포클랜드 전쟁을 승리로 이끌지만, 그 과정에서 250여 명의 영국군 희생이 있었다. 그는 결코 승리에 만족하며 그 죽음들을 외면하지 않았다. 여름휴가까지 반납하며 그가 한 일은 일과 후 밤마다 250명의 유가족들에게 직접 친필의 편지를 쓰는 일이었다. 통상 흔히 하듯 인쇄하여 서명만 하는 것이 아니라 모두 직접 쓴 것이다. 국가의 운명을 결정하는 수상으로서가 아니라 자식을 잃은 어머니의 심정으로, 가장을 잃은 아내의 마음으로 일일이 그 편지들을 썼다고 한다. 보통의 다른 지도자들은 기자 회견 한 번에 몇 분간의 스피치면 끝날 일인데 말이다. 그의 카리스마는 결코 칼 같은 단호함만이 다는 아니었던 것이다. 그의 리더십의 완성은 바로 공감능력이었다. 공감은 마음을 여는 것만이 아니라 그 마음을 직접 행하는 것이다. 반면, 도널드 럼스펠드 전 미국 국방부 장관은 몇 해 전 이라크 전쟁에서 사망한 병사들의 가족을 위한 애도 편지에 본문을 직접 쓰는 것은 고사하고 서명마저 인쇄해서 보내는 무성의로 유가족들의 원성을 샀다.

공감의 시작은 자신을 개방하는 것이다. 한국의 CEO들도 변화하고 있다. 일방적으로 지시하고 따르도록 명령하던 수직적이고 폐쇄된 모습을 벗어던지기 시작한 것이다. 현장으로 뛰어가고, 직원들에게 먼저 말을 건네고, 스포츠 관람이나 등산을 가자고 제안한다. 보수적이고 경직된 이미지의 검찰 조직에 몸담았던 조근호 전 법무연수원장은 검사장 시절 매주 직원들과 '행복경영'이라는 이메일을 주고 받았다. 이 메일은 〈조근호 검사장의 월요 편지〉로 책으로까지 출간되었다. 요즘은 지인들에게도 이메일을 보내주는데 글 솜씨도 뛰어나 '이러시면 제가 새 책 쓸 용기가 안나네요'라고 답장을 보내기도 했다. '행복'과 '소통'은 이제 조직의 색깔을 불문하고 중요한 화두가 되고 있다. 정병철 전 경련 부회장도 LG CNS 사장 재직 시절 사보의 '사랑의 우체통' 코너를 통해 쉽게 드러내지 못했던 속마음을 털어놓았다. 오늘날의 리더들은 기다리는 것이 아니라 다가가고 있는 것이다.

남자에 대해 일가견이 있는 일본 작가 시오노 나나미를 감동시킨 이탈리아 수상이 있다. 그녀가 가장 관능적이고 멋진 남자의 하나로 꼽는 그 수상은 공감의 표현을 제대로 할 줄 알았다. 수상이 된 후 시간이 없어서 긴 시간 대화할 수는 없었지만, 공식적인 접견실이 아닌 사무실에서 편안하게 그녀를 대하며, 인터뷰 중 절대 전화 연결하지 말도록 비서에게 지시했다고 한다. 그녀는 한 나라의 수상에게 받은 그 극진한 대접 때문에 단 10분 동안의 만남에 대해서도 불만을 품을 수 없었다고 한다. 아니 오히려 '10분을 쓰더라도 당신에게 성실하겠다'는 그의 모습에 결국 그녀는 감동하고 말았다.

특별한 경우를 제외하고는 누구나 자신에게 집중해주길 원한다. 누구나 자신이 존중받기를 원한다. 존중의 시작은 집중이다. 집중해야 공감도 된다. 상대의 감정과 사고를 충분히 이해하고 나누는 것. 그리고 그것을 행하는 것이 따뜻한 카리스마의 시작이라는 사실은 어쩌면 당연하다.

'토끼를 쉽게 잡으려면 귀를 잡아야 하고, 고양이는 목덜미를 잡아야 한다'고 하듯 사람을 잡으려면 마음을 잡아야 한다. 마음을 잡는 방법은 바로 마음을 여는 데 있다. 마음을 열고 상대에게 귀 기울일 때 공감의 여지를 발견하게 되고 표현의 기회가 주어지게 된다. 한편, 업무상 만나는 내내 5분 간격으로 울려대는 휴대폰을 결코 끄지 않는 사람들이 있다. 오히려 자신이 얼마나 바쁜 사람인지를 과시라도 하듯 한마디 덧붙이기도 한다. "아, 모두들 나만 찾네요" 혹은 "하루가 28시간만 되어도 좋겠어요" 하며 묘한 멋을 부리기조차 한다. 내가 짓는 쓴웃음을 존경의 뜻으로 오해했는지 오히려 잠깐 전화를 걸기까지 한다.

'줄탁동시(啐啄同時)'라는 말이 있다. 닭과 병아리가 안팎에서 동시에 달걀 껍데기를 쪼는 상황을 묘사하는 이 말은 커뮤니케이션에 대한 중요한 의미를 담고 있다. 병아리가 태어날 때 그 알이 저절로 깨지는 것이 아니다. 병아리가 알 속에서 먼저 껍데기를 톡톡 쪼고, 이를 알아차린 어미가 바깥에서 동시에 알을 쪼아야 병아리가 무사히 세상으로 나오게 된다는 것이다. 언젠가 TV 다큐멘터리에서 인간도 세상에 태어나는 순간에는 병아리와 크게 다르지 않다는 것을 보았다. 태아는 출산 상황에 반응하며 머리를 돌리는 등 세상으로 나오려고 애쓴다. 이렇듯 커뮤니케이션에서 좋은 결과를 얻으려면 쌍방이 함께 노력해야 한다. 이는 조직 생활에서 매우 중요한 요소다.

사실 모두가 이미 알고 있고 수없이 강조하는 것들이다. 그런데도 잘 안 된다. 가장 중요한 '마음 열기'가 더딘 것에 문제가 있지 않나 싶다. 자신은 원해도 상대의 입이 열리지 않는 것은 아직 마음이 열리지 않았기 때문이다. 마음이 닫혀 있으면 같은 한국어로 말하는데도 결코 알아들을 수가 없다.

상대방의 감정에 집중해야 하는 이유

공감능력이란 상대와 감정을 공유하는 능력만을 뜻하는 것이 아니라, 내 감정을 상대가 공감할 수 있게 표현하는 능력까지 아우르는 개념이다. 나는 '공감능력'이라는 단어를 떠올릴 때마다 언제나 그분을 떠올리게 된다. 몇 년 전 모 기업에서 이미지에 관한 강의를 하는 날이었다. 강의가 시작되기 전 교육 담당자는 나를 이미 안면이 있는 담당 임원과 담소하도록 안내해주었다. 하지만 사실 나의 머릿속에는 온통 딴 생각뿐이었다. 나는 매우 언짢은 일에 대한 고민으로 무척 머리가 아프던 중이었다. 애써 표정을 밝게 하고 인사를 했지만 어두운 기색을 지울 수는 없었다. 그런데 무슨 생각에서인지 그분은 이런저런 자신의 이야기를 풀어놓기 시작했다. 평소 이런 자리에서는 의례적인 대화만 주고받는 것을 당연하게 생각한 나로서는 의외의 태도이고, 화제였다. 개인적인 이야기며 비즈니스를 하다 겪은 불쾌한 에피소드 등등, 나와는 상관이 없는 이야기를 계속 이어갔다. 사실 처음에는 약간 짜증이 나려 했다. 그렇지 않아도 기분이 좋지 않은데 남의 이야기까지 들어줄 여유가 없었던 것이다.

그런데 얼마 후, 놀라운 일이 벌어졌다. 초반에 느껴지던 짜증스러움은 온데간데없어지고, 나도 모르게 그분의 이야기에 귀를 기울이기 시작한 것이다. 어느덧 나의 마음속에는 그분에 대한 호의와 믿음이 생겼다. 이야기를 듣던 나는 급기야 고백했다.

"사실은 제가 지금 어려운 일이 있는데요…."

그리고는 내가 처한 상황을 털어놓고 조언을 구하기에 이르렀다. 나의 사정을 듣고 난 그분은 "사실은 그러신 것 같아서 일부러 제 이야기를 먼저 꺼냈습니다"라고 말하는 것이었다. "낯선 사람이 물으면 쉽게 마음을 열기가 어렵지요. 제 얘기를 먼저 하면 혹시나 마음을 좀 여시지 않을까 해서…"라고 설명을 덧붙였다. 그날 강의의 질을 높이기 위한 시도라는 생각은 들지 않는다. 그 순간 인간 대 인간으로의 진심을 느꼈기 때문이었다. 몇 해가 지나도 그 생각을 하면 고마운 마음이 든다.

대화의 기술에 관한 수많은 책들에서 누누이 강조하는 것이 하나 있다. 그 순간 상대의 감정을 존중하는 것에서 대화를 시작하라는 것이다. 말이 쉽지, 실제로는 참 어려운 일이다. 누구나 자기 감정과 사고를 우선 존중하기에, 타인의 감정을 존중하며 대화를 시작한다는 것은 결코 쉬운 일이 아닐 것이다. 겨우 두 번째 만났을 뿐인 내 감정을 읽어내고 나로 하여금 스스럼없이 마음을 열게 만든 힘. 그것은 바로 타인과 공감할 줄 아는 능력이었다.

사실 잘 아는 사이라도 공감하기란 쉽지 않다. 하지만 공감능력이란 비단 서로 잘 아는 사이에서만 이루어지는 것은 아니다. 잘 모르는 사람이라도 마음을 열면 어느새 나눌 수 있게 된다. 잘 모르는 사람을 대할 때 상대방에 대해 관심이 집중되기 때문에 그 능력이 잘 발휘될 수도 있다. 때로는 서로에 대해 어떤 이해관계나 선입관이 없는 사이에서 더 공감이 잘 되는 경험을 하기도 한다. 마음의 벽을 허물면 얼마든지 가능한 일이다. 마음의 문을 여는 길은 상대와의 관계에 대한 애정과 관심에서 시작된다. 공감능력은 상대의 성향이나 지금의 상황, 심리적 상태 등을 읽어내고, 함께 느끼고, 그것을 표현하는 것이다. 그런데 상대방에 대한 관심이 없이는 그런 것들이 잘 보이지 않는다. 어떤 노래 중에 "기억력도 좋지 않은 내가 너에 관한 건 사소한 것도 다 기억해"라는 가사가 있다. 이 노랫말처럼 애정과 관심이 있다면 보고 들을 수 있지만 그렇지 않다면 아무리 큰소리로 외쳐도 들리지도 보이지도 않을 수 있다.

누구에게나 끌리는 사람이 되기 위해 필요한 것들

공감능력은 나의 마음을 여는 것에서 출발한다. 내 마음이 닫혀 있으면 상대가 아무리 공감에 능한 사람이라 해도 불가능하다. 마음이 열리기 시작하면 그 과정은 훨씬 효과적이다. 또한 자신의 생각과 감정을 스스로 이해하고 정리한 상태라야 공감능력도 발휘된다. 속상한 일이 있으면 누구를 만나는 것조차 귀찮을 때가 있다. 머릿속이 복잡하면 반드시 들어야 하는 내용과 판단해야 하는 것들조차 잘 들어오지 않는다. 결국 공감능력을 내 것으로 만들기 위해서는 자신에 대한 성찰을 통해 안정감 있는 자신을 만들어가는 것이 우선이다.

할 일이 산적하여 시간에 쫓기는 가운데 잠시나마 머리를 식히겠다고 미술관에 가본 적이 있었다. 그런데 괜히 시간 낭비만 했다는 기분이 들었다. '이 작품의 주제는 아마 이것일 거야'라 짐작하고 확인해보면 예상과는 달라도 한참 달랐고 작품에 집중하지도 못했다. 작가가 전달하려는 메시지를 소화해내고 공감하기에는 내 머리와 가슴은 현실의 문제들로 이미 꽉 차 있었다.

자신의 감정이 정리되고, 상대에 대한 성향을 정확히 판단하며, 그 사람을 만난 목적이 분명할 때, 공감은 의외로 쉬워진다.

흔히 상담이나 미팅을 할 때는 본론을 시작하기 전에 인사말을 5분 정도 나누는 것이 좋다고 권한다. 바로 이때 상대의 여러 상황이나 성향을 읽어낼 수 있다. 경청이 중요하게 다루어지는 것도 바로 이 때문이다.

상대의 감정과 사고에 대해 오해하지 않도록 노력하는 것은 자신을 오해 없이 전달하는 것 못지않게 중요하다. 그런데 살아온 폭이 좁거나 대인관계의 경험이 충분하지 못하면 나와 다르다는 이유로 거리감을 느끼고 마음의 문도 쉽게 열지 못하는 경우가 많다. 독서나 영화 감상 등을 통하여 간접 경험을 늘릴 필요가 있는 것은 그 때문이다. 언제 어떤 사람들과 만날지, 어떤 상황과 맞닥뜨릴지 모르는 지금, 나를 대입하여 간접 경험을 해보거나 주변 사람들의 대처 방법을 통하여 적절한 것과 그렇지 못한 것들을 구분해보는 것은 적잖은 도움이 된다.

나와 전혀 다른 성향의 사람에 대해 내 기준으로 판단하여 손해를 보는 경험을 하기도 한다. 손해란 다름 아닌 마음의 상처와 관계에 대한 혼란이다. 문제는 사후에 후회하거나 화만 낼 것이 아니라 과정을 정리하며 문제점을 제대로 확인하는 과정에서 상대의 감정과 사고도 이해하며 차후 재발을 막는 것이다.

공감의 시작인 마음을 여는 것이 감정적으로 어렵다면 오히려 행동을 먼저 변화시켜 마음을 유도하는 것도 한 방법이다. 심리학에서는 외부의 자극에 대한 우리의 반응 중 '사고와 행동'을 자동차의 앞바퀴에, '신체와 감정'을 뒷바퀴에 비유한다. 이때 사고와 행동 중 행동을 먼저 조절함으로써 그에 영향을 받는 신체와 감정을 자신이 원하는 방향으로 유도할 수 있다. 앉아 있을 때 필기하는 행동을 함으로써 졸음에 시달리는 신체 상태를 바꿀 수 있고, 자주 고개 숙여 인사하는 행동으로 겸손한 마음을 유도할 수 있다. 상대에게 마음을 열고 대하기가 어려운 성격이라면 호의적인 표정, 집중하는 자세, 겸손한 말투 등 표현을 바꾸며 마음을 유도하는 것도 한 방법이다. 또한 마음이 상대방을 향해 열려있어야 할 뿐만 아니라 자신의 마음을 확실히 표현해주어야 한다. 재차 강조하지만 공감능력은 상대의 마음을 이해하는 것만이 아니라 마음의 상태를 상대방에게 표현해주는 것까지를 포함한다.

나를 열고 먼저 표현하는 것은 타인과의 공감을 위한 첫 걸음이다. 아울러 상대방에게 진심으로 관심을 기울이는 따뜻한 언행들은 상대방으로 하여금 자신의 마음속에 있는 것들을 내놓으며 공유하게 하는 어마

어마한 결과를 만들어낸다.

　카리스마라는 것은 결국 나를 이끌어주고, 믿고 따를 만한 믿음이 느껴지게 하는 일종의 이끌림이다. 그 이끌림이 건강하고 흔쾌한 이끌림이라면 정말 환상적이지 않을까. 이 사람이라면 뭔가 답을 제대로 제시해줄 것 같은 신뢰는 공감의 순간들을 통하여 그러한 믿음은 하나 둘 더욱 굳건히 쌓여갈 것이다.

3
목숨을 걸 만한 최대의 자산
신 뢰

아끼던 직원이 몸이 아파 휴직을 해야 한다기에 안쓰러움에 이것저것 마음을 썼던 적이 있다. 얼마 후 어느 기업체로부터 그녀의 이름을 묻는 전화가 왔다. 이유를 물었더니, "우리 회사는 IDC에만 강의를 의뢰해왔는데, 어느 회사가 보내온 브로슈어의 대표자 경력 사항에 우리 회사가 포함되어 있어서 의아하다"라고 말하는 것이었다. 그러면서 그 대표자 이름을 말해주었는데 바로 그녀였다. 친동생처럼 아끼고 가릴 것 없이 곳간 문을 열어 강의나 컨설팅 노하우를 다 내어주었는데, 내 회사에 근무하는 동안 자기 회사 창업을 준비했던 것이다. 뒷골이 당기고 머릿속이 온통 하얗게 되는 것이 무슨 뜻인지 그때 알았다. 우리처럼 규모가 작고 무형의 지식을 기반으로 하는 회사에서는 흔한 일이라며, 더 비열한 사례들을 나열하며 어느 선배가 나를 위로한다.

이미지 컨설팅을 진행하면서 반드시 거치는 과정 중에 하나가 '자신이 보는 자신의 이미지'를 확인해보는 것이다. 가장 속상했던 일, 가장 마음 아팠던 일이 무엇이었느냐는 질문에 대부분 '믿었던 사람에게 배신당했을 때'라고 답한다. 큰돈을 잃거나 사고를 당한 것보다 사람에게 당한 상처가 더 치명적일 때가 많다.

스티븐 코비는 〈성공하는 사람들의 7가지 습관〉에서 '급하면서 중요한 일'보다 '급하지 않으면서 중요한 일'을 최우선으로 해야 한다고 강조한다. 누구나 급하고 중요한 일에만 초점을 맞추다보니, 급하지는 않지만 중요한 일은 쉽게 간과할 수 있기 때문이다. 그중 하나가 관계와 시간 속에 자신의 신뢰를 쌓아가는 일일 것이다. 당장 입금시켜야 할 금액이나 제출해야 할 사업계획서보다 훨씬 중요한 것은 신뢰를 잃지 않는 일이다.

오랫동안 알고 지낸 어느 외국계 회사의 사장은 새해를 시작하며 "올해에는 직원들과 보다 많이 커뮤니케이션 하겠다"고 직원들과 약속했다고 한다. 조직 내에 큰 문제가 없는 한, 사실 그건 그리 급한 일은 아닐 수도 있다. 그러나 중요한 일임에는 틀림이 없다는 것을 그는 알고 있었다. 거의 매일 아침 8시에 회사 근처의 커피숍에서 출근 전의 직원들과 돌아가며 일대일 모닝 미팅을 한다. 특별히 문제되는 직원이나 중요한 직원에 제한하지 않은 채 1년 내내 실천했다. 분명 쉬운 일이 아닌데 그는 급한 제안서만 챙기는 것이 아니라 급하지는 않지만 중요한 일을 실천하는 것이다.

1985년부터 시작한 메이저리그 올스타전의 전야제 행사인 홈런 더비는 올스타전 본 게임에 버금가는 인기를 얻고 있다. 2008년 열린 홈런 더비에서 조시 해밀턴이라는 선수가 28개의 홈런으로 신기록을 수립하며 세계 스포츠팬들의 주목을 받았다. 그런데 신기록보다 더욱 큰 화제를 모았던 것은 조시 해밀턴에게 타격하기에 좋은 공을 던져 주었던 71세의 클레이 카운실이라는 할아버지였다. 해밀턴은 고교 시절 그의 가르침 덕분에 야구에 눈을 떴다. 정작 카운실은 그가 다니던 학교의 코치도 아니었다. 해밀턴은 그 고마움에 보답하고자 자신이 훗날 올스타전 홈런 더비에 나가게 되면 할아버지에게 배팅 볼을 맡기겠다고 약속했다. 오랜 기간 부상과 약물 중독에 시달리며 선수 생명이 끝날 위기에까지 몰렸던 해밀턴은 보란 듯이 재기에 성공해 올스타에 뽑혔다. 그는 어린 시절 스승과의 약속을 10여 년이 흘러 최고의 위치에 올라서도 잊지 않고 지켰던 것이다.

"장사란 이익을 남기기보다 사람을 남기기 위한 것이다. 사람이야말로 장사로 얻을 수 있는 최고의 이윤이며, 따라서 신용이야말로 장사로 얻을 수 있는 최대의 자산인 것이다."

최인호의 소설 〈상도〉의 유명한 구절이다. 눈앞의 물질적인 이득보다 중요한 것이 신용이요, 신뢰라는 진실을 우리는 자주 잊고 지낸다.

지킬 자신이 없다면 차라리 약속을 하지 마라

'굳게 믿고 의지한다'는 거창한 뜻을 담고 있는 신뢰(信賴)는 사실 일상에서의 작은 약속 하나 하나가 모여 만들어진다. "약속을 지키는 최선의 방법은 약속을 하지 않는 것이다"라는 나폴레옹의 말처럼 지키지 못할 약속은 하지 않는 것이 좋다. 선거철에 난무하는 장밋빛 공약들만 봐도 그렇다. 선거가 끝나면 그 공약들은 온데간데없이 사라져버린다. 그렇게 한 번 두 번 무너진 신뢰는 싸늘한 외면으로 이어지게 마련이다.

지킬 수 있는 약속을 하기 위해서는 상호간의 분명한 판단과 정확한 의사표현 습관이 필요하다. 우리가 약속을 어기게 되는 큰 이유 중 하나가 '정 때문에' 거절을 못하고 무리하는 것이다. 무리인 줄 알면서 '노'라고 말하지 못하는 것이다. 미리 약속하지 않은 방문객과 1시간을 만나는 바람에 줄줄이 다음 약속에 늦는 일이 있다. 야박하다 생각하지 말고 양해의 말과 함께 10분만 만나도 되는데 말이다.

업무와 관련한 약속을 정할 때에는 상대에게 소요 시간을 미리 공지해주는 것이 좋고, 이것이 서로 약속을 지킬 수 있는 방법의 하나다. 몇 시에 방문해달라고 요구하는 기업은 많아도, "회의는 1시간 30분 정도 예상하시면 됩니다"와 같이 소요 시간을 구체적으로 말해 주는 기업은 드물다. 그래서 더 고맙다. 가끔 미팅 전에 시간이 얼마나 걸리겠는지를 물으면 꽤나 까다롭게 군다고 생각하는 것이 아직은 우리의 현실이다. 미리 소요 시간을 알려주면 상대는 필요 이상으로 길어지지 않도록 조리 있게 설명할 것이다. 이렇게 서로 약속을 제대로 지킬 상황들을 만들어가는 것도 신뢰를 쌓는 방법 중 하나다.

약속을 정할 때 얼마만큼의 시간 여유가 있는지 상대에게 미리 밝혀두어야 나중에 허둥지둥 갑자기 자리를 뜨는 일이 없고, 무성의함으로 비치는 오해를 방지할 수 있다. 나로서는 가까스로 1시간 정도 시간을 낸 것이라 해도, 상대방은 2시간 정도를 공유할 것이라 예상했을 수 있다. 그러면 미루고 미루다가 1시간 20분 만에 일어나는 내게 상대는 고마워하기는커녕 섭섭한 마음마저 갖게 된다. 얼마만큼의 시간 여유가 있는지를 미리 공지하지 않았기 때문이다.

2시에 만나기로 했는데 그때까지 도저히 도착할 수 없다면, 1시 40분에 상대방에게 전화를 걸어 "2시 10분에는 반드시 도착하겠다"와 같은 메시지를 전해야 한다. 그래야 상대방이 공중에 뜰 시간을 살릴 수 있다. 2시에 전화하는 것은 이미 늦다. 또한 이런 경우에는 10분 안에 가겠다고 해놓고 15분 후에 도착하는 것보다, 아예 넉넉하게 20분 안에 가겠다고 말해두자. 15분 안에 도착하면 "어머? 빨리 오셨네요?" 하는 의외의 인사를 듣는 때도 있을 것이다.

우유부단한 성격과 자기 편의 위주의 변덕 역시 신뢰를 쌓는 데에 큰 걸림돌이 된다. 상대나 분위기에 끌려 다음 약속을 잡아놓고 별별 고민을 다하며 적절한 핑계거리를 찾는다. 얼마 전 모임 약속을 재확인하려고 어느 분과 통화를 했다. 참석자로 한 여사장의 이름을 내가 언급하니, "그녀는 와서 앉아야 비로소 온 것"이라며 약속을 늘 어겨 이젠 믿지 않는다고 한다. 그러고보니 그동안 그녀가 말하던 불참의 이유들에 대해 처음엔 걱정도 해주었는데, 그런 일이 잦다보니 이젠 그저 핑계로 들려와 건성으로 들었던 기억이다. 그녀도 알고 있을까? 그 사소한 약속 어김들이 신뢰하지 못할 사람으로 낙인찍히게 되는 시작인 것을.

프랑스 속담에 "사람은 자기를 기다리게 하는 자의 결점을 계산한다"고 했다. 너무나 당연한 것이지만, 약속 시간에 늦어 미안한 마음을 가지고 사람을 만나게 되면 그 만남은 처음부터 '한 수 접고' 들어가게 될 수밖에 없다. 약속에 늦어 미안한 마음을 가진 상태에서는 상대방의 웬만한 요구도 모두 수용해주어야 할 것 같은 심리적 압박에서 자유롭지 못하기 때문이다. 자기주장을 당당하게 펼치기도 어렵다. 더구나 공적인 중요한 약속 시간을 지키지 못했을 경우에는 나에 대한 상대방의 신뢰가 애초부터 무너지게 된다. 이처럼 약속 시간에 늦는 것은 상대에게 무릎을 꿇은 채 만남을 시작하는 것과 같다.

그런가 하면 얼굴만 봐도 아픈 기색이 역력한데 끝내 약속 장소에 시간 맞춰 나오는 손님이나, 하루쯤 쉬어도 될 법한데도 무리하며 출근한 직원의 모습은 그야말로 아름답기까지 하다.

한번은 연세 높으신 CEO 한 분과 점심 약속을 해놓고는 그 사실을 까맣게 잊은 적이 있었다. 그것을 적어놓지 않은 탓이었다. 12시에 그분에게서 전화가 와서야 나의 실수를 알았고, 너무나 죄송하다고 말씀을 드렸더니 그분은 "괜찮다, 다음에 하자"고 좋게 말씀하셨다. 하지만 나에 대한 신뢰감은 적지 않은 손상을 입었을 것이다. 더구나 갑작스레 혼자 점심을 드셔야 했을 수도 있다. 그날 오후 죄송하다는 내용의 이메일을 보냈다. 그리고 며칠 후 책을 사서 예쁘게 포장해서 보내드리기도 했다. 이렇게 여러 번 애쓰고 나자, 오히려 그분은 고맙다며 기분 좋게 내게 전화를 주셨고, 나는 그분과의 관계를 원만하게 회복할 수 있었다.

약속을 어긴 경우 단 한 번의 사과만으로는 부족하다. 만약 약속을 못 지키게 되어 관계에 손상을 초래하게 되었다면, 심리학에서 말하는 '빈발효과(Frequency Effect)'를 활용할 필요가 있다. 빈발효과란 빈번하게 발생되는 정보는 앞의 정보를 지운다는 것이다. 즉 약속을 지키지 못해 불신감을 주었다면, 상대를 존중하고 있다는 것과 신뢰할 수 있는 정보를 빈번하게 제공하여 안 좋았던 앞의 정보를 지워야 한다. 이때 빈번의 기준이 또 애매하고 주관적인데 심리학에서는 보통 3~5회 정도라고 한다. 상대에게 관심과 신뢰의 정보를 3~5회는 전달해야 현재 '불신의 이미지'를 벗을 수 있다. 시간과 노력, 경비의 손실을 줄이려면 애초에 신뢰 관리를 잘해야 한다. 그러나 불가피한 경우에는 빈발효과를 활용해서 회복하려는 노력을 필히 해야 한다.

너무 많은 것을 기억해야 하는 오늘날에 머리가 좋아야 약속도 지킬 수 있겠다고 핑계를 댈 수도 있다. 그러나 사실 게으름과 불성실이 주범일 때가 많다. 물론 산만한 머릿속이 늘 일등공신이지만 말이다. 요즘은 휴대폰의 알람 기능도 우수하고 다양한 방법들이 있어서 마음만 먹으면 얼마든지 도움을 받을 수 있다. 사카토 켄지는 〈메모의 기술〉에서 "뭔가를 기억하려 애쓰지 말고, 머리는 창의적인 것에 쓰되 기억할 것은 기록하고서 잊으라"고 충고한다.

일상의 약속은 메모의 확인이 지켜주겠지만, 신뢰를 얻으려면 가장 귀하면서도 지키기 어려운 것이 자신과의 약속이다. 직접적인 힐난을 받을 대상이 없기 때문인지 자신과의 약속은 오히려 쉽게 어긴다. 자신과 하는 약속의 대부분은 스스로가 지키기 어려운 수준의 것들을 약속하기 때문이기도 하지만 결과에 대한 책임을 묻지 않기 때문이다. '다음 주부터는 꼭 아침 운동을 해야지, 직원들에게 절대 화 내지 말아야지, 한 달에 한 번은 꼭 봉사활동을 해야지' 다짐하지만 어기기 일쑤이다. 그런데 훌륭한 이들은 그 누구와의 약속보다 자신과의 약속을 중요하게 생각하고 지켜낸다. 우리는 그 흔적들을 어렵지 않게 확인하게 된다.

약속도 습관이다. 자신과의 약속을 자주 어기게 되면 나중에는 별로 속상하지도 않게 된다. 아주 작은 약속, 지킬 가능성이 높은 약속부터 해보면서 스스로와의 약속을 지켜내도록 해보자. 자신을 이길 때 적을 이길 수 있다는 흔한 말처럼, 약속 역시 자신과의 약속을 제대로 지킬 줄 알게 될 때 남에게도 신뢰가 쌓인다. 나 자신이 가장 소중하고 귀한 존재이듯이 자신과의 약속 역시 가장 중요할 것이다. 가장 중요한 것을 항상 마음에 새기며 지내는 사람에게는 넥타이의 색이나, 태도, 말투 등의 외적 이미지를 굳이 신경 쓰지 않아도 신뢰의 기운 덕에 이미 최고의 이미지가 상대에게 전해질 것이다.

4
상대가 스스로 선택했다고
자부하게 만든다
설 득 력

또 사고를 쳤다. 그나마 집에 일찍 돌아오는 날 밤이면 나는 모처럼 TV를 켠다. 그런데 채널을 돌리다가 TV 홈쇼핑 방송에서 잠시 멈추었다 하면, 쇼핑할 시간이 거의 없는 나로서는 영락없이 대형 사고를 친다. 왜 그리 좋은 제품들이 많은지, 그런 제품들이 세상에 있는지도 모르고 보낸 시간이 아쉬울 정도다.

홈쇼핑 방송에는 다양한 마케팅 기법이 속속 배어있다. 매력적인 쇼호스트의 외모는 '후광효과'를 발휘하며 신뢰를 주고, 무슨 인증을 받았다거나 상을 받았다고 하면 '권위성'에 설득당한다. 예쁜 연기자가 "이걸 쓰고 좋아졌다"고 하면 '동일시 효과' 때문에 솔깃해지고, 수익금의 일부를 어려운 사람들 돕는다고 하면 '공동체 의식'이 발동하여 구매율이 높아진다. 심리학적인 동기유발과 욕구 해소를 겨냥한 그들의 마케팅 전략에 나는 대개 명중당한다. 집안 곳곳 사놓고 후회하거나 한 번도 쓰지 않은 제품들을 보면, 뛰어난 영상과 능란한 멘트로 나를 설득한 그들이 괜스레 미워진다. 물건을 구매하기로 결정한 사람은 나 자신인데도 말이다.

재미있는 것은, 사 놓고 유용하게 쓰는 것들에 대해서는 결코 상대에게 설득당한 것으로 인식하지 않는다는 점이다. 오히려 내가 방송을 보고 제대로 판단하여 구매한 것으로 기억하며, 심지어 그 상품을 산 나의 판단을 자랑하기까지 한다. 반면 사놓고 후회하거나 불만스러운 제품들에 대해서는 상대의 설득 기법들 때문에 내가 잘못 판단하여 구매한 것으로 인식하여 속상해하고, 주변 사람들에게도 속지 말라고 당부까지 한다는 것이다. 설득의 열쇠는 상대에게 유용한 결과를 제공할 유무형의 조건을 제공하되, 상대방을 강요나 논리에 의해 승복시킬 것이 아니라 심정적으로 동의하게끔 만드는 데 있다. 해리 백워드는 〈넥스트 마케팅〉이라는 책에서 다음과 같이 말한다. '최고의 판매원이 가장 먼저 파는 것은 그들 자신이다. 다음으로 회사를 팔고, 서비스나 제품을 판다. 제일 마지막이 가격이다. 반면, 보통 판매원은 가격을 가장 먼저 흥정한다. 그리고 나서 서비스나 제품에 대해 말하고, 그들 자신에 대해 말한다.'

설득은, 이성과 논리의 형식을 갖되 감성과 감정을 자극하지 않으면 이루어낼 수 없다. 어떤 논리를 선택하는 것은 이미 감성적인 자극을 받은 후이기 때문이다. 단, 감정에만 의존하면 동정을 구하는 식이 되어 구차해진다. "이 요구를 들어주지 않으시면 저는 매우 어려워질 겁니다" 하며 상대를 죄의식에 빠뜨리는 자극 역시 건전한 설득이 아니다.

또한 설득은 공격이나 협박과는 구분되어야 한다. 설득 기법에서 수없이 강조되는 것은 바로 설득 내용이 이루어지지 않을 경우에 벌어질 반대급부를 제시하라는 점이다. 그러나 긍정적인 것은 몰라도 "이 내용을 수용해주지 않는다면 후에 벌어질 일들에 대해서는 책임질 수 없다"는 식의 부정적인 제시를 하면 자칫 "지금 협박하시는 겁니까?"라는 반문을 듣게 된다. 화려한 미사여구를 나열하면 '말 잘 한다'는 소리는 들을 수 있을지 모르지만, 그것이 반드시 제대로 된 설득으로 이어지지 않는다.

우리는 하루에도 수없이 상대방을 설득해야 하는 상황에 부딪힌다. 상대의 설득을 안간힘을 다해 버텨내야 하기도 하고, 내가 무슨 수를 써서라도 상대를 설득해야 하기도 한다.

우리나라 사람들은 설득에 대해서는 우선 방어적이다. "나 그 사람에게 설득당했어"라고 기분 좋게 말하지 않는다. 상대의 의견을 따르는 것이 반드시 지는 것도 아니고 자존심 상할 일도 아닌데 말이다. 가만히 들어보면, 상대의 말이 맞는 부분이 있다 하더라도 처음부터 강력하게 자신의 의견만을 강조한 이상 그것을 양보하는 것은 곧 지는 것으로 여긴다. 처음부터 강하게 나올수록 철회나 양보도 어렵다. 완전한 '예스'가 아니면 완전한 '노'여야 하는 것으로 생각하기 때문이다.

논리로는 상대의 말이 맞는 것 같아도 감정적으로 대응하게 되고, 그러한 고집은 싸움으로 이어진다. 우리나라에서 토론 문화가 자리 잡지 못한 이유의 하나를 설득에 대한 거부감 때문이라고 지적하는 학자가 많다. 다양한 의견을 수평적으로 나누던 문화가 아니어서 그런 것이 아닌가 싶다. 힘들게 표현한 자신의 뜻을 굽힌다는 것은 있을 수 없는 일이라 여기기에 긍정적인 의견 교류가 어렵다.

　나 역시 오랫동안 설득과 언쟁을 혼동한 적이 많다. 논리를 내세워 잘못을 지적하고 빠져나갈 구멍도 없이 공격해서 내 말에 결국 할 말을 잃은 상대를 보면 처음에는 이겼다는 생각이 든다. 그러나 그 사람의 마음이 나로부터 떠난다면 이긴 것은 아무것도 없다는 것을 이제는 알겠다. 설득을 하든 당하든 그것이 감정적인 언쟁으로 이어질 조짐이 보이면 무조건 보류하는 것이 상책이다. 설득을 시도하다 보면 으레 언쟁으로 변질되어 피차 감정이 상하는 경우가 적지 않다. 설득이 아닌 언쟁을 지속하면 해당 사안은 물론 사람까지 잃게 된다. 설득과 달리 언쟁에서는 건설적인 결과를 얻을 수가 없다. 얻는 것은 고작 상처와 관계 악화, 서로에 대한 실망뿐이다.

　논쟁에서 이기기 위한 최선의 방법은 논쟁을 피하는 능력이라고 한다. 상대의 비판이나 설득이 나의 주장 내용에 대한 것일 뿐 개인에 대한 공격이 아님을 직시하고 이성적으로 이해한다면 조금 더 근사한 모습으로 설득당할 수 있지 않을까. 상대의 말을 공격하고 반박하면 분위기상으로는 마치 이기는 것 같을지 모른다. 그러나 그런 과정에서 상대가 내게 반감을 갖게 된다면 결코 아무것도 설득하지 못한 것과 마찬가지일 것이다.

**설득 기법을 아는 것보다
상대의 상황을 아는 것이 먼저다**

　심리학자 브렘의 이론에 따르면 외부로부터의 위협은 심리적 반발을 일으켜 금지된 행동을 발현한다고 한다. 관심도 없는 상대방의 마음을 내 생각과 감정으로 움직이는 것이 설득의 관건이다. 이때 기억해야 할 세 가지가 있다. 상대방이 어떤 유형의 사람인지 알아야 하고, 너무 늦지도 이르지도 않게 타이밍이 맞아야 한다. 그리고 무엇보다 설득하는 자신이 당당해야 한다는 것이 중요하다.

설득을 해야 할 상대방이 어떤 사람인가를 제대로 파악하는 것도 중요하다. 개방적이고 우호적인 사람은 어떤 상황에서든 설득하기가 쉽겠지만, 보수적이거나 외골수인 사람이라면 쉬운 것도 설득하기 어려울 것이다. 경험이나 인간관계의 폭이 좁은 사람은 자기만의 세계에 완고하게 갇혀 있어, 그 벽을 뚫고 무언가를 설득하기란 여간 어려운 일이 아니다. 그런가 하면, 속으로는 전혀 동의하지 않으면서 겉으로만 흔쾌히 동의하는 척하는 사람도 설득하기 어렵기는 마찬가지다. 우선 상대의 성향과 그가 현재 처한 상황을 충분히 이해하면 설득의 과정은 수월해진다.

예를 들어 바람난 남편을 설득한다고 치자. 남편이 그 여자와 두어 번 데이트만 한 상태에서 간곡히 설득한다면 남편은 정리를 하고 아내에게 돌아올지도 모른다. 하지만 이미 살림까지 차린 상황이라면, 아내가 아무리 간곡히 호소한다 한들 이미 너무 많은 것을 저질러놓은 상태이기에 설득은 훨씬 어렵다.

회사를 그만두려 하는 직원을 설득하는 경우도 이와 비슷하다. 그만두려는 이유가 무엇인지, 언제부터 그런 생각을 했는지에 따라 설득의 접근 강도와 방향은 달라진다. 최근 며칠 동안 힘든 일이 있어 즉흥적으로 사표를 쓸 생각이 든 것인지, 6개월 전부터 그만둘 준비를 하고 이미 다른 회사에 채용 결정이 난 것인지에 따라 지금 하는 설득의 효과는 전혀 달라지기 때문이다.

중요한 것은 설득 기법 자체가 아니라 자신이 설득하는 내용에 얼마나 당당한가다. 소위 '말발'을 타고난 사람이라면 어떠한 분야의 비즈니스에서 단기적으로는 쉽게 설득하고 빨리 성과를 낼지도 모른다. 하지만 '말발'만으로는 한계가 있다. 오히려 화술과 기술이 어눌하더라도 진심이 담겨 있다면, 그 설득은 성공적일 수 있다. 사리사욕과 계산이 개입되면 설득은 힘을 상실한다. 진심이 결여된 '말발'로는 당장 눈앞의 성과는 거둘 수 있으나 "말발에 속아 얼떨결에 설득당했다"는 평판을 듣는다면 설득을 안 하느니만 못 하다.

보험설계사는 보험 상품을 판매하여 실적을 올리는 것이 주된 임무다. 보험설계사의 실적이란 더 많은 고객을 확보하는 일일 것이다. 하지만 '좀더 많이 팔아야지' 하는 마음으로 급급해하는 것은 확실히 한계가 있다. 이 상품으로 인해 분명 고객의 삶의 질이 향상될 수 있다는 당당함이 있을 때 결과는 크게 달라질 것이다.

실적을 올릴 수 있는 열쇠는 의외로 단순하다. 그것은 바로 인간에 대한 진정성과 따뜻한 마음이다. '몇 개를 더 팔아야 하는데'가 아닌, 사람의 마음을 움직이는 데 있다. 마이클 르뵈프가 쓴 '평생 고객으로 만드는 방법'을 염두에 두면 그 일은 그리 어렵지 않을 것이다.

"내게 보험을 팔려고 하지 마세요. 대신 마음의 평화와 내 가족의 풍요한 미래를 팔아주세요. 내게 집을 팔려고 하지 마세요. 대신 안락함과 멋진 집에 살고 있다는 자부심을 팔아주세요. 내게 책 따위를 팔려고 하지 마세요. 대신 즐거운 시간과 지식이 주는 효능을 팔아주세요.

내게 장난감을 팔 생각은 마세요. 대신 내 아이들에게 잊지 못할 즐거운 시간을 팔아주세요. 내게 PC를 팔려는 생각은 아예 하지도 마세요. 그 대신 재미있는 시간과 기술이 가져다주는 기적과 같은 놀라움을 팔아주세요. 내게 자동차의 타이어를 사라고 하지 마세요. 대신 근심스러운 일로부터 훌훌 떠나버릴 수 있는 자유를 팔아주세요. 내게 비행기표를 팔지 마세요. 대신 내가 원하는 곳에 가장 빠르고 안전하게, 그리고 정해진 시간에 도착할 수 있는 약속을 팔아주세요. 내게 물건을 팔려고 하지 마세요. 대신 새로운 생각과 느낌과 자긍심과 생활과 행복을 팔아주세요. 제발 내게 물건을 팔지 마세요. 감동을 팔아주세요…."

내 이익을 위한 것이 아니라 상대방을 위한 것임에 당당할 때 설득의 길이 열린다. 그러기 위해서는 바로 자기 설득이 우선이다. 심리학자 대니얼 골먼의 말처럼 자신이 충분히 설득되어야 스트레스가 적고, 자기 감정조절이 수월할 때 탁월함을 유지할 수 있다.

한 증권회사에서 직원들을 대상으로 이미지 관리 특강을 한 적이 있었다. 강사로서 전체를 리드해야 하는 나는 이렇게 강의를 시작했다.

"저는 여러분에게 증권에 대해서는 몇 날 며칠을 배워도 부족할 것입니다. 그러나 이미지 컨설팅에 관한 한 전문가입니다. 반면 여러분은 증권에 있어서 전문가이십니다. 자, 오늘 전문가끼리 만나 금융인의 이미지에 대해 마음을 열고 함께 생각해보면 어떨까요?"

물론 업의 특성과 메커니즘은 이해하고 가지만, 만약 나 자신의 약점을 숨긴 채 증권회사에 대해서도 다 아는 양 증시 관련 용어를 운운하며 강의를 하려 했다면 나의 강의는 좋은 평가를 얻지 못했을 것이다. 살다보면 머리를 써야 이익을 얻는 순간들이 적지 않지만, 중요한 설득일수록 솔직하게 마음을 열고 자신을 전달할 때 보다 나은 결과를 얻을 것이다. 결국 설득의 비결은 자신과 타인에 대한 당당함이다.

  사람에 대한 이해와 언제든 당당할 수 있는 진정성 있는 '사람 여행'을 많이 해보는 것으로 얻을 수 있을 것이다. 이런 노력이 쌓이다보면 그 어렵다는 설득을 어제보다 쉽게 만들어볼 수 있지 않을까.

5
마음의 완장을 제거할 수 있는 힘
겸 손

계영배(戒盈杯). 넘치고 지나침을 경계하는 잔이다. 계영배는 원래 고대 중국에서 제천의식 때 사용하던 제기(祭器)였다고 한다. 굽은 관을 이용하여 높은 곳에 있는 액체를 낮은 곳으로 옮기는 사이펀의 원리를 이용한 것으로, 잔 가운데 깔때기 끝까지 물이 차오르면 관을 따라 액체가 아래로 흘러내려서 술을 계속 부어도 잔의 70%만 차고 나머지는 모두 아래 받침대로 흘러내린다. 우리 역시 욕심과 자만심을 누르고 말이나 행동, 원하는 것을 70%만 갖는다면 행복 지수뿐만 아니라, 인간관계도 더 좋아질 것이다.

명심보감에 이런 구절이 있다. "복이 있다 해서 다 누리지 말라. 복이 다하면 몸이 빈궁에 처하게 된다. 권세가 있다고 해서 그것을 다 부리지 말라. 권세가 다하면 원수를 만나게 된다." 복이 있을 때 복을 아끼고, 권세가 있을 때 오히려 더 공손하고 겸손해지라는 것이다. 더욱 큰 복을 부르는 것은 물론이고 자신의 능력이 큰 빛을 발하게 하는 것이 바로 겸손한 모습이다. '유능한데 참으로 겸손하다'는 말은 한마디로 흠 잡을 데가 없다는 것 아닌가. 사실 능력이 없는 사람의 겸손은 '실력도 없으면서 교만한 것'보다야 낫겠지만, 때로 초라하고 비굴한 것으로 오해받기도 한다. 그만큼 능력과 조화된 진심 어린 겸손은 크게 빛난다.

벌써 20년도 넘었겠다. 연기자 조형기 씨가 주연으로 나왔던 윤흥길 원작의 〈완장〉이라는 단편 드라마가 있었다. 순진하고 보잘것없던 시골 청년이 어느 날부터 마을 저수지의 관리인이 되어 '관리'라고 쓴 완장을 차게 된다. 처음에는 정말 저수지를 잘 지키려는 의도로 사람들에게 완장 낀 팔을 내밀었는데 시간이 지나면서 몰래 낚시를 하려는 '청탁'도 들어오고, 저수지 근처의 나무를 베려고 슬쩍 쥐어주는 돈도 생기기 시작하면서 이제 더 이상 그의 완장은 예전의 완장이 아니게 된다. 이토록 오랜 시간이 지나도 그 드라마가 잊히지 않고 생생히 기억하는 걸 보면 어린 나이의 내게 꽤나 충격적인 인간사로 남았나보다. 아니, 살면서 그 드라마가 떠오르는 순간이 많았기 때문이라는 것이 더 맞을 것이다.

사회생활을 하다보면 너무나 많은 완장을 만나게 된다. 때로는 주차장의 지시봉으로, 때로는 탁자 위의 펜대로 사람들이 그 짧은 칼자루를 휘둘러댄다. 교통체증이나 일의 양 때문이기보다는 필요 이상 휘둘러대는 그 칼자루와 완장 때문에, 사는 게 피곤하다 못해 우울해질 때가 많다. 꼭 필요할 때 멋지게 휘둘러주면 좋으련만, 일단 먼저 휘두르고는 다시 슬쩍 집어넣는다. 마치 새 칼을 선물 받고 뽐내는 어린아이의 몸짓처럼 말이다. 뒤돌아서면 내 앞에 선 상대의 입장과 처지가 내 가족 중 한 사람의 지금 모습일 수도 있는데, 그 빤한 사실을 참 잘 잊어버린다.

무엇이 우리를 이렇게 촌스럽게 만든 것일까. 찌들었던 가난의 설움에 대한 보상이라도 받겠다는 듯 유치하게 지갑 속을 내보이는 졸부의 모습이 낯설지 않게 그려지는 순간들이 비즈니스 현장에 너무 많다. 정채봉 작가가 〈처음의 마음으로 돌아가라〉에서 말했던 '세탁소의 옷걸이'가 생각난다. 헌 옷걸이가 새로 갓 들어 온 옷걸이에게 "너는 단지 옷걸이일 뿐이라는 것을 잊지 말아라"고 충고한다. 잠깐씩 입혀지는 옷을 자기의 신분인 양 우쭐대거나 교만하지 말라는 것이다.

키스 해럴은 〈태도의 경쟁력〉이라는 책에서 "우리는 살아가면서 다른 사람들을 필요로 한다. 그들의 관점과 지혜, 지원이 필요하다. 자신의 신념과 관심사를 공유하는 사람들과 친밀한 관계를 맺어야 하는데 이들을 '지원팀'이라고 부른다. 이 지원팀을 만들려면 이기심을 버리고 겸허한 마음을 가져야 한다"고 주장한다. 겸손해야 사람을 얻을 수 있다는 것이다.

톰 피터스의 〈초우량 기업의 조건〉에 따르면 미국에서 1980년대에 우량기업으로 선정되었던 60개의 기업 가운데 절반 이상이 10년 내에 몰락했고, 20년 후에는 불과 10여 개 기업만이 살아남았다고 한다. 그렇다면 우량기업이 우량하지 못한 기업으로 전락하지 않기 위해서는 언제 가장 조심해야 할까? 흥미롭게도 그것은 바로 그 기업의 CEO가 유명 잡지의 표지모델이 되거나 자서전을 출간할 즈음이라고 한다. 이것은 무엇을 의미하는가. 자신에 대한 자만심에 사로잡혀 겸손한 태도를 잃는 순간이 바로 모든 것을 잃는 시점이 될 수도 있다는 것이다.

성철 스님은 재물병, 여색병, 이름병의 3병 중 쉽게 치유되지 않으며 사람을 가장 망가뜨리는 고질병은 단연 '이름병'이라고 하셨다. 거스 히딩크 감독 역시 2002년 월드컵을 앞두고 대표 팀을 꾸리면서 아무리 실력이 뛰어나고 경험이 풍부해도 겸손하지 않은 선수는 방출해버렸다. 우리의 직장 생활이 그러하듯, 골프와는 다르게 팀워크가 중요한 축구에서 그 이유는 더 클 것이다. 킴벌리 클라크나 질레트와 같은 세계 굴지 기업들의 CEO들에게서 공통적으로 엿보이는 것은 바로 겸손함과 실력, 그리고 강한 의지로 자신을 철저히 다스리며 타인을 충분히 이해하고 배려할 줄 아는 감성적 리더십이다.

옛날 고명한 인물들 중에는 뒤뜰에 말뚝 하나 박아놓고 절을 하는 경우가 있었다. 더 이상 자기를 가르칠 스승이 없음에도 불구하고 말뚝을 스승 삼아 거기에 절을 함으로써 오만해지기 쉬운 마음을 가다듬으며 겸손하고자 노력한 것이다.

상대의 의견부터 묻는 것, 감사와 사과의 말을 잊지 않는 것, 당연한 것을 양보하는 것, 부탁과 양해의 표현을 분명히 하는 것 등이 겸손의 시작이다. 이것들을 못 한다면 아무것도 할 수 없다. 상대를 존중하기 위해 얼마나 거창한 순간을 기다리려 하는가. 별것 아닌 것 같은 작은 행동과 표현에서 존중과 겸손은 실천된다. 그저 자신을 낮추기만 하는 것이 아니라, 상대방을 마음으로 존중하고 그것을 성숙한 모습으로 표현하는 것이 겸손이다. "인생은 되돌려 줄 때 완성된다"라고 말하던 전설적인 골퍼 게리 플레이어의 말에 전적으로 동감한다.

소탈함을 빙자하여 비즈니스 매너를 무시하거나, 사실은 할 줄 모르면서 일부러 안 하는 척 가장하는 모습은 참으로 촌스러워 보인다. 반면 누구에게나 정중하며, 상대방이 오해하고 소리를 높이는 데도 성실히 잘 설명하면서 화를 누그러뜨려주고, 어떤 경우에나 상대를 배려하는 모습은 참으로 근사하고 존경스럽다. 존중받아 마땅한 사람이 상대를 존중하고, 그야말로 진짜 잘난 사람이 겸손할 때 참으로 매력적이다. 그러한 배려와 여유는 자신에 대한 믿음 없이는 불가능하기 때문이다. 그래서 나는 이 말을 믿는다. "따뜻함은 자신감의 표현이다."

겸손이란 지극히 당연한 것을 지극히 당연하게 하는 것

이스라엘의 영재 학교인 국립 예술과학고등학교(IASA)는 전국의 내로라하는 두뇌를 지닌 학생들만 모이는 곳이다. 주목할 부분은 이곳의 기숙사이다. 학교의 여러 실험 장비나 기계들은 최첨단인 데 반해 그들의 기숙사는 마구간보다도 허름하다는 것이다. 이유는 겸손을 가르치기 위해서라고 한다. 하늘로부터 뛰어난 능력을 부여받은 대신, 사는 것에는 덜 누려야 하고, 자신의 능력은 세상을 위해서 써야 하는 사명감을 가르치는 것이다. 능력 있는 자들이 충분히 누리고 살면 오만해진다는 것이다. 하나를 가졌으면 하나를 버려야 한다는 것이다. 그럼으로써 넘치려는 자신을 제어하라는 것이다.

조수미의 한 친구는 무대에 오르기 전의 조수미를 '장 보러 가는 새색시'라 묘사한 적이 있다. 세계 무대에 데뷔했던 10여 년 전이나 지금이나 변함없이 마치 갓 시집온 새색시처럼, 설렘과 애정을 가슴 가득 안고 새신랑에게 저녁을 지어주기 위해 기쁜 마음으로 시장을 보러 나온 것 같은 그 모습 그대로라는 것이다. 이에 대해 조수미 자신도 "무대는 나와 청중 사이의 '연애'다. 사랑하는 이에게 잘 보이고 싶고, 또 할 수 있는 한 최대의 아름다움과 지성으로써 사랑을 확인받고 싶은 그런 마음이다. 그래서 늘 사랑하는 사람을 대하듯 설레고 두근거리는 마음으로 내 무대를 준비한다"고 말한다. 정성은 겸손한 마음 없이는 불가능하다. 나를 낮출 때 사람들에게 해야 할 것들이 잘 보인다.

자리와 재력은 얼마 동안은 사람들을 붙잡아둔다. 그러나 그것은 그리 오래 가지 않는다. 겸손한 마음에서 출발하지 않은 배려는 오히려 오만으로 비칠 수 있다. 놀이터의 시소처럼 자신을 낮출 때 상대를 높일 수 있다. 그저 가만히 앉아 있는 것이 아니라 힘을 주어 자신을 낮추려는 노력이 필요하다.

이미지에는 세 가지 종류가 있다. 자신이 생각하는 자신의 이미지, 자신도 남도 알지 못하는 자신의 이미지, 그리고 남에게 보이는 자신의 이미지가 그것이다. 그중 우리는 남에게 보이는 이미지에 가장 신경을 쓰고 투자를 하는 게 사실이다. 그러나 가장 급하고 중요한 이미지 관리는 자신이 생각하는 자신의 이미지를 진단하는 것에서 시작된다. 드러내놓고 말은 하지 않아도 자신에 대해서는 누구보다 자신이 잘 안다.

그러나 말로 표현되는 것 이상으로 자신에 대해 알고 있으면서도 또한 피하고 싶은 부분들도 있다. 잘못된 부분은 변화시켜야 한다는 것을 알고 있으면서도 그러기 위해 드는 시간과 노력은 피하고 싶은 것이다. 때로는 그럴 수밖에 없는 이유를 들어 포장하여 합리화시켜버리곤 한다. 그러다보면 들키지 않기 위해서 자신의 문을 더욱 굳게 닫아버린다. 이미 이 과정에서 겸손과 거리가 멀어진다. 나를 계속 되돌아보고 상대를 살피지 않으면 겸손함을 유지하기가 어렵다. 일방적으로 자기의 기준만을 내세우다가는 후에 변명을 늘어놓아야 할 경우도 많다.

이처럼 겸손은 내면을 다듬는 것이 가장 중요하나, 겸손한 자세를 유지하기 위해서는 자신의 사소한 표현에도 점수를 매기듯 민감하게 신경을 써야 한다. 어쩌다 내뱉은 말 한마디나 순간의 행동이 상대에게 상처를 주었는데 정작 본인은 그 사실조차 모르는 사람들이 있다. 흔히 맞은 사람은 다리 뻗고 자도 때린 사람은 편히 못 잔다고 하는데, 말로는 자신이 때렸는지조차 모르는 사람은 오늘 밤 편히 잘뿐더러 내일 또 때린다. 보통 상대에게 주는 상처는 흔히 겸손하지 못한 마음에서 비롯된 말 한마디나 별 뜻 없던 행동 하나인 경우가 많다.

어린 시절부터 누누이 들어왔듯 누구나 겸손한 사람을 좋아한다는 것을 아는데도 겸손이 여전히 최대의 미덕으로 꼽히고 있는 것은, 결국 우리의 모습이 대부분 겸손하지 못하다는 반증이기도 하다. 리더가 되면 매사에 지시조나 명령조가 많아진다. 상대의 입장을 존중하기보다는 자신의 주장이 앞선다. 그런 대화 습관의 반복은 자신을 겸손과 점점 멀어지게 만든다. 대통령이 되어서도 자신의 구두를 손수 닦던 링컨의 말처럼 겸손이란 '지극히 당연한 것을 지극히 당연하게 하는 것'일 것이다. 당연한 것이 귀해진 세상이기에 지극히 당연한 겸손만으로도 따뜻한 아름다움이 전해질 것이다.

어느 해 겨울 눈이 제법 굵게 내린 날, 창밖으로 내리는 눈을 바라보는데 풍경이 희끗희끗할 뿐 선명하지가 않았다. 방이 너무 환하기 때문인 것 같아 불을 꺼보았는데 순간 놀랐다. 불을 끄자, 창밖의 어둠과 흰 눈이 선명하게 보였다. 내 안의 불을 끄고 나니 상대가 훨씬 잘 보였다.

6
수락하듯 거절한다
거 절 의 기 술

"내가 그냥 보낸 오늘 하루는 어제 죽은 사람이 그토록 바라던 내일이다"라는 말을 나는 좋아한다. 이 말을 되새길 때마다 오늘이 더욱 소중해지고 하루하루를 알차게 만들고 싶어진다. 하지만 하루의 시간은 한정되어 있고 내 몸은 하나밖에 없기 때문에, 다른 이유는 차치하고라도 시간관계상 거절을 할 수밖에 없는 일들이 수없이 많이 일어난다. 나 역시 남들의 청을 어쩔 수 없이 거절해야 하는 상황을 늘 접한다. 그런데도 막상 남이 내 청을 거절할 때는 감정적으로 왠지 서운하고 섭섭하다.

거절하는 것 못지않게 상대방의 거절을 잘 받아들이는 것도 중요하다. 자신의 잣대를 기준으로 상대의 거절을 확대 해석하는 것은 조심할 일이다. '그걸 거절하다니 날 무시하는군' 혹은 '꼭 그렇게까지 말할 건 없잖아?' 등 자신만의 기준 때문에 필요 이상 기분 나빠한다면 상대방과의 관계는 악화될 수밖에 없을 것이다. 앞서 말한 대로 아름답게 거절을 할 줄도 알아야 하지만, 거절도 하나의 자기표현이라는 것을 인정하고 상대의 거절을 담백하게 받아들일 줄도 알아야 한다. 나의 요청을 거절하는 이면에는 나에게 미처 다 말하지 못한 그 사람의 여러 사정들이 있을 것이다. 그러므로 내가 예상하는 시나리오에 꼭 맞아떨어지지 않을 수도 있다. 무엇을 청하든, 누구에게 청하든 거절당할 수 있다는 전제를 늘 염두에 두어야 한다. 그러고나면 어느날 작은 수락에도 감사하는 마음이 생긴다.

흔히 열등감이 많은 사람이 작은 거절에도 상처받는다. 그리고 이내 공격적이 된다. 자신이 가지고 있다고 생각하는 별의별 열등감을 죄다 끄집어내어 '그것 때문에 내가 거절을 당한 거야'라며 스스로를 더욱 초라하게 만든다. 거절당했다고 해서 자신이 모욕당한 것으로 생각할 필요는 없는데도 말이다. 영업직에서 일하는 신입 직원들은 거절을 당할 때 대처하는 법에 대해 많은 시간을 들여 훈련을 받는다. 그럼에도 불구하고 상대방에게 거절당하는 순간들을 이겨내지 못해서 직장을 그만두는 직원들이 적지 않다. 바로 지금이라서, 이미 가지고 있는 아이템이어서, 가장 싫어하는 색이어서, 돈이 없어서 등 거절의 이유는 예상 외로 많을 수 있다.

중요한 건 굳이 '나라는 사람 자체'를 거절한 것으로 생각할 필요는 없다는 점이다. 우리는 인생에 거절은 늘 존재하기 마련임을 기억해야 한다.

거절을 할 때 자신의 원칙을 말함으로써 분명하게 거절하는 것도 좋은 방법이다. 하지만 처음부터 분명하게 거절하는 게 힘들 때는 부드럽게 거절하는 기술도 있다.

거절의 스트레스를 줄이려면

상대의 요청을 처음부터 거절해버리기보다는 무리한 점에 대한 합의점을 찾으며 내 요구를 말하는 것이다. 그러나 이때 상대가 치사한 기분이 들지 않도록 매우 주의해야 한다.

수락하듯 거절할 수 있는 방법은 의외로 어렵지 않다. 거절하는 것은 내가 아닌 그쪽이 될 것이다. 갑자기 당장 나에게 뭔가를 해달라는 사람이 있는데 스케줄상 어렵다면 '나도 그렇게 해줄 수 있으면 좋겠다' 하고 수락한 후 곤란한 상황을 설명하거나 필요한 조건을 전한다. 무례한 요청을 하는 사람들은 대개 이기적인 경우가 많기 때문에 상대방에게 요구만 하면서 정작 자신이 상대방을 도와줄 생각은 없는 것이 대부분이다. 따라서 그는 더 이상 나에게 무리한 요구를 할 수 없을 것이다. 나는 수락하듯 말하면 되고 거절은 그들의 몫이 되는 것이다.

영어에 '레인체크(Rain Check)'라는 말이 있다. 비가 오는 바람에 스포츠 관람 등을 못 했을 때, 다음에 다시 관람할 수 있도록 주는 티켓이다. 거절을 할 때는 바로 이 '레인체크'를 주면 훨씬 매끄럽다. "다음 주에 시간 있으세요?"라 묻는데 "아뇨. 전혀요. 스케줄이 꽉 찼어요"라고 끝내버리면 "그럼 그 다음 주는 어떠신가요?"라고 물어야 하는 상대는 이미 치사하다는 느낌부터 갖게 된다. "다음 주는 어렵지만, 15일 이후는 원하시는 날짜를 말씀해주세요. 제가 다 맞추도록 할게요"라고 해주기만 해도 나의 거절은 전혀 불쾌하지 않게 받아들여질 것이다.

물론 상대의 요구를 진짜로 거절하고 싶은 의도를 가지고 있다면 그럴 필요가 없겠지만, 보통은 내가 일부러 상대를 불쾌하게 할 생각이 없었는데도 상대방이 기분 나빠지는 경우가 종종 있다. 요령 없이 사실 위주의 상황만 나열하다 보니 나의 감정이나 의도와 무관하게 상대방으로부터 오해를 사기 때문이다. 사람들은 보통 거절 그 자체보다 거절 방법에 대해서 안줏거리로 삼는다는 것을 알면서도 말이다. 결국 거절도 표현의 문제다. 사실 상대를 화나게 하는 것은 거절이 아니라 거절의 표현이다.

많은 사람들이 "저는 거절을 잘 못 해요"라고 고백한다. 마치 거절을 잘 못하는 것이 자신이 워낙 착해서 그런 것이기라도 한 듯 부끄럽지 않게 말한다. 컨설팅을 받은 분들에게 물어도 커뮤니케이션 중에 가장 어렵게 생각되는 것이 거절이라고 한다. 얼굴 인상이 강해 전혀 그렇지 않을 것 같은 한 건설업체의 회장님도 거절이 가장 어렵다고 말씀하신다. 거절을 못 하고 받아들였다가 손해 본 적이 한두 번이 아닌데도 매번 잘 못 하겠다고 하신다.

어차피 결론적으로 거절을 할 수밖에 없다면 더 이상 무슨 말을 길게 할 필요가 있느냐며 다 쓸데없다고 생각할 수도 있다. 하지만 거절을 할 때 그 청에 대한 상대의 감정에 충분히 공감하는 표현을 제대로 해 주는 것은 매우 중요하다.

우리 회사의 빔 프로젝터를 도난당한 적이 있었다. 도난 사실을 발견한 시점이 빔 프로젝터를 써야 하는 때의 불과 한 시간 전이었다. 중요한 프레젠테이션이 겨우 한 시간밖에 남지 않은 터라 상황이 절박했다.

절차를 밟아 렌트할 시간적 여유도 없었다. 급한 김에 아는 회사에 전화를 걸어 빌려달라는 부탁을 했더니 그 첫 마디가 "안 돼요. 우리도 이따가 써야 해요"란다. "몇 시부터 몇 시까지 필요하냐"고 물어주기만 해도 사실 빌려준 것이나 마찬가지였을 텐데 말이다. 결국은 못 빌려준다 하더라도 "급하셔서 전화하신 것일 텐데 어쩌지요?" 하는 말 한마디만 해주었더라면 내가 느낀 민망함은 훨씬 덜했을 것 같다.

청을 한 상대방에게 공감을 표한 후 적절한 대안을 제시하는 것 또한 거절 요령의 묘미이다. 위의 경우에 "4시부터는 가능한데요"라고 하거나 "대신 OHP는 빌려드릴 수 있는데 어떠세요?"라고 자신이 해줄 수 있는 최소한의 대안이라도 제시해주었더라면 이곳에 사례가 실리지도 않았을 것이다.

또한 거절을 할 때 평소보다 조금은 느린 말투로 천천히 말하면 무성의하다는 오해를 받지 않을 수 있다. 승낙의 말은 속도가 빠를수록 흔쾌하게 느껴지지만, 같은 거절의 말이어도 빠른 속도로 말하면 냉정하고 상대에 대한 작은 배려도 없다는 느낌을 주게 된다. 더구나 전화로 거절하는 경우에는 얼굴을 맞대고 대면하여 거절할 때보다 조금 더 상세히 설명을 덧붙일 필요가 있다.

한 기업의 컨설팅 업무를 진행한 적이 있었다. 그런데 일을 시작하기 전에 합의한 말과 다른 얘기를 하며 나의 청구 금액을 일방적으로 조정하여 메일을 보내왔다. 한마디로 그것은 나의 청구 금액에 대한 거절인 셈이다. 문제는 금액 조정 자체에 있는 것이 아니었다. 왜 그렇게 조정하려 하는지에 대해 그들은 전혀 설명을 해주지 않았다. 아무 설명 없이 결과만 제시받았기에 '일방적인 통보'라는 느낌을 받을 수밖에 없었고, 해결 과정은 예상 외로 심각해졌다. 승낙이 아닌 거절과 조율의 경우에는 더욱 신경을 써서 표현해야 하고, 이유를 납득시켜야 오해가 없다.

그런가 하면, 어쩔 수 없이 아무런 대안도 주지 못하고 거절만 하게 된 경우라면 나중에라도 챙겨주어야 한다. 나 역시 바쁜 일정을 핑계로 나중에 챙겨주는 것을 소홀히 했다가 실컷 싫은 소리를 들은 적이 있다. 알고 지내는 어느 여사장이 거액을 빌려달라는 요구를 한 적이 있었는데, 당시 내 상황으로서는 대안을 제시할 여지가 조금도 없었기에 나의 어려운 상황을 설명하는 것만으로 가까스로 거절을 했다. 나중에 알고 보니 그녀는 나로 인해 마음이 상해있었다. 돈을 안 빌려준 것 때문이 아니란다. 상황은 이해했지만 그 후 일이 어찌 되었는지 안부 전화 한 통 없었던 게 섭섭하다는 것이다. 도움을 주지도 못하고 연락하기가 어색해 차일피일 안부 인사를 미루었던 것이 화근이었다.

거절은 늘 일어나는 일이기에, 우리에겐 제대로 거절할 줄 아는 능력과 거절을 받아들이는 능력이 필요하다. 어려운 청을 할 수밖에 없는 그 마음에 서로 공감하고 필요한 표현만 조금 더하여도 수없이 일어나는 거절로 인한 상처는 훨씬 줄어들 것이다.

7
새로운 자신을 발견한다
자 기 극 복

'테트라-아멜리아 신드롬(Tetra-Amelia syndrom)'으로 태어날 때부터 팔다리가 없고, 작은 왼발만 있던 아이, 닉 부이치치. 신체 조건만을 놓고 보면 누가 감히 그보다 더 큰 불행을 말할 수 있을까 싶다. 남과 다른 자신의 몸에 절망해 여덟 살 어린 나이에 스스로 목숨을 끊으려고 했었다고 한다. 그러나 지금의 그는 회계학을 전공했고, 운동을 가장 좋아하는 사람이 되었다. 그리고 4개 대륙 12개국 이상을 다니면서 절망에 빠진 세상 사람들에게 삶의 희망과 용기를 준다. 미국 로스앤젤레스에서 '사지 없는 삶(Life without Limbs)'이라는 장애인 비영리 단체도 설립했다.

'더 많은 사람에게 꿈과 용기를 주고, 계속 노력하라는 메시지를 주는 것'이 인생의 목표라고 말한다. 힘겨운 청소년기를 보낸 사람답게 아이들에게 자존감과 희망을 북돋우는 메시지를 전달하는 데 관심이 많다. "사람들은 모두 남과 다른 점을 가지고 있다"고 하는 그의 말은 그가 우리와 너무 다르기에 더 설득력 있게 다가온다. 자신을 보며 용기를 얻으라고, 희망을 가지라고 하는 그의 메시지에 마음이 움직이지 않는 사람이 있을까. 그의 표정은 참 행복해 보인다. 그는 자신의 진정한 가치를 깨달은 듯하다. 그걸 우리에게 전하고 싶은 애정이 말 한마디, 눈빛 하나에 묻어난다.

성공한 사람이 되고 싶은가, 지혜로운 사람이 되고 싶은가. 굳이 선택을 하라고 하면 지혜로운 사람을 고르겠지만 현실에서는 이 두 가지가 따로 존재하는 것 같지는 않다. 사회적인 성공의 기준이 경제력이나 권력의 서열로 결정된다면 지혜로운 이가 뒷줄에 자리할 수도 있다. 하지만 사람들이 늘 곁에 머물고 스스로 행복한 인생을 즐길 줄 아는 지혜로운 사람은 이미 그 자체로 성공한 것이다.

세계적인 권위를 자랑하는 독일 베를린의 막스 플랑크 연구소에서 15년 동안 천 명을 대상으로 지혜로운 사람들의 공통점을 찾는 연구를 진행했다. 그 결과 지혜로운 사람들은 '대부분 역경이나 고난을 극복한 경험이 있었다. 인생의 쓴맛을 본 사람들이 순탄한 삶을 살아온 이들보다 훨씬 지혜로웠다'는 사실을 발견했다.

맹자 역시 일찍이 이 진리를 발견했다. '하늘이 장차 그 사람에게 큰 사명을 주려 할 때는 반드시 먼저 그의 마음과 뜻을 흔들어 고통스럽게 하고, 그 힘줄과 뼈를 굶주리게 하여 궁핍하게 만들어 그가 하고자 하는 일을 흔들고 어지럽게 하나니, 그것은 타고난 작고 못난 성품을 인내로써 담금질하여 하늘의 사명을 능히 감당할 만하도록 그 기국과 역

량을 키워주기 위함이다.'

또한 고대 로마의 철학자 세네카가 언급했듯이 신은 자신이 인정하고 사랑하는 자들에게 역경을 주어 불이 금을 단련하는 것처럼 성장시킴을 확인하게 될 때가 많다.

어려운 상황을 견디며 그 과정들의 부작용 즉, 좌절과 절망과 열등감을 이겨냈을 때 그 결과는 더욱 가치가 크다. 자신의 열등감을 건강하게 어루만지지 못하고 그 약점을 콤플렉스로 간직한 사람은 어느 자리에서든 빛을 잃는다. 그 사람의 약점 때문이 아니라, 열등감을 은닉하려는 태도 때문에 그렇다.

어려운 집안에서 힘들게 공부하고 유학도 갔다 오고 자수성가해 한 기업체를 이끄는 사장이 된 사람을 알고 있다. 그런데 그는 모임에 나왔다 하면 필요 이상으로 자신을 과시하는 것에 몰두한다. 유학 시절의 이야기를 반복하고, 명품을 사용하고 있음을 늘 과시한다. 그가 명품 브랜드로 치장하지 않았다고 해서 사람들이 그를 얕잡아보지는 않는다는 것을 그는 모른다. 필요 이상으로 느끼는 열등감을 감추기 위한 지나친 노력 때문에 그가 어떤 열등감을 가지고 있는지가 오히려 드러난다. 그는 자신의 이중적인 이미지에서 혼란을 겪고 있다는 인상을 준다.

그런 사람들은 자신의 열등감과 관련된 이야기가 나오면 지나치게 공격적이고 민감한 반응을 보이곤 한다. '들켰다'라는 자격지심 때문에 심각하게 받아들인다. 이러한 면모는 대인관계와 이미지 구축에 있어서도 나쁜 영향을 미칠 수밖에 없다.

약점이 있다면 그것을 고치려고 노력해야 할 것이다. 그러나 열등감의 노예가 되어서는 안 된다. 자신에게 어떤 약점이 있든, 그 약점으로 인한 열등감을 극복하기 위해서는 우선 열등감을 역이용할 줄 알아야한다. 이것이 누구에게나 있는 열등감을 건강하게 관리하는 것이다. 열등감으로 인해 괴로워하기보다는, 점점 나아지는 모습이나 자신만의 강점 등을 찾아 스스로를 격려해보는 것도 효과적이다. 열등감에 매여 자괴감을 끌어안고 산다면 극복도 개선도 불가능하다. 결국 열등감 때문이 아니라 열등감을 관리하는 능력이 부족하여 더 우울해지는 악순환을 반복하게 된다.

열등감을 느낄만한 여건이나 요소를 개선하는 것이 그리 쉬운 일은 아니다. 그러나 노력하는 과정에서 부대끼고 한계에 부딪히다 보면 어느 순간 그 벽을 '탁' 하고 넘는 순간이 분명히 온다. 그 후로는 한결 부드럽게 이겨낼 수 있다. 열등감을 느낄만한 조건이나 요소가 사라지는 것은 아니더라도 최소한 열등감에 시달리지는 않을 수 있다.

누구나 열등감을 가지고 있다. 하지만 그것을 너무 감추거나 부인하는 것보다는 차라리 "저는 그런 부분을 더 발전시키고 싶어요"라고 스스럼없이 인정할 수도 있게 될 것이다. 그런 솔직한 모습이 오히려 자신감 있고 당당해 보인다. 엔도 슈사쿠는 〈나를 사랑하는 법〉에서 이렇게 말한다. "나이가 들면서 나는 내 자신이 가지고 있는 나약함에 대처하는 방법을 아주 자연스럽게 알게 되었다. 그 방법이란 바로 남들 앞에서 강해 보일 필요가 없다는 것이다." 있는 그대로 내가 가지고 있는 약점을 인정하고 가능한 한 유리하게 바꿔보자고 생각한 뒤에야 열등감에서 벗어날 수 있었다는 것이다.

자신의 약점이나 열등감 관리 못지않게 존중해야 할 것이 타인의 그것이다. 타인의 아킬레스건, 즉 약점이나 아픔을 건드리지 않도록 유의

하는 것 역시 중요하다. 남의 잘못을 지적하는 것을 넘어 인신공격을 하는 것을 자주 보게 된다. 예를 들어 집안이나 가족에 대해 열등감을 가지고 있는 사람에게 의도적으로 다른 사람에 관한 얘기를 집안 위주로 전개해나간다거나, '역시 집안이 좋은 사람은 달라', '부모님 영향이 정말 중요하지' 등의 표현을 한다면 그 사람이 받게 될 상처는 적지 않다.

우리가 '바보'라는 단어를 평소 장난삼아 쓰더라도 특별히 주의해야 하는 상황에 처하면 그런 말을 함부로 내뱉지 않는다. 그런데 잠시의 감정적 대립이 있는 경우가 아니고도 자꾸 상대를 초라하게 만들고 상대적 박탈감이 들도록 하는 사람들이 있다. 물론 그것 역시 자신의 마음에 달렸지만, 소위 좀 '못된 사람'들이 분명 있다. 그럴 때는 '코드 뽑기'를 해야 한다. 〈코드 리딩〉의 저자 릴리안 글래스 박사는 "마치 코드를 뽑아버린 것처럼 그들과의 감정의 선을 끊어버리는 것이 처방"이라고 권한다. 아무리 노력해도 그 사람과는 도저히 좋은 관계가 되기 힘들겠다 싶으면 차라리 놓아버리는 편이 낫다는 것이다. 아무 영향도 받지 않고, 감정의 동요도 일지 않도록 완전하게 코드를 뽑아버리는 것이다. 함께 일을 하더라도 완전하게 그와의 감정적 관계를 정리하는 것이다. 사람들 중에는 상대에게 에너지를 주고 삶의 방향을 명확히 해주는 긍정적인 관계의 대상이 있는 반면, 그 반대의 역할을 하며 기운을 소진시키는 사람들이 꼭 있다. 잠깐 통화만 해도 내 기운을 쏙 빼놓는 사람이 혹시 있다면 이제는 코드를 뽑아버리는 것도 아주 중요한 한 방법이다.

나에게 열등감을 제공하는 누군가가 있다면 오늘 밤 눕기 전에 머릿속에서 그를 싹 지우자. 또 하나, 다음 글을 읽고 나서도 내가 열등감에 빠져있어도 될지 생각해보자.

"집안이 나쁘다고 탓하지 말라. 나는 어려서 아버지를 잃고 고향에서 쫓겨났다. 가난하다고 말하지 말라. 나는 들쥐를 잡아먹으며 연명했고, 내가 살던 땅에서는 시든 나무마다 비린내만 났다. 작은 나라에서 태어났다고 탓하지 말라. 내가 세계를 정복하는 데 동원한 몽골 병사는 적들의 100분의 1, 200분의 1에 불과했다. 나는 배운 게 없어 내 이름도 쓸 줄 몰랐지만, 남의 말에 항상 귀를 기울였다. 그런 내 귀는 나를 현명하게 가르쳤다. 적은 밖에 있는 것이 아니라 늘 자신의 안에 있다. 나 자신을 극복하자 나는 칭기즈칸이 됐다."

내가 지금 여기에 있는 이유를 발견하라

고질적인 열등감에서 벗어나기 위해서는 성장 과정에서 자신감을 확인시켜주는 순간들이 매우 중요하다. 자신감은 능력과 비례한다고 생각하기 쉽지만 능력은 탁월하면서도 늘 자신감 없는 사람들, 심지어 열등감을 만들어 자신을 고달프게 하는 이들이 의외로 많다. 작은 일, 당연한 일에라도 감사하는 마음이 몸에 배지 않으면 더욱 그러하기 십상이다. 세상에는 감사할 것이 매우 많다는 것을 마흔 살이 넘어서야 알게 된다면 지나간 세월이 너무 아깝다. 매사에 감사할 줄 아는 사람에게는 열등한 조건도 기회가 되고, 자신감도 쉽게 찾을 수 있다.

일을 할 때나 인간관계에서나 자신감을 잃는 순간은 하루에도 수없이 반복된다. 그럴 때는 우선 자신의 장점을 되뇌고 긍정적으로 생각하는 것이 자신감을 되찾는 시작일 것이다. 꼼꼼하지 못하여 일을 그르친 사람이라면 생각이 크고 직관적인 자신을 발견할 수 있을 것이고, 정리 정돈을 제대로 못 하는 사람들의 대부분은 융통성과 유연성이 뛰어난 경우가 많다. 사교적이지 못하여 손해를 봤다면 그 대신 깊이 있게 사귄 친구가 적지 않다는 것을 알게 될 것이고, 이재에 둔하여 손해를 자주 보는 사람이라면 그 대신 감성이 풍부하고 인연과 관계를 소중히 하여 이 세상을 풍요롭게 만드는 데 한몫을 해온 자신을 발견할 수 있을 것이다.

내가 지금의 이 모습, 이 역할로 세상에 있는 이유와 가치가 분명히 있다. 자신이 톡톡히 해내는 한몫을 제대로 발견하는 일은 매우 중요하다. 그리고 그것은 갈등 상황이 벌어지고 나서야 혹은 새해 첫날이나 되어서야 되돌아볼 게 아니라 수시로 매일매일 돌아볼 가치가 있는 일이다.

어느 날 갑자기 나타난 듯한 스타 같은 CEO들의 경우, 신중한 결정의 시간을 거친 후에야 성공과 직결되는 것을 볼 수 있다. 잭 웰치 전 GE 회장은 차기 회장을 뽑는 데 자그마치 6년 반의 긴 시간을 두고 마음속에 둔 후보들에게 여러 가지 선발 과정을 거치도록 했다고 한다. 회장 후보들은 이사회에서의 발의 과정은 물론, 부하 직원들의 존경을 받으면서 통솔하고 있는지, 경영에 대한 이념과 철학은 어떠한지 등을 판단하는 여러 테스트 과정을 거쳤다. 그중에는 이사들과의 개인 면담, 동반 여행, 골프 등도 포함되어 있었다. 실무적 경영 능력에 절대적으로 중요한 것이 인간관계이기 때문이다. 이 같은 과정을 밟아 현재의 제프리 이멜트 회장이 선임되었고, 6년 넘게 시가총액 세계 2위의 GE를 이끌고 있다.

단언컨대 자신감을 유지하는 유일한 길은 신중한 결정의 시간 끝에 선택을 내리는 것이다. 옷 하나를 살 때에도 썩 내키지 않은데 상황이나 직원의 판매 기술에 이끌려 강매를 당하다시피 한 경우에는 그 옷을 입을 때마다 두고두고 망설여지고 또 입어도 그리 편하지가 않다. 자신감을 꺾어버리는 세상의 많은 변수들에 굴하지 않으려면 자신이 왜 이 선택을 했는지, 지금 왜 이 일을 하고 있는지 명확하게 아는 것에서 출발해야 한다. 신중함에서 나온 확신은 어떤 상황에서도 당당해질 수 있는 힘을 준다. 나는 중요한 일을 결정해야 할 때나 갈등이 생겼을 때, 그리고 망설여질 때 반드시 떠올리는 문구가 있다.

"내가 바꿀 수 있는 일에 대해서는 과감히 도전할 용기를 주시고, 바꿀 수 없는 일에 대해서는 받아들일 침착함을 주시며, 이 두 가지의 차이를 알 수 있는 지혜를 주소서."

어느 성직자의 기도문이었던 것으로 기억한다. 학창 시절부터 지금까지 이 문구는 나에 대한 믿음과 자신감을 갖는 데 하나의 등불과도 같은 말이 되어 주었다.

주저하고 놓친 것에는 두고두고 마음이 간다. 소위 미련 말이다. 신중하지 못한 결정으로 미련과 후회를 반복하면, 그 다음에는 결정하는 일에 대해 자신이 없어지게 된다. 물론 매사를 제대로 옳게 판단하는 지혜가 중요하고, 해낼 수 있다고 판단한 것을 최대한 노력하여 시작해보는 용기도 그에 못지않게 필요하다. 결과를 미리 점치고 피하기를 일삼기보다 우선은 최선을 다해 노력하는 습관이 중요하다. 그 결과가 기대한 만큼이 아니거나 때로는 기대 이하라 할지라도 노력한 시간 안에서 배우는 것이 반드시 있다. 그리고 그 시간들은 내게 자신감을 주기에 충분한 가치가 있는 것이다.

　노력했음에도 기대한 만큼 성과를 이루어내지 못했을 때는 차분히 포기하고 놓을 줄 알아야 다시 자신감을 얻을 수 있다. 그래야 손에 쥔 것이 없어도 초라하지 않으며, 그래야 환하게 웃을 수도 있다. 우리는 때로 성취욕과 자신감 사이에서 균형을 잡지 못하고 혼동하여 우울해 하고, 두고두고 자신을 들볶기도 한다. 내 여고 동창 중에 이혼을 한 친구가 있는데, 그 흔한 이혼 후유증 없이 모든 것에 당당하다. 이혼을 하면 당당하지 못해야 한다는 것이 아니다. 단, 흔히 인생의 실패로 생각하며 모든 것에 자신 없어 하기 일쑤인데 친구는 "난 최선을 다했어. 감정적으로 한 게 아니야. 내가 숨을 쉴 수 있는 만큼의 힘만 남았을 때 헤어진 거야. 아무 후회도 없어"하며 흉이 아닌 그저 상처로서 자신의 아픔을 잘 도닥이고 자신 있게 새 삶을 시작했다. 자신감은 당당한 자기 극복의 기회가 되기도 한다.

　힐러리와 클린턴의 관계를 빗댄 재미있는 유머 하나가 생각난다. 힐러리와 클린턴이 함께 운전하고 가다가 주유소에서 일하고 있는 힐러리의 남자 동창을 만났다고 한다. 클린턴이 "당신이 저 친구와 결혼했다면 주유소 직원의 아내가 되었겠군" 하자, 힐러리의 대답은 무엇이었을까.

　"아니죠. 저 사람이 대통령이 되었겠지요."

　힐러리의 이미지 중 당당한 자신감을 말해주는 유머다.

　자신감 있는 태도와 마음가짐은 따뜻한 카리스마의 처음이자 마지막이다. 자신 있으려면 실력부터 갖추고 있어야 하는 것은 두말하면 잔소리다. 가끔 불친절한 의사들을 만났을 때, 나는 화가 났다. 그 무뚝뚝함과 냉랭함이 의사로서의 교만과 권위 때문인 것 같아 자존심이 상하고 불쾌했다. 그런데 어느 날, 나의 질문에 묵묵부답인 의사에게 화를 내자 그의 대답은 의외였다.

"사실 몰라서 대답 못 한 겁니다."

나는 잠시 멍하니 보다가 '아아, 모르는 거였구나. 그걸 대놓고 말할 수가 없어서 아무 말 안 한 거구나' 하는 생각이 들자 그에게 미안한 생각마저 들었다. 안 하는 게 아니라 못 하는 경우가 우리 주위에도 많다. 방어적이고 경직된 모습은 부족한 자신을 보호하려는 방어 기제임을 인정하지 않는 사람들이 많다. 부족한 점을 무마하기 위해 입으로는 퉁명스럽게 이러쿵저러쿵 다른 이유들을 말한다.

불현듯 유명한 의사 패치 아담스가 떠오른다. 그는 탁월한 실력을 가졌음에도 환자에게 웃음을 선사하기 위해서라면 우스꽝스러운 모습을 연출하는 것도 서슴지 않았다. 그런 그의 노력은 그저 튀어 보이기 위한 것이 아니라 세상을 위한 진정성 있는 자신감이 대단하다는 것을 증명하는 것이었다. 의사의 권위를 실추시킨다며 그를 몹시 못마땅해하던 의대 학장도 있었지만, 웃음은 심장 기능에 긍정적 효과를 주고 면역 기능을 강화시키는 것이기에 그는 기꺼이 관장기를 잘라 빨간 코를 만들고 우스꽝스러운 고깔모자를 쓰는 것도 마다하지 않았다.

그는 자신의 세상 사는 법과 진료 방식에 대해 신념과 자신감을 가진 사람이었다. 영화로 만들어지기까지 한 그의 따뜻한 일대기는 실로 감동적이다. 그래서 지금도 그와 함께 일하고 싶어 대기하는 의사가 천 명이 넘는지도 모른다.

열악하고 열등한 조건을 기회로 여기며 보통 사람들보다 힘든 과정 속에서 이루어낸 가치 있는 성장에는 긍정의 힘과 자신감이라는 보물이 들어 있다. 나라는 존재의 가치가 바로 그 안에 담겨있다.

8
여유 있게 세상을 품는다
유 머

오래 전부터 미국의 정치인들에게 유머는 필수였다. 정계에서 출세하려면 조크를 잘해야 한다는 말이 있을 정도다. 백악관에서는 연설문에 삽입할 몇 줄의 유머에 몇천 달러를 쓰기도 한다. 유머는 마치 윤활유와도 같아서 어색한 분위기를 부드럽게 만들어주는 역할을 한다. 장황한 연설이나 강연을 지루하지 않게 해준다. 조크가 빠진 정치 연설은 김빠진 맥주와도 같다. 그러다보니 미국의 정치인들은 아예 재치 있는 농담을 시시때때로 던지는 것이 몸에 배어있다. 높은 자리에 오르고 나서도 몸에 배인 조크를 전략적으로 활용하는 것이다.

유교 사상이 뿌리 깊이 박힌 우리나라 사람들에게 유머란 실없는 사람들이나 하는 것으로 인식되었던 것이 사실이다. 정치를 하거나 중요한 자리에 오르려면 유머 감각이 필수인 서양과는 달랐다. 하지만 이제 우리나라도 그런 추세로 가고 있는 듯하다. 얼마 전 어느 기업의 주주 총회에서 임원이 무척 재미있게 유머를 곁들여 그 딱딱하고 살벌한 상황이 매끄럽게 종료되었다는 기사를 본 적이 있다. 웃음을 나눌 줄 알아야 성공하는 시대다. 탁월한 유머 감각은 개인의 삶을 윤택하게 하는 것은 물론, 집단과 조직에 생기를 불어넣는다. 무엇보다 서로의 마음의 경직을 풀어주고 포용력을 높인다. 경쟁에서 살아남으려면 유머 감각부터 길러야 한다는 말이 있을 정도다.

링컨 대통령의 조크도 발군이었다. 젊은 시절 그가 하원의원에 출마했을 때였다. 합동 정견 발표회에서 그의 라이벌 후보가 그를 가리켜 신앙심이 별로 없는 사람이라고 비난했다. 그 후보는 청중들을 향해 "여러분, 천당에 가고 싶은 분들은 손을 들어 보세요"라고 소리쳤다. 모두들 높이 손을 들었는데 링컨만 손을 들지 않았다. 그 후보가 링컨을 향해 "당신은 손을 들지 않았는데, 그럼 지옥에 가고 싶다는 말이오?"라고 물었다. 그러자 링컨이 빙긋이 웃으며 말했다.

"천만에요. 나는 지금 천당도 지옥도 가고 싶지 않소. 다만 의사당으로 가고 싶을 뿐이오!"

청중들 사이에서 폭소가 터졌다. 그리고 나서 마침내 링컨이 연설을 할 차례가 됐다.

"상대방 후보는 피뢰침까지 달린 호화 저택에 살고 있습니다. 그러나 나는 벼락을 무서워할 정도로 죄를 많이 짓지는 않았다고 생각합니다."

청중들은 폭소를 터뜨렸고, 후에 링컨은 당선되었다.

아이젠하워는 두 번의 대통령 임기를 마치고 정계를 은퇴했다. 퇴임 후 그는 즐겨 치던 골프를 계속했다. 어느 날 그가 조지아 주의 어느 컨트리클럽에 갔을 때였다. 골프를 치고 난 그에게 골프장의 직원이 다가와 물었다.

"백악관을 떠나신 후 뭐 좀 달라진 것이 있습니까?"

"있지. 골프 시합에서 나한테 이기는 사람들이 더 많아졌어."

한마디에 불과했지만 권력의 속성에 일침을 가하는 농담이었다.

제2차 세계대전의 영웅 처칠 영국 총리가 처음으로 하원의원 선거에 출마했을 때였다. 그의 라이벌 후보가 합동 정견 발표회장에서 그에게 인신공격을 가했다.

"내가 듣기로는 처칠 후보는 아침에 일찍 일어나지 않는다고 합니다. 만일 그게 사실이라면 그런 게으른 사람은 의회에 앉을 자격이 없지 않겠습니까?"

뒤이어 등단한 처칠은 흥분하는 기색조차 없이 이렇게 말했다.

"글쎄요? 당신이 나처럼 예쁜 마누라를 데리고 산다면 당신도 아침에 일찍 일어나지 못할 걸요."

청중들을 웃음을 터뜨렸고, 처칠은 당선되었다.

1960년 민주당 대통령 후보 지명전에서 존 F. 케네디와 치열한 경쟁을 벌인 끝에 패배한 린든 베인스 존슨(Lyndon Baines Johnson)은 부통령 후보 자리를 제의받고 즉각 수락했다. 그는 자기 이름 이니셜이 새겨진 LBJ 선거운동 단추를 기자들에게 가리키며 "이것은 더 이상 린든 베인스 존슨의 약자가 아닙니다. 이제 이것은 '잭을 지원하자(Lets Back Jack)'는 뜻입니다(잭은 케네디의 애칭)"라고 조크를 했다. 어떤 명연설문이 이보다 감동적일까. 재치 있는 표현은 길게 말하지 않아도 그 뜻이 명확하고 담백하게 전달된다.

이들은 사적인 대화에서는 물론 심지어 엄숙해야 할 장례식에서조차 조크를 한다. 미국 하원의장을 지낸 뉴트 깅그리치의 장례식장 일화는 유명하다. 깅그리치는 연예인 출신인 연방 하원의원 소니 보노의 장례식에 참석하여 조사(弔辭) 도중 이렇게 말했다고 한다.

"그는 때 묻은 기성 정치인들은 모두 물러나야 한다고 말했습니다. 보노 의원이 내 집무실에 들어올 때마다 나는 그가 내 자리를 노리는 것 같아 위협을 느꼈습니다."

조문객들이 웃음을 터뜨렸음은 물론이다. 물론 그의 조크는 고인에 대한 애정과 존경이 담뿍 담긴 인상적인 것이었기에 결코 그 누구도 그의 유머를 채신없이 여기지 않았다.

레이건 전 미국 대통령은 미국 국민들에게 인기가 높은 대통령 중 하나다. 그는 재임 중 원 라이너(one-liner), 즉 짧게 한마디 하는 조크를 잘하기로 유명했다. 어느 날 소란스러운 기자회견 도중 난감한 질문을 퍼붓는 기자들에게 그가 'Son of a Bitch'라고 욕설을 한 적이 있었다. 이에 분개한 기자들이 며칠 후 그에게 티셔츠를 선물했는데, 셔츠의 가슴에는 레이건이 했던 욕설의 이니셜을 딴 SOB라는 글씨가 큼직하게 새겨져 있었다. 대통령의 욕설에 대한 항의의 표시였던 셈이다. 참으로 위험한 순간이었다. 그가 만일 대응을 제대로 못 하거나 또다시 신경질적인 반응을 보인다면 다음날 언론들이 일제히 그를 비난하고 나설 상황이었다. 그러나 레이건은 같은 실수를 두 번 저지르지 않았다. 그는 빙그레 웃으면서 이렇게 응수했다.

"SOB라…. 이건 당연히 Saving of Budget(예산 절약)이라는 뜻이겠지요? 여러분의 충고를 늘 염두에 두겠습니다."

다음날 신문에 그를 비난하는 기사는 단 한 줄도 실리지 않았다.

레이건이 1981년 존 힝클리라는 정신질환자가 쏜 총에 가슴을 맞았을 때, 부인 낸시 여사가 회복실에 들어서자 그가 말했다.

"여보, 총알이 날아올 때 납작 엎드리는 걸 깜빡 잊어먹었어. 영화에선 참 잘했는데 말이야." 몸에 밴 그의 유머는 가족을 안심시키기에 충분했다.

이들이 유머를 잘해서 성공할 수 있었을까. 유머만 하면 되는 것일까. 나는 그렇게 생각하지는 않는다. 유머는 분명 그 사람의 유연하고 개방적인 내면에서 배어나오는 것이기에 의미가 있는 것이다. 사고의 창의성과 유연성을 위하여 캐주얼 복장으로 근무하는 회사가 늘고 있다. 그러나 무겁기만 한 입이라면 머릿속이 유연해질 리가 없다. 무엇을 입었느냐 하는 것보다 더 중요한 것은 입으로 무엇을 말하느냐 하는 것이다.

21세기에 요구되는 카리스마의 특질은 바로 편하고 부드러우며 센스 있는 카리스마다. 정치인이든 사회인이든, 끊임없이 남을 설득하고 이끌어야 하는 현대인에게 유머와 웃음은 무엇과도 바꿀 수 없는 소중한 자산이다. 대중은 유머 감각이 있는 리더를 원한다. 불안한 사회일수록 사람들은 잠시라도 웃고 싶어한다.

1995년 삼풍백화점 붕괴 사고로 온 국민이 슬픔에 빠져 있었을 때 어느 신문에 실린 기사를 나는 아직도 기억한다. 열흘이 넘게 갇혀 있던 유지환 양과 어느 구조대원이 나눈 짤막한 대화였다. 굳은 표정으로 서둘러 철근 제거 작업을 하고 있는 구조대원들에게 유양이 말했다.

"아저씨, 나 무서워요."

그러자 한 젊은 남자 대원이 웃음을 지으며 이렇게 말했다.

"나중에 건강이 회복되면 우리 데이트할까?"

상대방에 대한 인간적인 애정이 듬뿍 담긴, 눈물겨운 유머 감각이었다. 사람의 목숨이 오고갈 수 있는 극한적인 상황에서 따스한 유머를 구사할 줄 알았던 그 구조대원이 나는 진심으로 존경스러웠다. "유머는 치열한 전쟁터에 피어나는 한 떨기의 꽃이다"라는 말이 절절하게 와 닿는 순간이었다.

유머는 타이밍이다

〈퍼니 비즈니스〉의 저자 밥 로스는 "유머는 시기가 적절하고 대상에 맞아야 한다"며 AT&T를 제시한다. Appropriate(내용 타당성), Timely(시의 적절성) 그리고 Tasteful(취향)이다. 나의 고객 중에는 유머를 매우 잘 하는 편인데 항상 타이밍이 너무 이른 분이 있다. 상대와 인사를 나눈 직후에 너무 빨리 바로 유머로 들어가다보니 아직 적응되지 않은 상대는 어리둥절해하고, 유머인지도 모르는 경우가 많은 것이다. 유머를 구사했던 본인 역시 금세 어색해진다. 어떤 유머를 하느냐도 중요하지만, 언제 하느냐도 중요하다.

그런가 하면 음담패설을 유머로 착각하고 시도 때도 없이 늘어놓는 분을 대할 때면 오히려 내가 민망하여 음식 접시에 머리를 파묻고 싶어진다. 저녁 시간의 편안한 모임에서는 조금은 야한 농담이 더욱 분위기를 편안하게 만들 때도 있지만, 상황에 따라 분위기를 깨는 역효과를 낼 수도 있다. 또한 지나치게 유머를 자주 구사하면 오히려 경박해보일 수도 있다. 당연한 말이지만, 유머는 어디까지나 양념이 되어야 한다.

아무리 잘 담근 간장이나 특이한 맛을 지닌 소스도 그것만 먹으라면 괴로워진다.

자신의 논리와 주장이 단호하면서도 오히려 짧고 매끄럽게 뜻이 전달되게 해주는 유머의 참맛은 하루아침에 만들어지지는 않는다. 유머에 그토록 서툴던 나에게도 요즘 종종 어떻게 하면 유머를 자연스럽게 할 수 있느냐는 질문이 오는 것을 보면 유머도 시간을 들여 노력하면 보다 나아질 수 있는 것임에 틀림이 없다. 만약 유머와 매우 거리가 멀다면, 우선은 인터넷 유머방을 검색하거나 유머집을 사서 요즘 유행하는 우스갯소리나 조크를 외워두는 것도 한 방법이다. 물론 내용만 외울 것이 아니라 말할 때의 억양도 좀 신경 쓰고 경우에 따라서는 사투리를 좀 섞는 것이 맛을 낸다. 매사에 심각하고 진지한 분위기의 사람은 유머를 구사하는 것도 어렵고, 막상 유머를 던져도 상대방이 의아해할 가능성이 크다. 평소에 부드러운 표정, 유연한 모습을 보이려고 노력한다면 순간순간의 위트 있게 대응하는 자신을 발견할 것이다.

그러나 유머에서 어떤 규칙보다도 중요한 것은 암기력이 아니라 마음의 여유와 상대방에 대한 애정이다. 분위기와 상대의 감정 상태에 관심을 갖고 있으면 자연스레 성공적인 유머가 나온다. 부자연스러운 농담보다는 자연스런 여유가 훨씬 유머러스하다.

유머에 서툰 초보자들은 조크를 하며 본인이 먼저 웃어버리기도 한다. 옆에서 보고 있자면 아슬아슬하기 짝이 없다. 괜히 분위기가 더 썰렁해지기도 한다. 유머는 내용이 중요하지만, 같은 내용이라도 말투, 표정 등 전체적인 분위기에 따라 전혀 다른 결과로 이어지기도 한다.

그런가 하면 상대의 유머에 어떻게 응대하느냐 하는 것도 중요하다.

자신이 아는 유머가 나올 때 "아, 그 얘기 나 알아" 또는 "그게 뭐냐면" 하면서 미리 초치는 사람들이 종종 있다. 그럴 경우에는 간만에 준비한 유머라도 금세 썰렁해진다. 개그맨들이 가장 곤란해하는 것으로 꼽는 것 중 하나가 '그래, 네가 얼마나 웃기나 보자' 하고 심각하게 관찰하고 분석하려 드는 관객의 태도라고 한다. 장담컨대 심각하게 관찰하고 분석해서 웃을 수 있는 일은 세상에 없다. 때로는 우리도 누군가를 웃겨야 하는 상황에 처할 때도 있다는 것을 기억한다면 그런 태도는 자제해야 할 일이다.

유머는 단순히 우스갯소리를 하는 차원에 그치지 않는다. 상대방과의 대화를 원활하게 풀어나가고 좋은 인상을 남길 수 있는 중요한 기제다. 이는 설득 능력의 기본이기도 하다. 유머 감각이 있는 사람은 자신을 주목하게 만들 수 있다. 의도하지 않아도 모임의 분위기를 주도하여 리더 역할을 하게 되는 경우도 많다. 자연스런 유머와 위트를 구사하는 사람에게서는 품위와 아량, 관대함과 여유를 느낄 수 있다. 인간과 인간 사이에 다양한 경로로 접촉이 이뤄지고 대중매체가 발달한 현대 사회에서 유머 감각은 갈수록 중요하게 평가될 수밖에 없다.

꿀벌들은 춤으로 의사소통을 한다고 한다. 그런데 아주 좋은 꿀을 발견하면 정찰하는 벌들은 몇 시간 동안 심지어는 하루 종일 계속 춤을 춘다는 기사를 본 적이 있다. 신나고 유쾌할 때 춤을 추는 것이 비단 꿀벌뿐일까.

9
모든 만남을 숨은 보물처럼 다룬다
인 연

 많고 많은 사람들 중에서 철저한 타인으로 살아오다가 어느 날 인사를 나누고, 서로를 알아가고, 돕고 격려하는 사이가 되어간다는 것. 인연을 맺게 되는 것은 무엇보다도 소중한 재산이고 보물이다.
 반기문 유엔 사무총장의 40년 약속은 인연을 소중히 하는 그의 인품을 확인하게 된다. 2005년 외교통상부의 수장에 오른 그는 89세의 미국인 할머니를 초청한 일이 있다. 주위 사람들은 그녀가 유명한 인사일 것으로 추측했다고 한다. 그녀는 1963년 고등학생이던 반기문 총장이 처음으로 미국을 방문했을 때 나흘간 머물러 홈스테이를 했던 집의 안주인이었다. 신세를 진 데 대한 보답의 뜻으로 한국으로 돌아가서도 연락하겠다고 약속을 했던 것이다. 그 후 반기문 총장은 해마다 안부편지와 성탄절 카드를 보내는 등 40년 동안이나 인연을 이어왔던 것이다.

당시에는 영어에 관심이 많았던 한국 시골 아이의 적극적인 모습으로 추측할 수도 있을 것이다. 하지만 그는 자신의 인생에 크게 영향을 끼칠 것으로 생각되지 않는 어느 아주머니와의 작은 약속을 소중히 여겼다. 인맥을 만들기 위해 머리를 굴리는 오늘날의 우리들에게는 선뜻 이해가 가지 않는 일이지만 그는 짧은 만남도 오랜 인연으로 이어가는 것을 소중하게 생각했던 것이다. 그 덕분에 오늘날 세상 누구보다도 많은 지인이 있고, 전 세계가 인정한 사람만이 맡을 수 있는 유엔 사무총장이 되었다.

뜻밖의 장소에서 알던 사람들을 만나게 될 때마다, 나는 다시금 인연이라는 단어에 대해 생각하게 된다. 만남은 우연히 시작된다. 그러나 인연은 그저 한 번 만났다거나 시간이 흐른다고 저절로 생기지는 않는다. 지금 당신 곁에 있는 소중한 인연을 소홀히 지나치고 있는 것은 아닌지 돌아볼 일이다.

내가 대표로 있는 회사가 이사를 한 적이 있었다. 이전하기 전에 있던 건물의 16층에는 장안에서 꽤나 유명한 유흥업소가 있었다. 늘 새벽에 퇴근하던 나는 입구에 드나들 때마다 주차요원들과 인사를 주고받곤 했다. 그래봐야 새벽에 30초 정도 얼굴을 보는 게 다였지만 나는 먼저 인사말을 건넸다. "추운 날씨에 감기 조심하세요", "비가 와서 힘드시겠어요", "따뜻해져서 다행이에요"와 같이, 간단하나마 한마디씩이라도 안부를 주고받았다. 놀기 위해 오는 손님들만 주로 대하는 그들이라 그런지 늦게까지 일하는 내가 꽤나 안쓰러운 듯 때로 응원도 해주고, 건강을 염려해주기도 했다. 주차요원들끼리도 내가 오늘은 자정 이전에 퇴근을 하느냐 아니냐를 놓고 자기들끼리 소소한 내기를 할 정도였고, 비가 오면 뛰어와서 나에게 우산을 받쳐주거나 출차를 도와주기도 했다.

그러다 회사가 이사를 가게 되었는데, 재미있는 일이 벌어졌다. 새로 입주할 건물을 계약하러 갔다가 그 건물의 1층에서 뜻밖에도 예전의 주차요원 중 한 명과 우연히 마주쳤다. 알고 보니 이제는 이 건물의 주차를 담당하고 있다는 것이다. 매일 새벽에 잠깐씩 만난 것이 전부였는데도 그 주차요원은 나를 무척이나 반가워했다. 더구나 옆에 서 있던 관리부장에게 나를 가리켜 "참 좋은 분"이라며 추어올려주었다. 그러면서 불편사항이 있으면 바로 도와주겠다는 것이다. 직접적인 이해 관계가 없는 사람들이라고 해서 주차요원들에게 인사 한마디 없이 휑하니 지나치곤 했더라면, 뜻밖의 반가운 재회나 그 친절은 결코 기대할 수 없었을 것이다. 칭찬은 커녕 내가 누구인지 기억조차 못 했을 것이다.

사람들은 여러 가지 관계를 맺으며 살아간다. 선택의 여지가 없는 혈연관계부터, 옆 자리든 다른 회사든 서로 경쟁하는 우열 관계, 상사나 부부처럼 서로의 역할이 있는 의무 관계, 그런가 하면 아무 자극도 영향도 받지 않으며, 바람도 원망도 없이 무심하게 소 닭 보는 듯한 무관심 관계가 있다. 그리고 최악의 관계는 소리 지르고 싸우거나, 그 사람의 불행이 나의 행복이 되는 원수 같은 소멸 관계다. 관계는 이렇게 다양하다. 여기서 우리가 놓쳐선 안되는 것은 나로 인하여 사람들과의 관계를 얼마만큼 성장하는 관계로 만드느냐 하는 것이다.

서로의 자존심을 지켜주고 힘이 되어 성장을 도와주는 관계. '지내다 보니…'라거나 '나에게 워낙 잘해서'가 아닌 내 노력과 능력으로 성장하는 관계의 폭을 넓히는 것이 바로 인간관계의 능력일 것이다. 아니,

거창하게 들릴지 몰라도 나는 그게 우리가 사는 이유라고 생각한다. 이미지 관리나 인간관계에 대한 고민도 어떻게 서로 성장하는 관계를 만들고 유지해나갈 것인가 하는 고민과 다르지 않다. 일방적으로 내가 도움받기 위해 넥타이 색깔과 말투, 표정을 바꾸려 애쓰는 것이라면 그건 너무 초라하다. 받기 위한 것이 아니라 나누기 위한 자세에서 만들어진 인연이 당당하고 오래 간다.

좋은 인연은 어떻게 만들어지는가

한국인이 성공하려면 6가지의 'ㄲ(쌍기역)'으로 시작되는 단어의 조건을 지녀야 한다고 한다. 바로 '꿈, 끼, 깡, 꾀, 꼴 그리고 끈' 이라고 한다. 사람들은 이중에서 '끈'과 인연을 혼동하는 경향이 있다. '네트워크'나 '인맥'이라는 말을 어렵지 않게 듣는 시대다. 그래서 한 명이라도 더 만나려 들고, 많이 만날수록 능력과 비례하는 것으로 착각하기도 한다. 그러나 한 번 본 사이, 주어진 역할과 의무만 다하는 사이라면 우리는 '인연'이라는 말을 쓰지는 않는다. 인연이란 사심 없이 시작하여 마음을 나누며 가꾸어지는 것을 의미하는 귀한 말이기 때문이다.

관계 범위에는 가족, 친구와 같은 친밀대, 그렇게 가깝지는 않지만 몇 번 본 사이나 필요할 때 보게 되는 중간대 그리고 길거리의 낯선 대상인 공중대가 있다고 한다. 서양 사람들의 경우에는 이중 중간대와 친밀대 사이의 경계가 두터워서 가족이나 아주 가까운 몇을 제외한 나머지는 거의 비슷하게 여긴다고 한다. 그래서 중간대인 옆집 사람을 대하는 것이나 공중대에 속하는 엘리베이터에서의 낯선 대상을 대하는 것에 큰 차이가 없다는 것이다. 그런데 우리나라 사람들의 경우에는 중간대와 공중대 사이의 경계가 두텁다.

전혀 모르는 사이냐 한 번이라도 본 사이냐가 중요한 관계의 기준이 되기에 학연, 지연에도 크게 구애받는다고 한다. 그래서 어떻게든 명함 하나라도 더 쥐려고 한다. 아는 사이에 '언니, 형님' 하는 호칭에서도 알 수 있다. 직장에서도 흔히 '가족'이라는 표현을 쓴다. 반면 길거리에서 눈이 마주친 낯선 사이에는 무표정하고 냉담하기까지 하여 살벌하기 그지없다. 어느 쪽이 더 바람직하다고 말하기는 어렵지만, 깊은 교류가 어려운 바쁘고 다변적인 오늘날에는 좀 더 대중 범위에 대한 자신의 역할을 개방적이고 긍정적으로 전달할 필요가 있다.

그런가 하면, 인연의 정리도 필요하다. 여행 전문가 한비야는 배낭을 가볍게 싸기로 유명하다고 한다. 넣을까 말까 망설이는 것은 무조건 빼고, 뭐든 한 개씩만 넣는데 그러면 그 하나를 아주 귀하게 여기게 된다고 한다. 배낭만이 아니라 인간관계에서도 '관계 정리'가 필요하다. 양적으로 만족하려 들지 말고, 하나하나의 관계를 소중히 여기고 그에 충실하려면 너무 많지 않게 정리할 필요가 있다. 무언가가 개운하지 않은 관계라면 이유가 무엇이든 아예 빼는 것이 낫다. 또 인연 중에는 분명 악연도 있다. 가급적 악연이 없도록 노력해야 하지만, 자꾸 기운을 빼놓고 상처를 주는 대상이라면 신중하되 미련을 갖지 말고, 훌훌 털어버리자. 벅찬 배낭을 짊어지고 가면 여행이 아닌 고행이 될 수 있듯이 인간관계도 마찬가지다.

나는 최근 내 인생의 배낭에서 하나의 관계를 빼버렸다. 여전히 그와 우연히 만나기도 하고 인사도 하지만 앞서 언급한 '코드 뽑기'를 한 것이다. 늘 도움만 받으려 하고 필요할 때만 연락하고, 상대가 어려울 때는 행여 짐이 될까 몸을 사리는 사람이기에 아예 빼버렸다. 물론 아주 오래 지켜본 후의 일이다. 처음엔 그가 가진 유능함과 활기를 닮고 싶었지만, 그 모두가 남으로부터 살금살금 빼앗은 것들로 이루어진 것을 알게 되었고, 그 이기성이 행여 전염될까봐 그를 빼버렸다. 누군가를 빼야 할지 망설여질 때는 자신의 가슴 소리를 들어보면 된다. 안쓰러움이 아닌 묵직한 불쾌감이 든다면 그는 빼고 가는 게 낫다. 물론 어떤 편견에 휩싸이지 않았는지 점검도 필요하고 그동안 자신의 노력에 대한 확신이 있어야 한다.

반대로 스쳐 지나가는 만남에서 소중한 성장의 계기를 만드는 경우도 있다. 나그네에게 물 한 잔만 주어도 덕이 된다는 불교 말씀을 나는 강의 중에 자주 언급한다. 고객 만족을 위한 친절 서비스뿐만 아니라 이미지 관리의 답도 그 안에 있지 싶다.

그런 면에서 내게 의미심장한 인연이 하나 있다. 여러 해 전에 경기도 남양주 부근의 연수원에서 저녁 강의를 할 때의 일이다. 강의 도중 우연히 내 손에 있어야 할 아끼는 반지가 없다는 것을 발견했다. 분명 몇 시간 전까지 있었던 것을 기억하기에 강의에 집중하려 해도 계속 마음이 불편했다. 생각을 더듬어보니 어느 레스토랑의 화장실이 떠올랐다. 예상보다 연수원에 일찍 도착한 나는 근처 레스토랑에서 혼자 저녁을 먹었다. 강가의 고급스러운 레스토랑 '왈츠&닥터만.' 평소 김밥으로 끼니를 때우는 경우가 많기에 간만의 사치를 즐기려 심혈을 기울여 골랐던 식당이다. 실내 분위기와 음악도 무척 좋았고, 음식 역시 재료가 훌륭하고 맛이 돋보여 기분이 좋았다. 그런데 식사 중에 실수로 스타킹의 올이 나갔고 화장실에서 갈아 신으며 휴지걸이 위쪽에 반지를 빼놓았던 걸 잊고 나온 것이다.

강의가 끝나고 레스토랑에 전화를 하니 안타까운 목소리로 맡겨진 건 없다고 한다. 들러 보겠다고 했지만 사실 찾을 수 있으리라고 기대하기에는 너무 많은 시간이 지난 후였다. 그래도 아쉬운 마음에 마침 서울 가는 길에 큰 기대 없이 들렀다. 그런데 이게 웬일인가. 여자 부사장이 비닐 위생 장갑을 낀 채 화장실의 휴지통을 뒤지고 있는 것이 아닌가. "혹시 떨어져서 여기 들어갔나 해서요…" 하며 나의 만류에도 불구하고 그녀는 계속 휴지통을 뒤적거렸다. 자기네 식당에서 그런 일이 생겨 미안하다며 따뜻한 차를 권하는 그녀의 세련되고 지적인 외모가 더욱 돋보였다. 그 후 나는 종종 그곳에 가서 글을 쓰기도 하고, 귀한 얘기들을 나누기도 한다. 꽃꽂이 실력이 뛰어난 그녀는 나에게 가끔 꽃을 보내며 격려해주기도 한다. 지금은 정부에서 등록해준 커피박물관으로 유명하고, 10여 년 간 300회 가까이 진행된 금요일 음악회도 잘 알려져 있다.

나는 비록 소중했던 반지는 잃었지만 귀한 인연을 얻었다. 아니, 내가 그 인연을 귀하게 여기는 것은 반지 때문이 아니라 바로 휴지통 때문이다. 낯선 상대를 위해 휴지통을 뒤질 수 있는 마음이라면 본인이 원하지 않아도 이미 좋은 인연을 만들게 될 것이다. 인연은 숨은 보물이다. 하지만 내가 먼저 가꾸어주지 않고서 캐내려고만 한다면 절대 만들어지지 않는 것인지도 모른다. 우리는 좋은 인연을 얼마나 가졌을까.

10
카리스마의 핵
비 전

1970년대 이민 붐을 타고 남미대륙에 간 우리나라 사람들은 너도나도 배추와 무씨부터 심었다고 한다. 어렵게 살아온 탓에 당장 먹을 수 있는 것, 바로 보상을 얻을 수 있는 작물에 투자한 것이다. 반면 과거 독일 사람들은 남미대륙에 농업 이민을 갔을 때, 도착하자마자 가장 먼저 호두나무를 심었다고 한다. 그리고 난 후에야 곡식과 채소의 씨앗을 뿌렸다고 한다. 호두나무는 심은 지 50년이 지나야 열매를 맺는데도 말이다. 당장 눈앞에 닥친 것들에 연연하기보다 미리 투자해야 할 것 가운데 중요한 하나가 이미지 관리다.

지난 대선 때에 모 후보의 미디어 본부 담당자가 선거 2개월 전에 PI(President Identity)에 대해 자문을 구하며 이렇게 덧붙였다. "워낙 습관이 되어 있으시고 고집이 강하셔서 쉽게 바뀌지는 않으실 겁니다."

해답은 바로 그 안에 있다. 정치인의 경우 선거가 있는 그 해에 이미지 전문가를 찾는 것은 이미 늦다. 후보들의 경우 선거를 앞두고 염색을 하는가 하면 넥타이의 색깔에 신경을 쓰기도 하고, 웃는 연습을 하는가 하면 부드럽고 유머러스한 캐릭터를 연출하기도 한다. 그러나 국민들이 내내 보아왔던 것과는 다른 모습으로, 갑작스레 언론매체에 보이면 오히려 어색하거나 부작용을 낳기도 한다. 평소 권위적이고 근엄하던 그들이 갑자기 시장에 나가 먼저 악수를 청하고 어린아이를 안아준다. 그렇게 갑자기 바뀐 모습들은 그 사람의 안간힘으로 보이면서 때로는 국민들에게 거부감을 주는 경우마저 있다. 목표 이미지가 어색하게 전달된다면 이미지 관리는 이미 실패한 셈이다. 불과 몇 달 안에 갑자기 바뀐 모습을 보며 국민들이 그 이미지를 그 사람이라고 받아들이기는 어렵다.

개인 컨설팅을 받는 기업 CEO들의 경우, 그동안 정신없이 일만 했기에 이미지 관리를 할 기회가 없었다고 말한다. 그러다가 갑자기 CEO로서 대외적인 홍보를 하고 스피치를 하려니 당황스러울 때가 많고, 그 결과가 자신의 기대에 못 미친다며 솔직한 고백을 하곤 한다. 일정 기간 이미지 컨설팅을 한다 해서 그 사람이 송두리째 다른 사람이 될 수는 없다.

몇 년 째 친분을 유지하고 있는 모 회사의 회장님은 성공적인 케이스였다. 그는 개인 컨설팅을 받고 나자 아랫사람을 대하는 태도라든가 말투, 제스처 등에 있어서 많은 부분이 개선되었다고 스스로 크게 만족한다고 했다. 내가 보기에도 그분은 확실히 여러 가지 면에 있어서 전보다 더 포용력 있고, 감성적인 이미지를 갖게 되었다. 그런데 이미 정기적인 컨설팅이 끝나고 나서도 정기적인 점검을 한 해 정도 하고 난 뒤에야 서로가 정말로 만족하게 되었다. 나는 이미지라는 것이 하루아침에 바뀌지 않는다는 것을 새삼 확인할 수 있었다. 좋은 얘기로 그냥 듣고 만 것이 아니라 계속 실생활에 접목하며 시간과 노력을 투자해서 자신의 것으로 만들었을 때 비로소 상대에게도 제대로 전달된다.

"콩나물에 물을 주면 물은 다 빠져 나가지만 콩나물은 자란다"라고 교육의 효과를 비유하던 어느 분의 말씀이 생각난다. 우리는 물을 주자마자 바로 콩나물의 길이를 재려드는 경향이 있다. 교육이 아닌 마술을 기대한다. 좋은 쌀에 적당량의 물을 붓고, 적정 온도로 가열을 해도, 타거나 설지 않은 밥을 먹기 위해 꼭 필요한 것이 바로 시간이다. 다 끓고 나서도 뜸 들이기가 필요한 것이다. 조급한 마음으로 뜸도 들이지 않고 뚜껑을 열면 헛 밥을 짓는 셈이며 모든 것이 낭비로 끝난다는 것을 우리는 때로 잊고 있다.

1960년 미국 대통령 선거에서 공화당의 리처드 닉슨 후보를 근소한 차이로 물리친 인물이 바로 존 F. 케네디다. 미국 역사상 최연소이며 최초의 가톨릭 교도인 후보임에도 불구하고 승리할 수 있었던 것은 TV 토론에서의 우위가 결정적이었다. 그러나 중요한 것은 그의 이미지 관리는 아주 오랜 시간을 통하여 이미 그의 것이 되었다는 점이다. 그의 PI는 실로 성공적이었던 것이다. 그는 일찍이 그가 가지고 있던 가정환경과 상황들을 십분 활용하고 단점이 될 수 있는 요소들을 장점으로 부각시켰으며, 치명적 영향을 받을 수 있는 개인적, 정치적 스캔들의 위기를 잘 넘겼다.

그리고 뛰어난 화술과 재기로 언론 매체를 통해 자신의 이미지를 성공적으로 전달하였다. 사진 하나를 찍더라도 이상을 꿈꾸는 로맨티스트의 이미지를 살렸으며 걸음걸이 하나, 제스처 하나까지 반복 연습했다. 대통령 재임 기간이 불과 천 일이 안 됨에도 불구하고 케네디는 미국에서 인지도가 가장 높은 대통령 중 한 명으로, 사망한 지 50여 년이 흐른 지금까지 미국인들에게 강한 이미지로 남아 널리 사랑받고 있다.

사람이 바뀌어야 이미지도 바뀐다

PI에서 중요한 것은 바로 차별화된 나만의 아이덴티티, 즉 정체성이다. 누군가 나를 말할 때 나를 한마디로 말할 수 있는 명사 또는, 형용사가 무엇인지 생각해보면 된다. 강철 같은 체력으로 철인이라 불리는 임승남 영남건설 회장, 한 달에 30권 이상의 책을 읽는 독서광으로 소문난 이계안 2.1연구소 회장, 격식파괴형의 이웅렬 코오롱그룹 회장, 마라톤을 하는 LIG손해보험의 구자준 회장…. 그들이 가지고 있는 또 하나의 이름은 결코 단기간에 만들어지지 않았다. 일관성을 가지고 변색되지 않은 채 지속되어야 본인의 아이덴티티로 자리 잡는다.

그러기에 컨설팅을 할 때에는 한꺼번에 주입을 하는 것이 아니라 테마별로 진단과 상담을 하고, 적어도 4~7일 정도는 일상 속에서 본인이 활용해보거나 반복해볼 시간을 두고 다시 재조정하는 형식으로 진행한다. PI 컨설팅을 하는 동종업계 회사 중에 근사하게 홍보된 곳이 있어 모니터링을 했던 적이 있는데, 본인이 희망하면 PI 전체 프로그램을 5일 이내에 다 끝낼 수도 있다는 답변을 들은 후에는 그곳은 아예 염두에 두지도 않게 되었다. 이미지 관리는 현재 이미지를 정확히 진단하는 과정과 더불어 목표 이미지를 제대로 설계하는 것이 중요하다.

설계(設計)라는 것은 '진열하다'라는 설(設)의 의미처럼 현재의 나를 전반적으로 돌아보는 것이며, 계(計)는 '경영하다, 계획하다, 헤아리다'는 뜻으로 미래의 방향을 설정하는 것이다. 이미지라는 것은 제대로 된 설계를 통하여 와인이나 장맛처럼 오랜 시간을 통해 숙성되었을 때 자신의 것으로 인정받게 된다.

건축학 전문가들에 따르면 능력 있는 도시 행정 책임자는 30년 후 해당 도시의 모습을 내다보고 행정에 대한 구상을 해야 한다고 한다. 그런 것처럼 이미지 관리도 일찍이 설계되고 지속적으로 관리되어야 한다. 급조된 이미지 관리는 누구 말마따나 '생쑈'로 매도당하거나 역효과를 불러일으키기 십상이다.

"나이 사십이 된 이의 표정에는 그 사람의 인생이 담겨 있다"고 한 링컨의 말처럼, 살아온 세월 속에 자주 지었던 표정이 얼굴에 자리 잡게 되는 것은 당연하다. 훗날 자신이 원하는 이미지를 만들기 위해서는 바로 지금부터, 작은 노력부터 시작해야 한다. 표정 하나를 바꾸는 것조차 갑자기 연습하기란 힘든 것이다. 자신의 중장기 인생 계획에 맞추어 자신의 색깔을 선명히 하는 노력이 필요하다. 노력하는 그 시간이 그 사람이다. 억지나 가짜가 아니다.

현대인이 가장 경계해야 할 병 중의 병이 조급병이라 한다. 버섯은 6시간 만에도 자라고 호박은 6개월이면 자라는 반면, 참나무는 6년이 걸려야 한다고 한다. 제대로 된 모습을 갖추는 데는 심지어 몇 백 년도 걸린다는 것이다. 자신의 비전은 무엇인가. 혀끝으로 말하는 비전이 아닌, 냉철하게 머리로 판단하고 뜨거운 가슴에서 출발하여 자신의 손과 발로 부지런히 표현할 때, 내가 원하던 방향으로의 미래가 있고 어느덧 내가 바라는 이미지로 모두가 나를 받아들일 것이다.

요즘은 개인도, 기업도 비전을 특히 중시한다. 비전을 흔히 꿈, 희망, 목표 등의 뜻으로 사용하는데, 사전에는 '보이는 것'이란 뜻과 '보이지 않는 것'이란 뜻을 모두 가지고 있다. 그런데 우리는 흔히 내세울 만한 보이는 것에 치중하여 비전을 말하고 비전을 확인한다. 더 중요한 보이지 않는 자신의 성장과 목표를 명확히 해야 할 것이다. 보이지 않는 미래는 보이는 지금에 따라 달라진다. 목표는 멀리 높게 두되, 오늘의 노력이 뒷받침해주지 않는다면 끝내 보이지 않는 것으로 그칠 것이다.

〈선한 사람이 실패하는 9가지 이유〉라는 책에서는 완벽해지려고 애쓰기, 침묵하기, 분노를 억누르기, 합리적으로 대응하기, 사소한 거짓말하기, 충고하기, 구원자로 나서기, 보호자로 행동하기와 더불어 무모하게 덤벼들기를 잘하는 사람들을 지적한다.

오늘날 '그저 열심히'로는 곤란하다. 혼자가 아니기 때문이며 예전에 비해 자신이 나아갈 수 있는 길이 열 배는 많아졌기 때문이다. 비전이 없는 사람은 갈팡질팡한다. 이것저것에 에너지를 소모하며 무모하게 덤볐다가 실패하고 상처를 받는다. 많은 사람들이 '목적'은 있지만 '목표'는 정확하지 않은 채 헤맬 때, 그것은 성공의 가장자리만 맴도는 격이다. 비전을 가진 사람은 가는 길이 다르다. 신중하게 집중하여 선택한 후, 그것을 목표로 나아갈 방향을 분명히 설정한다.

많은 회사에서 벤치마킹하던 기업 중의 하나가 디즈니다. "디즈니 성공의 진정한 비밀을 알고 싶은가? 그 비밀은 디즈니가 돈을 벌려고 노력한 적이 없다는 것이다. 우리가 파는 것은 바로 행복이다"라고 월트 디즈니는 말한다. 그들의 성공 뒤에는 모두가 분명하게 공유하는 비전이 있었다. 겉으로 드러나는 운영 시스템이나 인사관리 방법, 서비스의 몇 가지를 흉내내어도 그들과 비슷한 조직을 끝내 만들지 못하는 것은 바로 비전 때문이다. 앞서 말한 대로 보이지 않는 목표를 더 소중히 여겼기 때문이다. 하나하나 감시하고 관리하지 않아도 비전을 공유하는 기업은 크게 다르다. 주목받는 기업 휴렛패커드(HP)는 인본주의의 경영 철학으로 시작한 'HP Way'와 '절대, 결코, 무슨 일이 있어도 중간에 포기하지 않을 확고한 꿈을 가질 것'을 공유한다.

매주 화요일 오전에는 모든 업무를 놓은 채 전 직원과 '비전 회의'를 하는 기업이 있다. 그 금쪽같은 시간에 일을 하지 않고 비전회의를 하는 이유는 너무도 명확하다. 비전이란 개인은 물론, 그 기업이 존재하는 가치이자 핵이기 때문이다. 가계부를 쓰고 재테크를 고민하며 재정 관리를 하고 업무 다이어리에 미팅 일정을 틀림없이 기록하는 이는 많다. 그러나 자신의 명확한 비전을 재확인하며 더욱 분명하게 가져가는 이는 드물다. 드물기에 그만큼 더 소중하다. 월트 디즈니의 비결처럼 분명한 비전은 행복한 성공의 열쇠다.

Chapter Two

우리가 정말 닮고 싶은 이 시대의 따뜻한 카리스마들

먼저 마음을 열어
세상의 신뢰를 얻는다

반 기 문

2009년에 쓴 〈멀리 가려면 함께 가라〉에서 '자기 자신은 현미경으로 들여다보고, 타인은 망원경으로 보자'는 말을 한 적이 있다. 그와는 반대로 행동하다가 불행과 갈등을 부르는 경우를 많이 보았기 때문이다. 그런데 얼마 전 명심보감에서 이미 오래전부터 그런 가르침이 있었다는 것을 발견했다.

책인지심책기 責人之心責己

서기지심서인 恕己之心恕人

남을 꾸짖는 마음으로 자신을 꾸짖고, 자신을 용서하는 마음으로 다른 사람을 용서하라는 뜻이다. 그런데 참 쉽지가 않다. 일상에서 자주 반대로 행동하곤 한다. 남에게는 더 많이 요구하고 더 다급하게 재촉하고 더 심하게 불평하면서 자신에게는 더없이 관대하여 능력이 있음에도 불구하고 더 크게 성장할 수 있는 기회들을 놓치곤 한다.

'지금 잠을 자면 꿈을 꾸지만, 지금 공부하면 꿈을 이룬다'는 믿음으로 수많은 밤을 지새운 끝에 그는 초등학생 때부터 꾸어온 꿈을 연이어 이루었다. 돼지를 치던 시골 아이가 세계의 대통령이 되려면 얼마나 독해져야 가능한 걸까. 그러나 세상 사람들은 그를 독종으로 기억하지 않는다. 그 어려운 여건 속에서 미련하다 싶을 정도로 억척스레 공부했지만 사람들은 항상 그의 평온한 인상을 먼저 떠올린다. 그를 겪어본 사람들은 모두 그가 만남, 그 자체를 소중히 여기는 사람임을 안다. 그처럼 크게 성공한 사람을 두고 운이 좋은 사람이라고 말하지만 그의 운은 바로 사람에 대한 그의 예의에서 시작된다. 예(禮)와 의(義) 즉, 바르게 생각하고, 바르게 행동하며 타인을 배려하는 것. 그러니 사람을 대하는 그의 표정이 따뜻한 것은 어쩌면 당연한지도 모른다.

충주고 2학년 때 전국에서 4명을 뽑는 국제적십자사의 미국 방문 프로그램에 선발되어 케네디 대통령을 만났을 만큼 그는 어렸을 때부터 출중했다. 장래희망을 묻는 케네디 대통령에게 자신의 꿈은 외교관이라고 당당하게 답하며 자신의 꿈을 다졌다. 외무부 시절 특진을 거듭하면서 주변 동료나 선배들에게 시기와 모함의 대상이 되었을 수도 있었다. 그는 일주일 내내 그들에게 편지 100여 통을 손수 쓰며 진심으로 송구함을 전했다. 그 진심 앞에 누가 촌스럽게 시기의 칼을 들이댈 수 있을까. 초등학생 시절에도 이미 이런 경험이 있었다. 수업 중에 영어 선생님의 실수를 지적하고 아이들에게도 등을 돌리려던 그가 어머니의 자상한 설명을 들은 후 선생님과 친구들에게 자신의 진심을 담아 일일이 편지를 썼던 것이다. 늘 앞서 가던 그가 시기나 질투보다 언제나 주위의 응원과 격려를 받았던 이유는 어려서부터 몸에 밴 인품 때문이었다고 사람들은 말한다.

그는 외무고시 3기 출신임에도 동료와 선배들에게 '3기'가 아닌 '특별한 기수'라는 의미의 '특기'로 불렸다. 자신을 낮출 줄 알았고 상대에 대한 배려가 몸에 배어있어 모든 기수에서 자기네 사람으로 여긴 까닭이었다. 그렇게 사람을 진심으로 대하는 마음이 끝내 통하는 것을 사람들은 짧게 '운'이라고 말한다. 그의 운은 변함없는 성실함과 늘 감사하는 마음과 모든 사람에게 대한 너그러움이 있었기에 가능했던 것인데 말이다. 아랫사람에게 반말 한 번 한 적 없고, 앉아서 인사 받는 적 없으며 대화 후에도 문 앞까지 배웅하는 것이 그의 일상이다. 차관 시절 본의 아닌 일에 책임을 지고 물러나 있을 때에도 자리의 경중을 따지지 않고 주어진 일에 충실했다. 그 마음 덕분에 지금의 그가 있을 수 있었다는 것을 조금만 살피면 누구나 알게 될 것이다.

유엔에서 근무하던 시절 점심시간을 쪼개어 불어를 마스터했을 만큼 자신에게 지독한 그가 다른 이들에게 관대함을 유지하기란 참 어려운 일이었을 텐데 그 모습을 한 번도 잃지 않았다. 그가 얼마나 치열한 시간들을 보냈을지 생각해보면 그저 부모님의 인품을 고스란히 닮은 것으로 밖에는 유추할 수 없다. 그는 높은 자리에 오른 사람일수록 잃기 쉬운 모습을 잘도 지켜냈다. 얼마 전 어느 CEO의 컨설팅을 맡아 활동 자료들을 분석한 일이 있었다. 그 작업 중에 나를 가장 괴롭힌 것은 그가 늘 '약육강식'을 강조하며 직원들에게 경쟁 속에서 살아남을 것만을 요구한다는 사실이었다. 그는 국내 굴지의 회사 CEO를 맡고 있다. 그런데 내내 자신을 숙이고 물러서고 세상에 늘 조심스러운 반기문은 세계의 대통령에 해당하는 유엔 사무총장을 맡고 있다.

그는 인사 청탁은 절대 받지 않으면서도 동행하는 기자가 정치적 문제로 비자를 못 받고 있을 때에는 그 나라 대통령에게 직접 전화하여 비자를 발급해달라고 부탁한다. 누가 이것을 일관성이 없다고 비판할 수 있을까. 외무부 근무 시절, 해외 파견 시에는 개인적인 일로 전화를 사용하며 국민의 세금으로 쓸 수 없다고 별도의 개인 전화기를 달았던 일화도 유명하다. 장관 시절 큰딸의 결혼식 때는 공직자에게 성대한 결혼식은 어울리지 않는다며 아무에게도 알리지 않았다가 청와대가 뒤늦게 당일에야 알게 되어 서둘러 화환을 보낸 일도 있다. 호텔 결혼식은 커녕 몇 명 안 되는 하객들에게조차 일체의 축의금도 받지 않았다. 세 자녀 모두 그렇게 비밀 결혼식을 올렸다. 그의 자녀들은 행여 아버지의 철학에 누가 될까봐 좋은 자리 마다하고 아프리카 오지를 자처해 떠나는 등 그의 지혜를 닮았다.

2005년 반기문 총장이 외교통상부 장관 시절 특별보좌관으로 유엔 사무총장 출마를 도왔던 박준우 외교부 기획관리실장은 반 총장을 '따뜻한 카리스마 그 자체'라고 말한다. "반 총장에 대해 일각에서는 리더십이 없다고 하지만, 이것은 그분의 참모습을 몰라서 그러는 겁니다. 반 총장의 리더십은 후배들이 자발적으로 일하게 해주는 따뜻한 카리스마입니다. 자신과 함께 일하는 조직을 온화하게 만들어서, 후배들이 스스로 맡은 임무를 성공적으로 완수하게 했습니다." 강하게 이끌면서도 사람들의 마음을 우선 돌아보는 그의 리더십은 지시 때문이 아니라 자발적으로 일하는 분위기를 만들어준다는 것이다.

그는 마땅히 화를 낼만한 상황에서조차 화를 내지 않지만 대신 칭찬을 자주 한다고 한 특파원은 전한다. 그는 부하 직원들의 성과에 대해서 칭찬을 아끼지 않는다. 그에게 있어 칭찬은 조직원의 능력 향상을 위한 스킬이기 이전에 타인을 존중하는 하나의 예의다. 그러하기에 그가 외교통상부 장관으로 재직하는 동안에 외교부 직원들은 최고의 역량을 발휘할 수 있었던 것이다.

반기문 총장은 외교관 중에서도 특히 지인이 많기로 유명했다. 전 세계에 친구들이 많다는 것은 바로 외교관으로서 그의 능력을 나타내는 척도이기도 하다. 콘돌리자 라이스 전 미국국무장관은 반기문 총장을 "나와 진심으로 대화가 통하는 몇 되지 않는 사람이다"라고 말한다. 온갖 권모술수가 난무하는 외교 전쟁 속에서도 속내를 털어놓고 이야기할 수 있는 친구로 서슴없이 반기문 총장을 꼽는 것이다. 그는 자신을 우선 개방하며 상대와 소통하는 따뜻한 카리스마의 전형이다.

늘 칼날을 세우고 있는 해외특파원들과 기자들이 결국엔 그에게 반하는 비밀 역시 겸손과 사람에 대한 애정이다. 자리를 비운 사이에 온 이메일에도 일일이 답을 보내고, 초등학생의 편지에도 친필 답장을 보내는 일은 애정이 없다면 죽어도 못할 일이다. 그렇게 하지 않아도 남들이 이해해줄 그 자리에서, 작은 일도 당연한 것으로 여기며 하나하나 실천한다.

그는 모든 사람이 똑같이 중요하고 모든 일이 감사할 일이라는, 자신이 소중히 여기는 가치를 한순간도 잃지 않고 행하며 산다. 좀 높은 자리에 오르면 우리가 쉽게 잊어버리는 그 소중함을 그는 간직할 줄 안다. 30년 넘게 고위 공직자로 있으면서도 전셋집에 사는 것을 당연하게 생각했던 그가 자랑스럽다. 아무리 올라가도 늘 아랫사람이 소중한 그의 인품이 귀하다. 웅변보다 속삭임에 사람들은 더 집중한다는 것을 아는 그의 현명함이 존경스럽다. 그의 온화하고 평온한 미소를 더 돋보이게 하는 그의 능력이 빛난다. 우리에게도 진정 닮고 싶은 위인이 생겨서 우리 아이들에게 부끄럽지 않게 만들어주어 무엇보다 감사하다.

원칙을 지키는 사람이
승리한다는 믿음을 증명한다
안 철 수

　세상에는 몇 가지의 직업이 있을까? 우리나라에만도 1만 가지가 넘는 직업이 있다고 한다. 시대에 따라 각광 받던 직업이 사라지기도 하고, 생소한 직업이 새로 등장하기도 한다. 기업이나 상품의 이름을 지어주는 네이미스트(Namist), 옛날 다방이나 클럽의 부스 안에 갇혀 있던 DJ가 아니라 이벤트 행사장으로 나와 음악으로 분위기를 고조시키는 모빌 DJ, 쏟아져 나오는 수많은 뉴스 중 고객이 원하는 것으로만 재구성하여 제공하는 뉴스 클리퍼도 새롭다. 그 외에도 커뮤니티 활성화의 커뮤니티 가드너, 물고기 질병 관리사, 아이디어 중개사, 장기 이식 코디네이터까지 참으로 다양하다. 그 많은 직업 중에 내가 지금의 직업을 선택한 이유는 무엇인가. 주어진 여건을 떠나서 어떤 직업이든 선택할 수 있다고 한다면 내가 원하는 일은 과연 무엇인가. 직업이란 과연 그 사람에게 어떤 의미일까.

안철수 교수를 왜 좋아하느냐고 한 지인에게 물으니 올바르게 살아도 성공할 수 있다는 것을 확인시켜주기 때문이라고 말한다. 나는 종종 선한 사람들에게 말한다. 선한 사람들이 사회적으로 성공하는 사례를 만들어주어야 다른 사람들도 따라 할 테고, 그러면 세상이 더 좋아질 테니 그게 아주 중요한 숙제라고 말이다. 사는 동안 종종 기운이 빠질 때가 있다. 이를 악물고 독하게 남을 제치는 이들이 잘 먹고 잘 살고 성공하는 모습을 대할 때면 혼란스러워진다. 지금 이 모습으로, 지금 이 속도로 이렇게 살아도 되는지 말이다. 더불어 살아야 한다고 하고, 함께 가야 멀리 갈 수 있다는 말은 많이들 하는데 때로는 그런 말을 믿는 사람들이 누군가에게 이용당하고 실속을 차리지 못하는 경우들을 보게 된다. 그런데 안철수 교수는 혼란스러운 우리에게 그래도 아직은 세상은 살만하다는 것, 선한 시작이 결국 이긴다는 것을 확인시켜주는 고마운 존재다.

분야와 주제별로 순위들을 매겨놓은 자료들이 종종 발표된다. 누가 제일 돈이 많고 누가 제일 인기가 있고, 누가 1등이라는 소식을 접하면 때때로 그들이 부럽다. 그런데 안철수는 그 느낌 이상의 존경심이 든다. 현대인들이 멘토 삼고 싶은 인물 1위, 닮고 싶은 지식인 1위. 함께 일하고 싶은 CEO 1위 등 그는 이미 대중의 스타이지만 나는 왠지 그 말로는 좀 부족하다 싶다. 그의 철학, 삶의 원칙 때문이다. 서울대 의대, 의학박사를 거쳐 최연소 의대 학과장이었던 그는 당시 정부나 기관조차 외면하던 컴퓨터 바이러스 백신을 개발하기 위해 새벽 3시에 일어나는 생활을 무려 7년을 했다. 6개월을 하루 종일 고민해도 백신 개발을 버리지는 못할 것 같아서 직업을 바꾸었다 한다. 그런데 그렇게 결심하게 된 이유가 남다르다. 거듭된 고민을 해결해줄 실마리는 '내가 이때까지 살아왔던 삶은 남이 보기 좋은 삶이었다'라는 사실을 깨달으면서 얻은 것이다. 의사 세계는 그가 빠진다 해도 별로 달라질 게 없지만, 백신 만드는 일은 자신이 안 하면 할 사람이 아무도 없었다. 그 때문에 남이 보기에 좋은 삶을 버리고 자신이 의미를 더 둘 수 있는 일을 선택했다는 것이다.

"의사도 좋았지만 컴퓨터를 하면서 느낄 수 있었던 자부심, 보람, 사명감, 성취감 등을 주지는 못했죠. 살아온 시간보다는 살아갈 날이 더 많은 시점에서, 지금까지 쌓아온 것에 연연하기보다는 앞으로 더 보람을 느낄 수 있고, 할 일이 많은 쪽을 선택하는 것이 올바르다는 생각이 들었습니다."

나라면 과연 그런 선택을 할 용기가 있었을까. 마흔 중반에 정식으로 토플 시험을 치루고 미국 와튼 스쿨에서 MBA에 도전할 때에도 마찬가지다. 우리는 그의 새로운 도전 정신을 말하지만, 나는 그 도전의 이유를 더 주목한다. 자신의 회사는 돈 잘 벌고 잘 되고 있지만 많은 IT 산업 소프트웨어 회사들, 중소기업들이 힘들어하는 현실을 보며 그들을 도우려는 것이 그 시작이었다. 공대 학생들에게 경영을 가르치며 그들의 능력을 제대로 발휘할 터전을 안전하게 만드는 일에 힘을 보태고 싶던 것이다.

그는 직업을 결정하는 데에 있어서 세 가지 기준을 제시한다. '잘할 수 있는가', '재미있게 할 수 있는가', 그리고 무엇보다 중요한 것은 '그 일에서 의미를 느낄 수 있는 일인가'이다. 좋아하는 일과 잘하는 일을 구분할 수 있어야 하고, 재미있는 일을 하며 행복을 느껴야 하고, 무엇보다 그 일을 통해 자신의 원칙과 삶의 철학을 이룰 수 있어야 한다는 것이다.

그는 '자신이 살기 전과 다른 무엇인가를 세상에 남기는 것 바로, Make a difference'라고 성공을 정의한다. 그런데 그 뿌리에 세상에 이로운 일을 한다는 원칙이 흔들림 없이 자리 잡고 있다. 그는 개인이 사회 속에서 얻을 수 있는 여러 이익들은 결코 자기 혼자만의 힘으로 이루어낸 것이 아니라, 선조로부터 내려온 지혜를 비롯하여 동시대를 열심히 살아가는 많은 이들의 노력이 모여서 만들어진 것이라 믿는다. 그렇기에 우리가 함께 살아가는 존재라는 것을 늘 의식하는 것이 중요하다고 강조한다. 그는 사회에 항상 빚을 지고 있다는 마음으로 어떻게 하면 사회의 구성원으로서 자신이 받은 혜택의 일부라도 세상에 돌려줄 수 있을지를 고민했다. 그런 이유로 의료봉사를 비롯한 다양한 사회 활동을 시작했고, 백신 프로그램도 무료로 배포하는 것이다. 외국 거대 기업이 1000만 달러에 회사를 팔라고 제안했을 때에도 국산 백신을 사수해야 한다며 당당히 거절했다. 그에게 따뜻한 카리스마가 느껴지는 이유는 늘 웃는 얼굴로 모든 이에게 존댓말을 하는 모습 때문이 아니라 어떤 상황에서도 흔들리지 않고 '원칙을 지켜나가는 모습' 때문인 것이다.

사람들은 때로 그가 왜 편한 길을 두고 늘 새로운 도전을 하는지 의아해 하기도 한다. 그러나 그는 늘 변화했던 것이 아니라 오히려 변함없는 원칙의 줄기 속에서 판단하고 결정했던 것이다. 일관된 자신의 원칙을 인식하고, 그 원칙을 중심으로 살아가면 인생의 주인으로 살아갈 수 있다고 권한다. 그런 사람들은 때로 힘이 들기는 해도 결코 불행해지지는 않을 것이라고 확신한다. 그는 한 사람을 알 수 있는 것은 '말과 행동'이 아니라 '결정과 선택'이라고 말한다. 어떠한 유혹에도 자신의 원칙을 지키는 결단의 순간에 자기를 선명히 볼 수 있다는 것이다. 그렇기에 효율만 따진다면 자신은 실패자일지도 모른다고 말한다. 그러나 아무도 가지 않은 길을 걷는 것이 때로 힘들지라도 새로운 기회를 얻는 것이 자신에게 주는 큰 선물이라 여긴다.

그는 더 많이 갖고 더 잘 살기 위해 바쁜 것이 아니다. 불공정이 공정이 되어버린 세상에 대해 기성세대로서 바른 사회를 만들지 못한 죄스러움을 전하며 젊은이들에게 '미안합니다'라고 말하는 그의 이성. 새벽 출근길 잠시 뿌듯한 기분을 느끼면서도 수산시장을 지나면서 이미 출근하여 일하는 상인들을 보고는 곧 자신의 부족함을 느끼며 자세를 낮출 줄 아는 그의 감성. 그 이성과 감성의 균형이 놀랍다. '큰 힘에는 큰 책임이 따른다'는 말을 늘 염두에 두고 리더로서의 합당한 역할을 실천하며 세상에 이로운 일을 하겠다는 원칙을 지켜나가는 그의 여정에 나도 동행하고 싶다.

놀라운 변화를 이끌어내는
진정한 소통의 힘
신 창 재

별안간 꽃이 사고 싶다
꽃을 안사면
무엇을 산단 말인가

―――――

사람이 온다는 건
실은 어마어마한 일이다
한 사람의 일생이 오기 때문이다

광화문 한복판의 대형 현판의 문구가 사람들의 마음에 말을 걸기 시작한 지 이미 오래다. 바쁘게 정신없이 달려가는 나날 속에서 문득 자신을 돌아보게 해주고, 잊고 있었던 세상의 소중한 가치들을 되새기게 된다. 위의 시 가운데 하나는 사람은 모두 소중한 존재이고, 세상에서 소중하지 않은 만남이란 없으며, 우리 삶의 진지한 소통이 필요하다는 의미를 담고 있다.

시구를 적은 대형 현판을 내거는 회사의 수장답게 신창재 회장은 어휘력이 뛰어날뿐더러 탁월한 커뮤니케이션 능력을 갖고 있는 CEO 중 으뜸이다. 서울대 의대를 졸업한 후 서울대병원 산부인과 전문의와 교수로 15년간 재직하다가 CEO를 맡은 그는 의사와 CEO 사이에는 공통점이 많다고 말한다. 회사 경영은 마치 의사가 환자를 진단하고 치료하는 과정과 같고, 의사의 진단이 틀리면 환자 질환이 치료가 안 되듯이 회사 경영도 소통을 통해 현장을 정확히 인식하여 올바른 처방을 내리지 못하면 결코 경영을 개선시킬 수 없기 때문이라고 말한다.

신창재 회장은 임직원들에 대한 격의 없는 태도로 유명하다. 재무설계사(FP)나 소장, 지점장들은 그에게 직접 문자를 보내고, 그는 하나도 놓치지 않고 답장을 한다고 한 직원이 전한다. 노타이 차림의 편안한 복장 때문만이 아니라 탈권위적인 소통의 노력은 그가 오너 경영인이기에 더욱 돋보인다. 사람들은 여느 재벌 2세처럼 선친으로부터 회사를 물려받아 순탄하게 경영자의 길을 걸었을 것으로 그를 생각하기 쉽다. 하지만 그의 기업 경영은 험난한 가시밭길이었다.

경영 일선에 나섰던 2000년 당시 교보생명은 2500억 원이 넘는 적자 상태였고 IMF 외환위기로 큰 시련에 직면해있었다. 그는 외환위기와 글로벌 금융위기라는 두 번의 험난한 파고 속에서도 교보생명의 성장을 주도함으로써 이제는 100년 장수기업의 토대를 탄탄히 다졌다는 평을 듣는다. 그가 취임한 2000년보다 순이익은 10배 이상 늘었고 고객만족도를 나타내는 고객보장유지율은 60%에서 업계 최고 수준인 80%대로 향상됐다. 탈권위와 소통의 결과이다. 교보생명의 한 임원은 이런 성과보다는 '변칙 없는 정면 승부'를 펼쳤던 과정에 더 큰 자긍심을 갖고 있었다.

서울대 재학 시절, 록 밴드의 멤버이기도 했던 신 회장이 직원들 앞에서 기타 치며 노래를 부르는 모습은 이제 더 이상 낯설지 않다. 직원들을 위해서라면 막춤도 마다하지 않는다. 직원들에게 웃음을 선사하는 것은 소통의 시작을 위한 노력이다. 소통은 한쪽이 작정한다고 되는 것이 아니기 때문에 먼저 편안하고 유연하게 다가가야 한다. 스웨덴 스톡홀름 대학의 요나스 리더스트럴러 교수는 "진정한 리더는 CEO가 아니라 CSO(Chief Storytelling Officer) 즉, 최고 이야기꾼이 돼야 한다"고 강조하는데 그가 바로 이를 실천한다. 심지어 직원들이 함께 얘기하고픈 정도가 되어야 한다고까지 말한다. 사실 그를 옆에서 지켜보면 '어떻게 저렇게 사시나' 싶은 생각이 들 정도로 강도 높은 격무에 시달린다. 그러나 급한 것보다는 중요한 것을 아는 느낌이다.

대면 토론 외에도 수시로 위성방송을 통해 자신의 메시지를 정확히 전달하고 그밖에 다양한 의사소통 채널을 활용한다. "부디 몸 건강히 잘 다녀오세요. 며칠간 서울은 제가 지키겠습니다." 추석연휴를 앞두고 신회장이 회사 인트라넷에 올린 메시지다. 더구나 그는 변신의 귀재다. 앞치마를 두른 웨이터에서 둥근 모자를 쓴 파티셰로, 또 통기타를 든 가수로⋯ 직접 만든 쿠키도 나눠주고 가짜 수염을 붙인 채 재무설계사 앞에서 난타공연을 선보이기도 했다. 임직원들의 사기를 북돋아주고 친밀하고 자유로운 조직문화를 만들기 위해서다. 바쁜 스케줄 속에서도 2005년부터 이어온 독서토론회에 빠짐없이 참석해 함께 토론을 벌인다. 최근 사내 '고객만족대상' 시상식에서 신 회장은 틈틈이 연습한 실력으로, 새로운 비전을 향해 함께 나아가자는 의미의 샌드애니메이션(Sand Animation)도 선보였다. 회장 정도면 일상처럼 여겨질 법한 호텔에서의 우아한 식사 대신, 전국에 산재한 영업 지점들을 주기적으로 직접 순회하며 말단 사원에 이르기까지 직접 강연을 하고, 현장의 의견을 챙겨 듣는다.

신창재 회장은 '솔선수범형'의 대표적 경영인으로 꼽힌다. 직접 몸으로 부딪히면서 임직원들과 함께 발을 맞춘다. 일찍이 그를 포함한 신용호 창업자 유가족들은 역대 최고액인 1830억 원의 상속세를 자진 납부해 세상을 놀라게 했다. 존경의 뜻을 전하니 "우리는 당연한 것이 주목받는 이상한 나라에 살고 있다"며 자신을 낮춘다. 그는 CEO란 회사에서 가장 높은 사람이 아니라 '회사의 비전'을 제시하고 이를 향해 모든 직원들의 잠재력을 응집시켜 궁극적으로 비전을 달성해내는 사람이라고 말한다. 임직원들과 부단히 커뮤니케이션하며, 일하는 방식을 바꾸고 고객중심의 기업문화를 정착시켜 왔다. 인사(人事)에 있어서는 '약팽소선(若烹小鮮)'을 강조한다. 작은 고기를 구울 때에는 살이 부서지지 않도록 조심히 그리고 자주 뒤집지 말고 기다려야 함을 임원들에게 당부한다. '가족사랑 프로젝트'를 추진하면서 가장 먼저 '임종체험'에 참가해 눈길을 끌었다. 나부터, 윗사람부터 가족의 의미를 되새기고 보험이 왜 필요한지 몸과 마음으로 느껴보자는 취지였다. 창립기념일 행사로 진행된 장애체험 프로그램을 실시했을 때도 직원들과 똑같이 한 시간여 동안 휠체어를 탔다. 이처럼 사회공헌 활동이나 업무에 있어 자신이 먼저 행동으로 보여준다.

신 회장은 생존의 기로에 선 교보생명을 업계 정상의 보험사로 성장시킨 경륜, 국제적 감각 등을 인정받아 2010년에 열린 '서울 G20 비즈니스 서밋(기업인 정상회의)'에 보험업계 CEO로는 유일하게 금융 분야 한국대표로 참여했다. 그는 앞으로의 경영환경에서 기업의 사회적 책임과 윤리성은 가장 기본적이면서도 경영의 핵심경쟁력으로 부각되고 있다고 강조한다. "기업의 목적은 이윤 추구입니다. 그러나 이윤 추구만을 목적으로 하는 기업은 오래가기 힘들 것입니다. 이윤 추구와 윤리경영은 동전의 앞뒤가 아니라 같이 가는 것입니다"라고 말한다. 일찍이 1996년도에 한 어느 신문의 인터뷰에서 '공익사업은 자자손손 이어져야 할 중요한 일이다'라 말한 그를 발견하고 나는 참 기뻤다. 고작 몇 해 전부터 공익사업을 하는 기업은 많아졌지만, 기업의 사회적 책임이 이슈화되고서 그 추세를 따라가는 게 아니라 선도하는 것이기에 더욱 가치가 크다.

그에게는 '인간은 누구나 소중한 존재고 그들이 추구하는 가치는 반드시 실현되어야 한다'는 인간 존중에 대한 믿음이 있다. 모든 사람들이 미래의 역경에서 좌절하지 않도록 돕는 일을 가장 중요한 사명으로 삼고 실천하려는 그의 행보에 박수를 보낸다.

가장 낮았을 때를 기억하는 사람이
가장 높은 곳에 오른다

최 경 주

　미국의 유명한 천재 연구자 앤더스 에릭슨 박사는 천재는 보통 사람과 다를 게 없다고 한다. '천재는 다만 몰입함으로써 자신에게 숨어있는 재능을 인지하는 보통 사람일 뿐이다'라고 말한다. 몰입하고 또 몰입하면 어떤 문제도 풀리게 마련이고, 그런 과정을 되풀이함으로써 자신도 모르게 천재가 되는 것이라 한다. 그의 말처럼 천재는 보통 사람과 '머리의 차이'는 크게 다를 게 없을지 모르지만, 감사와 나눔을 의미하는 '가슴의 깊이'는 크게 다른 것 같다. 지능지수(IQ)로 사람을 평가하던 시대가 있었다면 지금은 감성지수(EQ)의 시대이기에 그 능력의 차이는 결국 인생에 큰 차이를 만든다.
　최경주. 그는 2000년 한국인 최초로 미국 프로골프(PGA) 투어에 참여할 수 있는 권리를 얻었고, 2002년에는 한국인 최초로 PGA 투어에서 우승을 기록했다. 미국 진출 11년 동안 모두 여덟 번의 우승을 차지했다. 전 세계 현역 골프 선수 가운데 그보다 많이 우승을 해본 사람은 타이거 우즈, 비제이 싱을 포함해 12명밖에 없다. 역대 상금 역시 아시아 선수 가운데 처음으로 2500만 달러(약 260억 원)를 돌파했다. 많은 전문가들이 앞으로 10년 안에 그의 기록을 넘어설 아시아 선수가 나오기는 어렵다고 전망한다. 그만큼 그의 업적은 위대하다. 그런데 우리가 그를 주목하는 이유는 그의 업적 때문만은 아니다.

그에겐 가슴에든 머리에든 우리에게는 드문 칩이 하나 더 있는 것 같다. 힘들 때에는 누구나 타인의 격려와 응원에 큰 힘을 얻는다. 그 순간에는 고맙다가도 어려운 시기를 이겨내고 나면 잊기 쉽다. 하지만 그는 평범한 사람들과는 한참 다르다. 모두 기억하고 있다가 다 보답한다. 그에게 특별한 칩이 있다고 느껴지는 이유는 이 때문이다. 어려운 사람들에게 손을 내밀었을 때, 그 도움이 얼마나 그들의 마음을 포근하게 해주는지 그는 체험을 통해 배웠다. "이런 것을 경험해본 사람들은 나눔의 의미가 얼마나 소중한지 알게 된다"고 말한다.

인생의 소중한 가치를 일찍이 깨달았기에 감사할 일들을 항상 기억하게 되나보다. 그 기억들이 그를 강인하게 만들고, '탱크'라는 별명에 손색이 없도록 끊임없이 자신을 이끌고, 매일매일 더 크고 견고한 꿈을 꾸도록 하는 것 같다. 그에게 '강하다'와 '독하다'의 차이를 물었다. 강한 것은 좀 더 인간적인 부분이 가미 된 것이고, 독한 것은 앞뒤를 안 보고 오직 자기 갈 길만 가는 것이라고 답한다. 사람들이 그를 강하다고 하는 이유이다.

전라남도 완도의 갯벌 소년으로 고무대아를 끌며 오로지 생존하기 위해 안간힘을 쓰던 그다. 원양어선을 타는 것이 목표이던 그가 지금 이룬 꿈은 성공일까. '나는 성공이 아니라 승리를 위해 산다'고 말하는 대목에서 그가 가장 멋지게 느껴졌다. 그런 그이기에 지금의 자리에 이른 것이다.

"6g 차이면 벌써 달라요"라며 골프채를 세심히 살피고, 정상에 오르고도 이제 막 시작한 사람처럼 연습을 게을리 하지 않는다. 슬럼프에 빠졌을 때 '이제 그는 한물갔다'는 수군거림에도 아랑곳하지 않고 항상 시합 리듬에 맞춰 생활하고 평소와 똑같이 연습했다고 한다. '죽 쑬 때가 기회다'라는 말은 그의 어록에 남겨두어야 하지 않을까. 재정비할 때 애쓰지 않으면 인생은 끝이라고 한다. 그럴 때일수록 죽을힘을 다하는 수밖에 없다고 강조한다.

자만에 빠지기 쉬운 PGA 8회 우승자가 매일같이 몇 천개의 공을 날리며 연습하고, 늘 손수 운전을 하고, 그에게 손을 흔드는 사람은 물론 어려운 사람을 외면하지 않는다. 다른 선수들이 그러지 말라고 하는데 그 조언을 무시하고 늘 캐디와 함께 식사를 했다. 캐디 앤디 프로저는 8년간이나 한 사람과 함께 한 것을 기뻐하고 감사한다. 냉정한 프로 골프의 세계에서는 좀처럼 보기 드문 일이기 때문이다. 처음 낯설기만 한 미국 PGA에 가서 "저는 최경주입니다. 한국에서 왔습니다"라는 인사만 2년간 하고 다녔다고 한다.

그는 PGA투어의 유명 스타들과도 좋은 관계를 유지한다. 그 비결은 바로 사람에 대한 매너였다. "동반 선수에게 피해를 주는 일을 단 한 번도 해본 적이 없다. 어떤 선수들은 일부러 욕을 하고 카메라가 안 보이면 가방을 걷어찬다든지, 서 있는 가방을 일부러 넘어뜨린다든지 매너에 어긋나는 행동을 하기도 한다. 자신의 화를 못 이겨서 그렇게 하는 측면도 있지만 상대방을 어수선하게 만들려는 의도도 있다." 그 역시 때로는 그러고 싶은 충동이 들 때가 있었다고 고백한다. 하지만 그러지 않았던 이유를 이렇게 설명한다. "상대의 그런 모습이 싫었기 때문에 단 한 번도 그런 행동을 한 적이 없다. 내 마음만 곪아간다. 나와 함께한 선수들이 나를 통해 축복을 받고 반대로 그 선수를 통해 내가 축복을 받고 싶다."

2011년 5월 제5의 메이저대회로 불릴 만큼 중요한 대회인 플레이어스 챔피언십에서 여덟 번째 우승컵을 거머쥔 최경주는 스폰서인 SK텔레콤 총괄사장에게 전화를 걸었다고 한다. 자신이 어려울 때 메인 스폰서가 되어줘 큰 힘이 되었다는 말을 전하기 위해서였다. 전화를 받은 그 사장은 살다보면 타인에게 고맙다는 인사말을 듣곤 하는데, 최경주 선수가 했던 말은 단순한 인사치레가 아닌 진심에서 우러나오는 말로 느껴졌다고 한다. 진심은 늘 그렇게 통한다. 일본 대지진 복구를 위해 많은 이들이 기부를 했지만 그의 의미는 남달랐다. "일본 무대의 경험을 바탕으로 PGA 투어 출전권을 따내게 돼 일본에 대한 특별한 애정을 지니고 있었다"고 한다. 감사할 일을 잊지 않는 마음은 미국에 대해서도 마찬가지였다.

미국 CNN은 '최경주는 돈을 되돌려주는 골프의 신(golf god)'이라는 제목의 기사에서 최 선수가 플레이어스 챔피언십에서 받은 상금 171만 달러중 20만 달러를 토네이도로 큰 피해를 입은 미국 남부 주민들을 위해 기탁하기로 약속했다는 사실을 전했다. 이 방송은 "골프는 K.J. CHOI(최경주)가 돈을 버는 방법이지만, 그가 그것의 상당 부분을 쓰는 방법은 바로 기부"라고 설명했다. 최경주 선수는 CNN과의 인터뷰에서 "나는 나눔을 믿는다"고 하면서 "많은 사람들이 돈을 벌지만, 우리 모두는 나눌 필요가 있는 사회에서 살고 있다"고 말했다.

중요한 것은 최경주 선수가 토네이도 피해자들을 위해 기부를 하는 것은 그에게 성공할 기회를 준 나라에 대한 일종의 감사라는 점이다. 그는 많은 사람들로부터 도움을 받았기에 그 도움의 소중함을 안다고 말한다. 그래서 받은 것을 많이 돌려줘야 한다고 생각한다. "세상의 물질적인 것들은 사실은 내 것이 아니다. 잠시 내가 빌리고 죽을 때는 놔두고 가는 것이다"라고 말하여 놀랐다. 세상에 빈손으로 왔는데 죽을 때 가지고 갈 수 있는 것이 아니기 때문에 세상에 내 것은 없다고 늘 생각하는 그다.

나는, 아시아 선수 중에서 가장 많은 우승을 했고 가장 많은 상금을 받은 그보다, 나눔의 가치를 이해하고 실천하는 그가 좋다. 세상의 최선이라는 것이 한자의 뜻 그대로 최선(最善), 가장 선한 것이 세상을 이롭게 한다고 믿기 때문이다. 자신의 실력과 소신에 더하여 늘 사람과의 관계를 소중히 하는 그가 더없이 소중하다. 그가 지금 이 자리에 올 수 있었던 것은 많은 사람들의 도움이 있었기에 가능했다고 그는 믿기 때문에 되돌려주려고 한다. 그를 지켜주고 일으켜 세운 따뜻한 눈빛 하나하나를 모으고 사재를 출연하여 자선재단을 만들었다. 재단에서 내일을 이끌어 갈 어린이와 청소년을 돕는 데 특히 힘을 기울이고 있다는 것이 자랑스럽다고 말한다. 형편이 어려운 어린이들에게 장학금을 주며, 골프 꿈나무 멘토링과 같은 사업을 꾸준히 펼치고 있는 것이다. 새싹들이 싹을 펼 수 있도록 많은 기업의 참여가 절실하다고 강조한다.

그간 그가 얼마나 다양한 기부와 후원을 행하고, 자선 재단에 심혈을 기울였는지는 그에게 웬만한 관심이 있는 사람이라면 다 안다. 그의 우승이 돋보이는 것은 그 결과를 나눌 많은 사람들이 함께하기 때문일 것이다.

미국 그의 집은 1년 내내 멘토를 찾아 온 후배들로 북적인다. 그가 아끼는 후배이자 아시아 선수 중 첫 메이저 챔피언에 오른 양용은은 한 인터뷰에서 최경주 선수가 자신에게 어떤 영향을 주었는지 밝힌 적이 있다. "내가 미국으로 갈 수 있었던 것은 (최)경주 형이 있었기 때문에 가능했다. 경주 형이 하는 것을 보고 나도 더 큰 꿈을 가졌다. 사실 경주 형이 처음 미국으로 가겠다고 했을 때 저렇게 8승이나 할 줄은 정말 생각 못 했다. 시간이 흐르면서 감탄이 스스로의 자신감으로 바뀌었다." 최경주 선수의 영향은 경기력뿐 아니라 기부문화로까지 이어져 양용은 선수가 최경주 재단에 1억 원의 성금을 기탁했다. 최경주 선수는 또 그 의미를 살려 양용은의 고향인 제주 지역 사회의 학교와 무의탁 노인들, 장애 아이들을 위한 시설을 짓는 데 손을 보탰다.

아름다운 파장을 시작한 그를 참으로 존경한다. 성공을 감사와 나눔의 메시지로 승화시켜 모두에게 전하는 모습에 나 역시 감사를 전한다. '유명한 선수는 되고 싶지 않다. 그러나 훌륭한 선수는 되고 싶다'고 말하던 그의 꿈은 사실 이미 이루어졌다. 그가 이미 둘 다 이루었음을 우리가 알기 때문이다.

일관된 신뢰감이
능력에 깊이를 더한다
안 성 기

감성지능(EQ) 개념의 창시자인 대니얼 골먼은 저서 〈감성의 리더십〉에서 감성지능을 새로운 시대에 맞는 리더십의 조건으로 제시했다. 그는 이 시대의 탁월한 리더십을 "낡은 모습을 고집하는 리더들에 비해 훨씬 가치 지향적이고 유연하며 어깨에 힘이 들어가있지 않고 개방적이며 솔직하다. 그들은 사람들과 그 인맥에 깊게 결속되어 있다. 특히 가장 중요한 것은 그들이 공감대를 형성한다는 것이다"라고 정의하며 '감성지능'을 강조한다. 감성지능은 공감을 불러일으켜야 하는 리더십에 필수적인 능력이며, 사람의 마음을 끌고 움직이게 한다. 잔잔하게 우리를 끄는 부드럽고, 인간적인 신뢰가 깃든 미소를 보여주는 이가 있다.

배우 안성기가 풍기는 이미지에는 뭔가 특별한 것이 있다. 오랜 세월 변함없이 왠지 신뢰가 가는 안정감이 있다. 남녀 직장인들을 대상으로 한 설문조사에 의하면 응답자의 절반 가까이 '안성기 타입'의 리더를 선호한다고 답했다. 부드러우면서도 책임감 있어 보여 신뢰가 간다는 것이다. 소위 따뜻한 카리스마의 전형 중 하나다. CEO들 역시 가장 좋아하는 연예인으로 그를 꼽고, 설문조사에서는 '대통령으로 가장 잘 어울릴 것 같은 연예인'에 무려 60% 이상이 안성기를 꼽았다.

전문가 입장에서 분석해보면 안성기라는 인물은 '창의적인 카리스마'를 가지고 있는 사람이다. 보통 창의적인 카리스마를 가진 이들은 인생의 의미를 찾는 데 열중하며, 인간적이고 깊이 있는 인간관계를 추구한다. 이들은 새로운 세계를 꿈꾸며 다른 사람들과 동일한 삶의 방식에서 벗어나고자 하기에 마음속 깊은 곳에서 말하는 감정을 느낄 수 있다. 또한 내부를 잘 들여다보는 능력과 표현하는 능력이 탁월하여 새로운 것을 창조하는 데 능하다. 그런 면에서 그는 참으로 탁월하게 직업을 선택한 셈이다. 연기를 통해 늘 조용하면서도 강력한 메시지를 세상에 전한다. 열정적인 감성과 상상력으로 창의적인 카리스마를 제대로 맘껏 표출해낸다. 이 유형의 최대 단점은 감상적인 몽상가가 되기도 하고 비현실적으로 살려는 경향이 있다는 것이다. 하지만 안성기라는 인물은 이 유형의 단점을 훌륭하게 극복해낸 전범으로 꼽을 수 있다.

뜨고 지는 스타들이 가득한 영화판에서 30여 년 동안 국민배우로서 정상을 지키는 그는 명실공히 실력자다. 연예인들에게 그 흔한 스캔들 한 번 없는 것도 그가 전하는 이미지가 그저 관리에 의한 가시적인 것이 아님을 말해준다. 점점 조연의 자리가 많아지던 즈음에도 '배역은 작아져도 사람이 작아지면 안 된다'는 생각으로 마음을 다스리고, 가슴속의 그릇을 키웠다고 내게 전한다. 그는 창의적이고 낭만적인 삶을 살기 위해 노력한다. IMF 외환위기 시절, 당시에도 스타들 사이에 출연료 인상 경쟁은 수그러들지 않았는데, 안성기는 자신의 출연료를 동결하거나 깎기까지 했다. 자신의 인상분을 스태프 처우 개선에 쓰라고 했다. 누구든 돈 욕심이 없는 사람이 없으련만 어려운 시절에 영화 산업을 발전시키려는 그의 애정이 돋보인다. 세상의 선배라면 그렇게 살아야 한다는 것을 그를 통해 배운다. 영화판에서 들려오는 안성기에 대한 이런저런 일화들은 늘 감동적이다.

그는 항상 남과는 좀 다르다. 그런데 다르면서도 색이 튀지 않는 것이 그가 가진 따뜻한 카리스마의 본질이다. 여기저기 곁눈질하는 배우들도 많건만 자기가 선 자리를 정확히 인식하고 자신을 제대로 확인하면서 자기 내면으로부터 새로운 것을 만들어낸다. 더구나 노블리스 오블리제를 실천하며 사회에 환원할 줄 알고, 자신보다 낮은 곳을 돌아다볼 줄 안다. 나눔과 봉사에 대해 물으니 '특별한 행위가 아닌 그저 우리가 해야 하는 것'이라 정의한다. 유니세프 활동을 하면서도 분에 겨워, 행복에 겨워 나태해진 자신을 돌아보고 더 열심히 살아야겠다는 것을 배운다고 말한다.

이처럼 안성기는 부드러워 보이는 미소의 저변에 강력한 신뢰감과 안정감을 구축하고 있는 보기 드문 배우다. 그의 코드는 '변함없음, 부드러움, 믿음' 같은 단어들과 일맥상통한다. 이러한 긍정적인 이미지 덕분에 그가 등장하는 광고는 특히 신뢰도 면에 있어서 압도적인 호평을 얻는다. 이 사람이 추천한다면 왠지 믿을 수 있을 것 같은 느낌. 이 사람의 말은 어쩐지 믿어도 될 것 같은 예감. 그러한 느낌은 남녀노소나 세대를 막론하고 전해진다. 편안하면서 신뢰할 수 있는 그 이미지는 어떻게 오는 것이냐고 쑥스럽게 물으니, 자신에게는 장치가 잘 되어 있는지 분노나 고통 따위는 잘 느껴지지 않고, 어떤 상황에서든 긍정적인 '자극'으로 해석한다고 답한다. 화가 날 수 있는 상황에서 '그럴 수도 있겠다'라고 이해하고 용서하는 것이 남보다 잘하는 것 같다고 말한다. 거기에서 그치는 것이 아니라 '나는 그러지 말자'로 상황을 마무리하는 것이 더 중요하다고 강조한다. 보통 사람들에게는 그게 쉽지 않는데 어떻게 그럴 수 있느냐고 묻자 배려심이 많았던 어머니의 영향일거라 덧붙인다.

많은 사람들이 안성기를 바람직한 리더, 나아가 대통령의 모습으로까지 상정하는 이유를 역으로 생각해보면, 이 시대의 리더에게 가장 원하고 갈망하는 것이 바로 신뢰감이기 때문일 것이다. 정치는 물론이려니와 사회 전반에 걸쳐 한국 사회에서 가장 처참하게 무너져버린 요소가 바로 신뢰이다. 그 누구도 믿을 수가 없는 분위기 속에서 사람들은 상처받고 불안해한다. 그의 여유와 신뢰 이미지의 원천을 물으니 그는 '자기만의 여유시간을 많이 가지며 잠재된 감정선을 발견하도록 자신에게 귀 기울인다'는 멋진 말을 전해주었다. 맞다. 쫓기듯 사는 사람에게서 그 여유로운 신뢰감을 발견하기란 좀 어려울 듯하다.

승낙은 통화로 하더라도 거절은 만나서 하는 게 맞다고 믿는 그. 그래서 늘 그는 우리와 조금 다른가보다. '신뢰'는 그의 이미지가 아니라 바로 그 자신이다. 약속을 잘 지키는 방법을 물으니 약속하기 전에 신중하면 된다고 명확히 답한다. 덥석 약속해놓고 고민하지 않고, 미리 충분히 고민한 약속은 그대로 믿고 나간다는 것이다. 비즈니스에서 지친 내 마음을 전하니 '인기 없을 때는 일이 많을 때 못했던 것들을 하면서 즐기고, 일이 많으면 감사하게 열심히 하라고 후배들에게 권한다'고 한다. 늘 변함없이 안정된 모습은 평소의 마음 다스리기 덕분인 듯하다.

어느 모임에서 내 옆에 그가 앉게 되었다. 100명도 넘는 참석자들의 소개가 있는 인쇄물을 진지하게 보느라고, 다들 한 숟가락씩 집어 드는 음식에 손도 대지 않고 집중하던 그의 모습은 어느 캐릭터에 맞추어진 연출이 아니었다. 참석자들은 행사 내용 중 경품이 걸린 빙고 게임을 하게 되었는데 첫 번째는 분명 연습게임이라 미리 말했는데도 그는 신중하게 열중했다. "연습게임이라는데요?" 하고 내가 말을 건네자 "아, 그래요? 연습을 실전처럼 해보죠, 뭐" 하고는 그 특유의 품위 있는 웃음을 짓는다. 그의 한결같은 모습과 신뢰는 바로 이러한 그의 실제 모습에서 우러나오는 것이다.

부드러움 속에서 세상에 대한 낭만적 시각을 생산적으로 재생시키며 제대로 세상 사는 법을 살며시 하나씩 제시하는 그의 신뢰는 결코 하루아침에 나온 것이 아니다. 일관성 있는 신뢰감을 주며 늘 새롭게 우리네 삶을 재조명하는 그의 시작은 진지한 성실함과 타인에 대한 배려다. 남에 대한 배려가 인생에서 가장 중요하다는 남자. 겸손이라는 것은 사실 참으로 강한 것이며, 자신 있을 때 남을 향한 박수도 쳐줄 수 있는 것이라 말하는 그가 멋지다.

2500년 전 그리스의 철학자 헤라클레이토스는 "변화하지 않는 것은 없다"고 하였다. 이 세상에 변하지 않는 것은 단 하나, '모든 것은 변한다'는 것이라 한다. 어느 때보다 급변하는 치열한 환경 속에 살고 있지만 진지한 성실함과 배려가 주는 변함없는 신뢰가 사람들의 마음을 사로잡는다는 사실은 아마도 결코 변하지 않을 것 같다.

넘치지 않게 자신을 다스려야
감동을 줄 수 있다
조 수 미

　자신을 인정하고 사랑하고 스스로 자존감을 갖는 것은 매우 중요하다. 그러나 무엇이든 넘치면 독이 되고 화가 된다. 자기애도 마찬가지다. 값진 사랑을 외면하고 교만하다가 결국은 연못 속에 비친 자신을 사랑하게 되는 나르키소스의 이야기를 실감하게 되는 현장이 비즈니스 세계에는 비일비재하다.
　자신만이 최고인 양 스스로에게 도취된 나르시시즘에 빠진 사람들을 대할 때면 한 여름의 지글거리는 태양 아래에서 모래를 씹고 앉아 있는 기분이다. 깔깔한 입안을 빨리 헹구어 버리고 물로 뛰어들어 버리고 싶듯 그 자리를 벗어나고 싶어진다. 똑똑하고 능력 있는 건 다 아는데 교만과 자기애 때문에 결국 혼자인 헛똑똑이로 전락하고 만다. "교만은 패망의 선봉이요, 거만한 마음은 넘어짐의 앞잡이니라"는 잠언의 말씀처럼 본인은 이유를 모르겠지만 사람들을 그의 곁에서 떠나게 만든다.

　신이 내린 목소리. 세계적인 성악가 조수미의 노래를 듣노라면 그에 대한 세인들의 찬사가 단순한 미사여구가 아님을 가슴 절절히 느낄 수 있다. 신이 선사한 것이 아니고서야 그처럼 사람의 영혼을 울리는 음색이 나올 수 있을까. 리하르트 슈트라우스 작곡의 '체르비네타의 노래'는 최고음으로 20분이 넘도록 불러야 하는 고난도 곡이어서 작곡가조차 불가능하다고 여겨 악보의 일부를 수정하였다. 그런데 조수미는 1994년 세계 최초로 수정되지 않은 원본으로 그 곡을 불렀다. 굳이 클래식 음악에 대해 잘 알지는 못한다 하더라도 "조수미의 목소리는 신이 주신 최고의 선물이다. 이는 조수미 자신에게는 물론 인류의 소중한 자산이다"라고 격찬한 카라얀의 이야기에 누구나 고개를 끄덕이게 된다.

　조수미와 나의 공통점이라고는 손빨래나 설거지를 좋아한다는 것, 물을 만지면 기분이 좋아진다는 것과 숫자에 약하다는 것밖에 없다. 그런 그녀에게서 제대로 닮고 싶은 것이 있다. 바로 자신에 대한 엄격함이다. 그녀가 사람들을 사로잡을 수 있었던 이면의 본질은 바로 이것이기 때문이다. 그녀가 아주 어릴 때부터 자신의 목소리에 대해 '하늘이 주신 것'이라는 자각을 했다는 이야기는 유명하다. 그러나 그는 그러한 자각을 자만심으로 흘려보내는 우를 범하지 않았다. 그녀는 "그러니 내 목소리는 내 것이 아니라 신의 것이다. 나는 신이 주신 목소리가 잠시 머물다 가는 작은 간이역 같은 게 아닐까"라고 고백한 바 있다. 스스로의 길에 대해 확신을 가지되 재능만을 믿고 자신을 소홀히하지 않은 것이다. 오히려 자신에 대한 엄격한 관리와 노력을 통하여 당당하게 자신의 목표를 달성해낸다. 예술이란 것은 아름다운 영혼과 생각이 음악으로 표현되는 것이고 사람들은 귀가 아닌 가슴으로 듣기에 본인은 순수함을 유지해야 할 책임이 있다고까지 말한다.

데뷔 시절 세계적인 지휘자 카라얀에게도 주눅 들지 않고 음악에 관한 견해를 개진하던 그녀의 자신감은 자신에 대한 확신에서 출발한다. 무대에 오를 때도 그녀는 지휘자가 권위를 앞세워 비논리적인 요구를 하는 것을 허용하지 않는다고 한다. 이것은 오만함보다는 자기 작품에 철저하다는 증거다. 자신의 분야에 관한 한 한 치의 엉성함도 용서하지 않는 모습은 조수미가 가진 카리스마의 정체이기도 하다. 무대에서의 당당한 모습이 단순히 시늉이나 연기로써 이루어질 수 있는 것은 아니기 때문이다.

조수미는 자신의 경력을 끊임없이 개발하며, 최상의 결과를 얻기 위해 노력하는 과정을 통하여 건강한 카리스마를 소신 있게 이루어냈다. 그가 클래식에 국한하지 않고 크로스오버, 드라마 주제가, 한국 가곡 등 다양한 대중적 장르로 자신의 음악적 영역을 넓히자 일부에서는 지나친 외도가 아니냐는 우려를 표했다. 그러나 조수미의 그러한 행로는 단순히 대중에 영합하기 위한 것이 아니라 자신이 할 수 있는 다양한 음악에 대한 확신에서 기인했다. 그녀는 안주하지 않는 새로운 도전을 서슴지 않는다.

작은 실수 하나에 마음을 졸이고, 웅장한 무대의 화려한 공연 뒤의 낯선 호텔방에서 외로움에 숨죽여 우는 그녀는 다시 태어나도 음악을 하겠다고 한다. 그를 가까이에서 접한 음악계 관계자들은 흔히 조수미를 일컬어 '정이 많고 소탈한 전형적인 한국 사람'이라 표현한다. 때로는 권위적이지만 겸손하고 동정적이며 부드럽고 관대하다. 공연이 끝난 후 단원들에게 일일이 '수고했다'는 내용이 적힌 카드나 작은 선물을 선사한다든지 함께 호프집이나 노래방에 가 뒤풀이에 참석하곤 한다. 일명 '황구 학대 사건'으로 한 쪽 눈을 잃은 황구가 있는 병원에 찾아가 안아주고 경찰서장에게 친필의 팩스를 보내 꼭 범인을 잡아달라고 당부하던 그녀는 끝내 울었다. 이런 일화에서 조수미의 따뜻한 면모를 짐작하게 된다.

 숨을 쉬는 것만큼이나 노래하는 것이 자연스럽고, 그토록 많은 연주회를 열었음에도 연애하듯 늘 새롭고, 늘 떨린다는 그녀는 자신이 하고 싶은 노래가 아니라 팬들이 듣고 싶어 하는 곡을 불러야 한다고 말한다. 그는 재능을 타고난 뛰어난 예술가로서가 아니라 자신의 목소리를 세상을 위해 헌정하려는 마음을 가지고 있다. 세계적인 공연에서 앙코르곡은 한국 가곡을 부르는 애정과 긍지. 사랑하는 관객을 위해 최선을 다해 애정을 쏟아붓는 열정, 자신의 선택에 대해 일관성 있게 이루어내는 성취, 그것이 바로 조수미가 지닌 따뜻한 카리스마다.

 그의 당당함과 도도함은 무모한 자만이나 욕심이 아닌 준비된 성취에서 자연스럽게 우러나온 것이어서 감동을 준다. 모든 걸 가진 그가 꿈꾸던 것은 아름다운 결혼 생활이었다. 음악이 있기에 외로움을 이겨낼 수 있다는 그녀는 노래를 위해 태어났고, 노래로서만 자신의 존재를 증명할 수 있다고 말하며 자신의 모든 에너지를 집중시킨다. 사람에 대한, 세상에 대한 '애정'이 그 시작이다. 자신의 부와 명예보다는 자신의 음악을 통해 행복한 사람이 많아지는 세상을 꿈꾸는 그녀는 사람과 세상을 돌아볼 줄 아는 자신을 지키면서 자신이 가장 잘 할 수 있는 것에 끊임없이 정진한다. 아버지의 장례식에도 참석하지 못하며, 끝내 공연을 마치고 앙코르 때에야 아버지의 죽음을 이야기한 후 눈물로 노래를 불렀던 것처럼 공연 약속은 무슨 일이 있어도 지켜내는 그녀다. 그럼에도 불구하고 대한민국에게 중요한 행사라면 대단한 국제 공연도 미리 취소하고 늘 달려오는 그녀가 멋지다.

　강의를 하다 어느 날 문득 나는 그녀를 떠올린 적이 있다. 상대에게 필요한 것은 아직 기초적인 것인데, 나의 지식과 강의의 깊이를 전문적으로 드러내려는 나 자신을 발견했을 때다. 누구에게나 크든 작든 재능이 있다. 그러나 그 재능을 얼마나 기량껏 발휘하느냐 하는 것 못지않게 중요한 것은 넘치지 않게 자신을 엄격히 다스리는 것이다. 더구나 그 재능이 세상을 더 아름답게 하고 사람들을 위로하도록 쓰일 마음이라면 이미 그것은 '탁월한 재능'이다. 그 재능이 세상에 빛을 발하는 것은 어쩌면 당연하다.

현명한 사람은
주어진 조건을 원망하지 않는다

김 만 덕

여성들이 수장 역할을 맡는 기업과 나라가 늘고 있다. 산업화 시대에 통제와 관리를 담당했던 상명하복의 가부장적인 리더십은 정보화 시대로 접어들면서 문제점을 드러내면서 여성의 리더십이 두각을 나타내고 있다. 여성은 권한을 배분하는 임파워먼트의 기질이 강하고, 커뮤니케이션에서 능력을 발휘하며, 경쟁과 승리보다는 화합과 나눔에 집중한다. 게다가 정보화 시대에 반드시 필요한 능력인 멀티플레이에 능하다는 특징이 있다. 여성의 장점과 남성의 장점을 균형 있게 갖춘 양성형 인간이라면 시대를 초월하여 인정받는 인재가 될 것이다. 250여 년 전 이 땅에 이미 그런 여성이 있어 내 마음을 끈다.

김만덕(金萬德). 애초 이름을 잘 지은 걸까. 그녀는 천금을 가진 거상으로만이 아니라 덕(德)이 있는 나눔을 실천한 삶으로 잘 알려져있다.

조선 정조 때 기근이 들어 사람들이 큰 곤란을 겪자 평생 애써 모은 재산으로 구호미를 사들여 제주도민 천여 명을 살렸다. 재물을 자신의 곳간이 아닌 세상에 채운 그녀의 삶은 바로 따뜻한 카리스마에서 가장 중요한 균형감을 보여준다. 이성과 감성의 조화를 통해 시대, 신분, 성별의 삼중고를 이겨낸 것이다. 지금으로서는 상상하기 어려운 도전과 자기극복의 삶이었다.

그녀는 일찍이 부모를 여의고 기녀에게 의탁되어 몸종으로 지내다가 관기(官妓) 기적에 오르지만 자신의 인생에 그저 순응하지 않았다. 스무 살이 넘자, 자신이 원래 양가 출생임을 적극적으로 밝혔다. 조선시대에 기녀 신분의 여성이 자기주장을 관철시키기란 쉽지 않았을 테지만 험난한 과정 끝에 양민의 지위를 회복한다.

그 이후의 삶에서도 그녀의 선택과 집중은 확인된다. 기녀였던 자신이 평범한 아녀자의 삶을 살 수 없다고 판단하여 사업을 시작한다. 그녀에 대한 기록에 사랑에 관한 이야기는 남아있지 않다. 과거를 원망하거나 방황하는 것이 아니라 일찍이 자신의 삶을 객관적으로 파악하고 최선의 방향을 두고 몰두하였다. 감정에 휘둘리고 툭하면 방황하는 일이 잦은 오늘날의 우리가 닮고 싶은 부분이다.

그녀가 선택한 사업 역시 주목할 만하다. 당장의 생계를 위해 망을 만드는 부업을 하거나 각종 어물, 화장품 따위를 파는 방물장수가 아니라 기녀 시절에 알뜰히 모은 자금을 바탕으로 객주(客主)를 차렸다. 객주는 여관 구실도 했지만 외지상인들의 물건을 위탁받아 파는 중간상 역할도 했다. 상업이 발전하면서 포구를 중심으로 유통업이 발전할 것으로 예측하는 등 변화를 읽는 능력도 탁월했다.

당시 제주도민들은 관아에 특별세를 내고 독점권을 얻은 토착 상인들의 폭리에 시달리고 있었다. 토착 상인들의 횡포에 남성들도 사업을 유지하기 쉽지 않았지만 그녀는 직거래, 주문생산 등 새로운 시도를 통해 기반을 다져나갔다. 당시의 좌의정 채제공이 그녀의 삶을 기리기 위해 쓴 〈만덕전〉에는 그녀가 물가의 오르고 떨어지는 시세에 대한 판단력이 뛰어났다고 기록하고 있다. 사람에 대한 애정으로 시작하여 싸게 많이 파는 '박리다매' 전략으로 도민들의 마음을 살 수 있었다.

그렇게 거상이 되었지만 그녀는 평생 고기를 먹지 않았고 작업복인 갈옷만 입었다. 하나뿐인 남동생의 혼인날 마련한 잔칫상은 사람들의 투정을 들을 정도로 검소했다. 흔히들 독하게 돈 모은 사람들의 지독함을 말하기도 하지만 그녀의 나눔은 생활 속에 내내 있었다. 돈 버느라 정신없을 만도 한데 자신의 몸종인 언년이의 혼인을 손수 챙긴다. 미리 땅을 사서 신접살림을 준비해주고 언년이의 신랑을 위해 조랑말까지 사준다. 이런 감격의 순간들이 그녀의 삶 전반에 걸쳐 있다. 내내 인색하다가 돈 다 벌고 나서 끝에 한방 크게 쓴 것이 아니었다. 내 주변의 성공한 인물들을 봐도 느끼는 것이지만 뭔가 이루어낸 이들이 나중에 돌아보며 되돌릴 수 없어 아쉬워하는 것들 중 하나가 그동안의 인색함이다. 자신에게 엄격하되 남에게는 늘 자비로웠던 그녀의 마음 관리는 따뜻한 카리스마의 핵이다.

600여 명이 굶어 죽는 기근 속에서 재산을 털어 제주도민을 살린 만덕의 공을 들은 정조가 상을 내리라고 명했다. 김만덕은 극구 사양하다가 임금의 명을 거스를 수가 없어 자신의 소원을 말했다. "한양에 가서 임금님이 계신 궁궐을 바라보는 것과 금강산에 들어가 일만이천봉을 구경할 수 있다면 죽어도 여한이 없겠습니다." 지금 들으면 별것 아닌 것 같지만 제주도 여성이 육지로 나가는 것이 금지되어있던 당시로서는 결코 소박하지 않은 통 큰 소원이었다. 여성에게 금지되어 있던 이동의 자유를 요구한 것이었고, 성공한 양반 남성들의 영역인 금강산에 도전한 것이다. 결국 만덕은 양인 여성으로는 최고 벼슬인 내의원 의녀반수 자격으로서 흔쾌히 소원을 들어주었던 정조를 만나게 된다. 정조는 금강산으로 가는 만덕에게 말을 하사하고 각 군현과 역에 편의를 제공하였다고 한다. 그녀의 개척정신과 강한 의지력이 돋보이는 대목이다.

채재공은 '만덕의 이름이 한양 안에 그득하여 사대부와 선비 등 계층을 가리지 않고 모두 다 그녀의 얼굴을 한번 보고자 하였다'고 전한다. 그는 '탐라에서 생장해서 한라산 백록담의 물을 떠 마시고, 이제 금강산까지 편답하였으니 이는 천하의 남자들도 못 하는 일이다'라고 기록한 〈만덕전〉을 그녀에게 건넸다. 그녀가 세상을 떠난 지 20여 년 후에 제주로 유배온 추사 김정희는 김만덕의 생을 듣고 감동하여 '은광연세(恩光衍世)'라는 글을 남겨 그녀를 찬미했다. '은혜로운 빛이 세상에 넘치다'라는 뜻이다.

병조판서 이가환의 송시 내용 그대로 몇 백 년 세월 끝의 우리에게 그녀가 다시 다가온다. 조금 더 편히 사는 것에 관심이 많고, 때로는 의식하지도 못한 채 자존심을 버리고, 조금은 늘 내가 더 가지려하는 오늘의 우리들의 기운을 맑게 해준다. 그것이 시간을 초월하는 그녀의 힘이다.

'만덕은 제주의 기특한 여인인데

예순 얼굴이 마흔쯤으로 보이네 (중략)
여인네가 이제야 나라 임금 뵐 수 있었다네
칭찬 소리 우레 같으며 고니 노닐 듯 빼어나니
높은 기풍 오래 머물러 세상을 맑게 하겠구려'

누군가에게 꼭 필요한 사람이 된다는 것
이 태 석

영상으로 처음 만난 그는 시절 지난 유행가를 열창하고 있었다. '태워도~ 태워도 재가 되지 않는 불꽃을 태우리라~'며 깊게 웃는다. 인간이 인간에게 꽃이 될 수 있다는 것을 보여준 남자. 나는 왜 그처럼 살지 못했을까. 감히 그와 비슷한 가슴을 가졌다고 생각되는데 우리는 각자 전혀 다른 길을 살아왔다. 그는 이미 세상을 떠났고 운 나쁜 나는 생전의 그를 직접 대하지도 못했다. 그저 책과 영화 한 편으로 그의 생을 엿보며 밤새 꾸역꾸역 울고 마는 게 고작이다. 그래도 내게 능력이 있다면 미력하나마 그를 세상에 다시 전하고 싶다. 이런 삶은 어떠한지, 이렇게 살지 못한 지금은 어떠한지 말이다. 인간에게 더 이상 따뜻할 수 없고 인간을 위해 더 이상 치열할 수 없는 그의 삶을 통해 따뜻한 카리스마는 더욱 소중한 가치를 발한다.

내 어머니가 10남매를 삯바느질로 키웠고, 내가 그중 아홉째 아들이고, 아홉 살에 아버지를 여의었다면, 그리고 장학금 한번 쥐어드리지 못하고 의대 공부를 마쳤다면 나약한 나는 그렇게 결정하지 못했을 것 같다. 한국에도 어려운 사람 많은데 아프리카까지 가냐고 붙들고 싶지만 나쁜 일 해도 못 막을 판에 좋은 일 하겠다는데 어찌 막겠느냐는 그 어머니 마음이 일찍이 이태석 신부를 만들었는지도 모른다. 의대를 졸업한 그는 안정적인 미래 따위에는 관심이 없었고, 성직자가 되는 것도 모자라 이 세상 가장 가난한 사람들이 사는 아프리카 수단의 톤즈 마을로 떠났다.

하루에 300명의 환자들을 돌보고 100킬로미터를 걸어서 찾아오는 환자들을 오밤중에도 환한 웃음으로 맞이했다. 그저 앉아서 찾아오는 이들을 맞는 것이 아니라 한센 인들을 일일이 방문하여 치료해주었고, 격의 없는 대화를 통해 차츰 그들의 삶 속에 끼어들기 시작했다. 맨손으로 상처를 만지면 감염될지도 모른다는 만류에도 그저 짧은 미소로 답할 뿐이다. 한센 인 한 명 한 명의 다른 발 모양에 맞추어 그림을 그리고 세상에 하나뿐인 그들만의 신발을 만들어 주었던 이태석 신부. 그들에게 그는 '쫄리(John, Lee) 신부님'이다.

'예수님이 이곳에 계신다면 학교를 먼저 지으셨을까? 교회를 먼저 지으셨을까?' 자문하던 그의 답은 하나다. 결단이 필요한 순간에 따뜻한 카리스마는 효력을 발휘한다. 당장의 배고픔을 해결해주기보다 그들에게 자립할 수 있는 힘을 주고 싶었던 그. 학교는 건물이 중요한 것이 아니라 미래를 꿈꾸게 하는 곳이어야 한다는 그의 믿음이 맞을 것이다. 중학생 때 이미 성가 '묵상'을 작곡하고 풍금과 기타를 독학으로 익했던 그는 자신의 가난한 어린 시절을 달래주었던 음악을 그곳 아이들에게도 가르쳐주었다. 장기간의 내전으로 상처받고 무너진 아이들의 가슴을 음악으로 달래주려고 35인조 브라스밴드도 결성했다. 끼니를 해결하는 것도 녹록치 않은 동네에서 번듯한 35인조 브라스밴드를 조직하는 일은 결코 쉽지 않았을 터이다. 수단 대통령도 감탄하는 그 밴드는 한 사람의 헌신으로 이룬 기적이었다. 악기들의 구색을 보면 그래도 살만한 한국에 그가 구조와 지원의 메시지를 얼마나 적극적으로 보내고 노력했을지 미루어 짐작이 된다.

아이들과 그저 붙들고 우는 것이 아니라 그는 할 수 있는 모든 것을 동원하여 그들의 삶의 질을 높이고, 미래를 만들어주었다. 빵 한 덩어리가 더 중요했을 그들이 직접 학교를 짓게 되기까지의 리더십은 바로 사랑이었다. 그는 위에 있지 않았고, 그들을 섬겼다. 잘못하면 때리는 게 아니라 고치는 방법을 알려주었다고 회고하는 아이들의 말에서 이태석 신부가 이들의 미래를 위해 얼마나 세심하게 준비시켰는지, 그리고 이들을 이해하기 위해 작은 숨소리까지 경청했다는 것을 느낄 수 있었다. 경청해야 마음의 소리를 듣게 된다. 그야말로 따뜻한 카리스마의 실천이다. 아이들을 위해 얼마나 분주히 살아야 했을까. 그런 분주함과 조바심 때문에 그 놈의 암 덩어리들이 드나든 것이 아닐까.

아파도, 열이 나도 울지 않는다는 팅카족 주민들이 이제 그를 떠나보내고 끝내 소리 내어 운다. 가족도 아닌데 나를 데려갔어야 한다면서 아직도 할 일이 많은 그를 왜 먼저 데려가셨느냐며 통곡한다. 백발의 한센 인은 "그는 나의 아버지 같은 분"이었다며 흐느낀다. 그가 떠난 줄 알면서도 지금도 병원을 찾아온다. 그가 없는 텅 빈 병원을 주민들은 돌아가며 노숙을 하면서 지킨다. 그들은 2년 만의 한국행 휴가를 떠났던 '쫄리 신부님'의 마지막 나날을 영상으로 보며 죽음만이 그가 되돌아오지 못할 유일한 이유였다는 것을 다시 확인한다. 투병으로 너무도 수척해진 그를 바라보는 이들의 마음이 아프다. 신부님이 얼마나 보고 싶으냐고 묻는 기자가 야속할 만큼 그들의 가슴은 저며든다.

이태석 신부가 어릴 때부터 마음에 담아 온 성경 한 구절. '가장 보잘 것 없는 이에게 하는 것이 나에게 하는 것이다.' 이태석 신부가 그곳에 간 이유다. 악기 다루는 것보다 착한 마음 갖는 게 더 중요하다던 이태석 신부의 가르침을 아직도 기억하는 아이들. 그들이 기억하는 그는 그들에게 뭔가 주려고 온 한국 사람이 아니라 그냥 그곳, 톤즈 사람이었다. 하버드 대학교 경영대학원에서도 '희생을 희생으로 생각하지 않으며 신부님 스스로가 멋지고 기쁜 삶을 살았다는 것'에 주목한다. 그대로 기억되어 다행이다. 그 마음일 때에 따뜻한 카리스마는 가치를 발한다.

세상에는 꿈만 꾸는 사람들이 있고, 꿈을 이루는 사람들이 있다고 하는데 그는 분명히 후자다. 우리의 안타까움과 달리 지구 반대편의 두 평 남짓한 그의 초라한 방에서 그는 충분히 행복했었는지도 모른다. 그가 떠난 후, 그의 생전 사진들을 대면하는 톤즈의 초등학교 5학년의 소년. 소리 내어 통곡하는 것이 아니라 가슴을 움켜잡고 숨죽여 울던 그 아이의 깊은 슬픔이 감히 느껴진다.

일찍이 중학생 때부터 거지의 옷을 기워주던 이태석 신부는 그곳에 아름다운 사랑을 남긴 채 떠났다. 온 몸에 암이 퍼졌는데도 아이들에게 건넬 후원금을 위한 음악회에서 발 박자를 맞추며 '꿈의 대화'를 열창하던 그 눈빛을 잊을 수 없다. 그는 죽기 전까지도 수단의 그 아이들에게 그저 막연한 슬픔보다 실질적인 도움을 주려고 자신의 책까지 마무리했다. '좀 더 사시지….' 내 마음은 내내 아쉬움뿐이다. 겨우 마흔일곱 해를 살다 간 그는 너무 많은 사람들에게 너무 많은 것을 주었다.

그래도 다행이다. 이제 그가 있던 곳은 긴 내전을 끝내고 남수단이라는 193번째 독립국이 되었다. 반기문 유엔 사무총장을 비롯해 30여 개국 정상이 참석한 독립기념식도 치렀다. 더구나 이태석 신부가 하와이에서 평생 모범적인 성직자의 길을 간 다미언 신부의 교훈을 이어받아 그곳에 갔듯이 이제 톤즈로 향할 의료인들의 기꺼운 발걸음들이 생겼다니 그저 감사할 따름이다.

영국의 〈카톨릭 헤럴드〉 신문은 1면을 할애하여 '한 번도 들어보지 못한 21세기의 성인'이라는 제목으로 그를 소개했다. 그의 일생을 다룬 다큐멘터리는 휴스턴 국제영화제에서 4400여 편의 영화 중 다큐멘터리 대상을 수상했고, 16개국 61개 도서관에 그의 삶을 다룬 DVD가 보급되었다. 한국에서는 그의 공로를 인정하여 국민훈장 중 최고등급인 무궁화장을 수여했다. 어느 사찰에서는 부처님 탄신일인 사월 초파일에 그의 모습을 시청하며 신도들이 눈물 흘리고, 조계종 주지스님은 신도들이 개종할까봐 영화 상영을 고민하게 된다는 유머러스한 표현으로 그에 대한 존경을 전한다. 어느 목사님은, 사람들은 설교에 의해 변화하는 것이 아니라, 목사의 삶을 통해 변화한다며 그에게 부끄러운 한국의 종교 현실을 고백한다.

그는 이미 떠났어도 분명 그가 우리에게 무엇을 말하려 했는지 이제 우리는 조금은 아는 것 같다. 가장 가난한 그들을 진심어린 사랑으로 대하여 그들이 더없이 소중한 존재임을 확인시켜주고, 내일을 준비하도록 일깨워준 그의 삶은 온통 인간에 대한 사심 없는 애정과 처절한 노력으로 가득했다. 스스로를 리더라 말한 적이 없이 그들과 함께 미래를 만들던 이태석 신부. 그는 고작 묵주와 악기, 그리고 땀 냄새 나는 옷 몇 벌을 남겼을 뿐이지만 그가 세상에 퍼뜨린 메시지의 가치는 헤아릴 수 없을 만큼 크다. 오늘 또 하나를 마음에 새기게 된다. 어디서 무엇을 하든 세상은 이 마음으로 살아야 한다는, 바로 그것 말이다.

Chapter Three

싸우지 않고 이기는 힘은 이렇게 만들어진다

Step One
긍정적인 심상화를 만들어라 ▶ ▶ ▶

긍정적인 자기 인식부터
시작하라

　사람은 하루에 5000가지 이상의 생각을 한다고 한다. 그중 "황금은 땅 속에서보다 인간의 생각 속에서 더 많이 채굴된다"는 철학자 나폴레옹 힐의 말처럼 황금을 캐내는 듯한 귀한 생각들이 있는가 하면 백해무익한 생각들도 있다.

　내가 자주 듣던 충고는 생각이 너무 많다는 것이다. 처음엔 그게 충고인 줄도 몰랐다. 생각이 깊은 것과 많은 것을 혼동한 것이다. 영화〈라스트 사무라이〉를 보며 다시 그 결점을 떠올리게 되었다. 주인공 네이든 알그렌 대위(톰크루즈 역)가 사무라이들에게 무술을 배울 때 처음에는 계속 맞기만 한다. 사무라이는 "당신은 생각이 너무 많다. 공격에 대해 이것저것 생각하는 것은 오히려 방해가 된다. 마음을 비우라"고 충고한다. 그저 상대방의 마음과 움직임을 읽으라는 것이다. 주인공은 무수한 연습을 통해 칼을 다루기보다 자신의 마음을 비우고 상대를 읽는 연습을 한다. 결정적인 대련의 순간에도 그는 그 말을 되뇐다. 그리고 결국 승리한다. 스포츠 심리학자들에 의하면 운동선수들이 최고의 기량을 발휘하며 활동할 때, 분석 작용을 하는 좌뇌를 말 그대로 차단해버린다고 한다. 많은 생각은 능력을 저하시키는데 이를 '분석에 의한 마비'라고까지 표현한다.

생각이 많다는 것에는 불안, 걱정, 괜한 우려가 많은 것이 대부분이다. '이러면 어떡하지? 혹시 이러지 않을까?' 짧게 집중적으로 깊이 생각하고 머리를 비워야 새로운 것들이 들어올 텐데 늘 머릿속이 잡다하게 차있으면 도대체 새 생각이 들어올 수가 없다. 결론은 하나다. 생각의 양을 줄이려면 집중적으로 생각한 후, 긍정적으로 믿는 것이다. 무조건 합리화하고 낙관하는 것도 문제지만 노심초사가 일을 망치기 십상이다.

긍정적인 암시와 사고는 매일매일 일상뿐만 아니라 그 사람의 이미지에 영향을 미쳐 인생에 결정적인 계기를 만들어준다. 펜실베이니아 대학교 심리학과 마틴 셀리그먼 교수는 긍정적인 태도를 가진 사람들이 비슷한 능력의 비관론자에 비해 성공할 가능성이 훨씬 더 높다고 지적했다.

"피할 수 없으면 즐기라"는 말을 내가 처음 듣게 된 것은 어느 대기업의 임원을 통해서였다. 군대에서 자주 쓰는 표현이라는 말을 덧붙이며, 하루에도 몇 번씩 떠올리는 것은 별로 행복하게 살지 못해서인 것 같다고 말씀하셨다. 그러나 그 말이 효력이 있는지 표정은 전혀 우울하지가 않았다. 요즘 유행하는 반신욕을 하며 새벽마다 20분씩 명상을 하고 출근한다는 그는 늘 활기차고 열정적인 모습이다. 아마도 그 시간들에 마음과 생각을 비우나보다.

미국심리학협회가 발간하는 '성격과 사회심리학' 저널에 실린 연구 보고서에 따르면 노화에 대해 긍정적으로 생각하는 사람들이 노화에 부정적인 그룹에 비해 평균 7.6년을 더 사는 것으로 나타났다. 이 연구를 진행한 미국 예일 대학교 의대 베카 레비 교수는 4년 정도 수명 연장 효과가 있는 것으로 알려진 저혈압, 낮은 콜레스테롤 수치 같은 생리적 지표보다 노화에 대한 긍정적 자기 인식이 더 중요하다고 주장했다. 그는 또 노화에 대한 긍정적 사고는 각각 수명을 1년, 3년 늘려주는 것으로 알려진 금연, 운동 등의 요인들보다도 훨씬 중요하다고 덧붙였다. 나이 들어가며 자신의 이미지를 가꾸고 관리하는 데도 사고의 방향은 가장 중요한 요소다.

대부분의 사람들은 표정과 동작, 그리고 사용하는 언어에 성격이나 내적인 성향이 반영된다. 그렇기 때문에 긍정적인 사고가 중요하다. 활기차고 열정적인 이미지를 갖고 있는 사람들은 대부분 긍정적인 사고를 한다. 의심 많고 까다로운 환자를 대하면서도 짜증을 내지 않는 한 전문의에게 비결을 물었다.

"그래서 사람 대하는 일이 어렵다는 거겠지요? 사실 매일 쉬운 문제만 풀면 재미없어요. 풀기 어려운 문제가 생겼을 때가 바로 능력을 발휘할 수 있는 때가 아니겠어요?"

이렇게 말하면서 웃던 그의 모습이 한결 더 젊어보였다. 별의별 환자를 만나다보면, 관심과 실력만으로 그들을 만족시킬 수는 없기에 연구할 때와는 달리 다양하게 자신을 표현할 기회가 되어 오히려 좋다고 한다.

반면에 부정적인 사고의 소유자는 습관적으로 투덜거린다. 행동이 거칠기 일쑤고 수시로 상황과 상대방에 대해 적개심을 드러낸다. 자연히 피로감도 많이 느낀다. 이런저런 스트레스 때문에 자주 아프다. 긍정적인 사고와 적극적인 행동이 감정과 신체를 리드하는 것은 분명 사실이다.

이미지 컨설팅을 하다 보면 아주 빠르게 상태가 개선되는 사람들이 있는가 하면, 들인 시간과 노력에도 불구하고 만족할 만한 결과가 잘 나오지 않는 상대가 있다. 심지어 어떤 고객들은 스스로 노력은 하지 않으면서 컨설팅만 받으면 마술처럼 변화가 일어나겠거니 기대만 하기도 한다. 이런 경우에는 컨설팅을 하는 나로서도 별로 흥이 나지 않는 것이 당연하다. 나 역시 사람이므로, 짜증나는 고객이 있다. 항상 토를 달고, 본인은 노력하지 않으면서 요구가 많은 경우가 대표적이다. 그런데 어느 날 가만히 생각해보니 나 역시 반성할 점이 있었다. 컨설팅을 할 때부터 이 사람은 열심히 컨설팅을 해도 별로 바뀌지 않을 것이라는 부정적인 생각을 가지고 그를 대했다면, 그러한 마음 상태가 진행에 도움을 주었을 리 없다.

존 메이저 전 영국 총리는 아주 가난한 가정에서 태어났다. 열여섯 살 때 학교를 중퇴한 그는 가족을 부양하기 위해 노동 현장에 뛰어들었다. 그는 총리가 된 후 기자들로부터 고난의 세월을 어떻게 극복했느냐는 질문을 받고 이렇게 대답했다.

"그 어떤 상황에서도 비관적인 생각을 갖지 않았다. 항상 희망을 갖고 일하면 부정적인 생각이 사라진다. 하늘은 표정이 밝고 긍정적인 사고를 가진 사람에게 복을 내려준다."

그의 말을 뒤집으면 염세적이고 부정적인 생각은 좋은 이미지와 행복을 갉아먹는 좀벌레와도 같다는 것이다.

심리학자들의 연구 결과가 말해주듯이 사고의 방향을 긍정적으로 전환하면 행동이 달라진다. 자기가 몸담은 분야에서 성공하고 싶다면, 자기가 성공한 모습을 구체적으로 머릿속에 그려보는 연습을 해보라. 그것이 심상화. 유능한 최고경영자가 되고 싶다면 바라는 모습이 된 당당한 자신을 마음속에 담고 수시로 상상해보는 것이다. 이러한 긍정적인 방향으로의 사고가 중요한 것은 감정과 신체가 사고를 따라가기 때문이다. 사고의 방향을 전환하는 것은 감정을 조절하는 것보다 쉽다.

"아, 행복해" 하고 감정으로 느낄 기회는 많지 않아도 "나는 ○○해서 행복하다"고 생각하는 것은 하루에 열 번도 할 수 있다. 긍정적인 사고의 소유자는 행동에 활기가 있고 표정이 밝다. 행동의 변화가 빠르고 감정이 쉽게 동요하지 않는다. 감정 상태가 긍정적이고 신체적으로도 편안한 상태를 유지할 수 있다.

긍정적인 것에 마음을 집중하면 할수록 결과는 더욱 좋아진다. 어떤 일을 하기 전, 누군가와 만나기 전 이렇게 긍정적인 자기 암시를 하면 자신의 이미지에 놀랄 만큼 좋은 영향을 준다. 누군가와 감정적인 골을 메워야 하거나 협상을 해야 할 때, 만나기 전 결과에 대해 긍정적인 자기 암시를 해보라. 확인하기 쉬운 방법 중의 하나가 사진이다. 사진을 찍을 때 성공한 자신의 모습을 머리에 그리면서 카메라를 보면 평소와 다른 자신감 있는 모습을 사진으로 확인하게 될 것이다. '행복하다'라고 생각하며 찍으면 표정이 훨씬 화사하다.

어떻게 생각하느냐 하는 것은 마치 자동차의 앞바퀴와도 같다. 돌리는 방향에 따라 뒷바퀴에 해당하는 감정과 신체의 반응이 달라진다. 이미지 관리는 긍정적 사고 전환에서 출발한다. 골프에서도 심리적인 요인이 90%이고 신체적 요인은 10%에 지나지 않는다고 한다. 많은 프로 골퍼들이 샷을 하기 전 단 1초 동안 샷의 결과에 대해 낙관적인 생각을 갖는 것만으로도 근육의 움직임을 지배하는 뇌는 긍정적인 판단을 한다고 충고한다. 샷을 하기 전 마음속으로 플레이를 미리 그려보는 심상화가 중요한 것은 바로 이 때문이라고 한다. 심상화는 실제로 목표를 달성하는 데 지대한 영향을 끼친다. 브리티시 오픈과 US오픈 챔피언이었던 토니 재클린도 다음과 같이 말했다.

"두 메이저 대회에서 플레이하면서 나는 완벽한 집중, 무아의 경지를 경험했다. 모든 것이 태초의 순간처럼 고요했고 너무나 선명했다. 링크스 코스의 바람조차도 의식하지 못했다. 내가 몇 번째 홀에 와 있는지도, 스코어도 몰랐다."

바로 그 순간 그에게는 긍정적인 암시 외에는 아무것도 없었던 것이다. 마음 한 구석을 긍정적인 생각과 계획으로 채울 때 근육도 최상의 반응을 한다는 것이다. 긍정적 사고는 정신적인 면에 건전한 영향을 줄 뿐만 아니라 신체의 건강 상태도 양호해진다. 젊고 건강한 삶의 시작은 어떤 운동을 하느냐보다 어떤 생각을 하느냐에 달렸음이 분명하다.

똑똑하기보다
친절하라

유태인 속담 중에 "똑똑하기보다는 친절한 편이 낫다"는 말이 있다. 그런데 "친절한 것이 바로 똑똑한 것이다"라 말해도 손색이 없을 듯하다. 세상은 따뜻하고 친절한 사람들을 기억하고 그들에게 특별한 기회를 주기 때문이다. 마치 우연인 것처럼 말이다.

비바람이 몰아치는 늦은 밤, 미국의 어떤 지방 호텔에 노부부가 들어와 "예약은 안 했지만, 혹시 방이 있습니까?"하고 물었다. 호텔 직원은 자기네 호텔에는 방이 없었기 때문에 다른 호텔에도 연락을 해보았지만, 근방의 어느 호텔에도 방이 없었다. 그 직원은 "객실은 없습니다만, 이처럼 비도 오고 새벽 한 시나 되는 시간이니 차마 나가시라고 할 수가 없군요. 괜찮으시다면 누추하지만 제 방에서 주무시면 어떨지요?"라며 기꺼이 자신의 방을 제공했다. 다음날 아침, 신사가 말했다. "당신은 미국에서 제일 좋은 호텔 사장이 되어야 할 분인 것 같군요. 당신을 위해 언젠가 호텔을 하나 지어 드리도록 하지요." 그 직원은 정중한 인사와 함께 그냥 웃을 뿐이었다. 그런데 2년이 지난 후, 그때의 노신사가 그 호텔 직원에게 뉴욕행 왕복 비행기표와 함께 자기를 방문해달라는 편지를 보내 왔다. 그가 뉴욕에 도착하자 그 노신사는 뉴욕 중심가에 대리석으로 만든 궁전 같은 호텔을 가리키며 말했다. "이 호텔은 당신이 경영하도록 내가 지은 것이지요." 그 호텔 직원이 바로 조지 볼트로, 그는 이를 계기로 미국 최고급 호텔인 월도프 아스토리아의 사장이 되었다. 어찌하면 빨리 진급할지, 고객을 더 유치할 수 있을지 고민에 빠져있으면서 노인네 따위는 귀찮아했다면 그에겐 없을 행운이었다. "예약을 하셨어야죠! 안 그렇습니까? 이 고생은 본인이 자처하신 겁니다. 맞죠?" 했다면 그 똑똑함 때문에 놓쳤을 미래다.

피츠버그의 가구 회사 점원으로 일하던 클리멘트 스톤은 처마 밑에서 비를 피하던 어느 할머니를 발견하고는 상점 안으로 모셔와 친절을 베푼 일이 있었다. 다른 종업원들은 할머니를 거들떠보지 않았지만 클리멘트 스톤은 차를 대접하며 할머니를 따뜻하게 모셨다. 얼마 후 그는 강철왕 카네기로부터 초청장을 받았는데, 알고 보니 그 할머니가 바로 카네기의 어머니였다. 그는 카네기의 스코틀랜드 별장의 가구 일체 주문을 받아 제작하여 일대 선풍을 일으켰으며, 그러자 많은 사람들이 '클리멘트 스톤' 상점에 가구를 주문하여 그는 마침내 거부가 되었다.

이런 미담들은 듣고 또 들어도 훈훈하다. 친절은 본인만이 아니라 세상을 따뜻하게 하고 아름답게 하기에, 친절의 이미지는 이 삭막한 현대에 더욱 값지고 중요해진다.

대학원에서 제주 세미나를 다녀오는 길, 원우 중 한 분이 나에게 집이 어느 쪽인지를 물었다. 내 대답을 듣더니 마침 같은 방향이라면서 차편이 궁한 내게 동승을 권했다. 그분은 행여 내가 밤길의 동승을 불편해할까봐 다른 동행도 있음을 미리 알리셨다. 후에 알고 보니 좀 돌아가는 코스였는데도 본인의 행선지를 먼저 알리면 다른 사람들이 부담스러워할까봐 상대에게 먼저 행선지를 물었던 것이다. 그분의 그런 모습에서 세상에 대한 배려가 넉넉함을 엿볼 수 있었다. 무엇보다 피곤한 상태에서 아무 대가를 바라지 않고 남에게 베푼 그 친절이 감사했다.

친절이란 상대방의 입장이 되는 것에서 시작된다. 남을 배려하는 따뜻한 마음에서 출발한 말 한마디면 된다. 정성스러운 마음이 말과 행동으로 표현되어 상대에게 전달된다. 30도로 굽혀 인사하지 않더라도, 정중한 존칭어를 붙이지 않더라도 상대가 훈훈해하는 건 진심 때문이다. 친절한 사람은 나만의 이익을 추구하여 다른 사람에게 해를 주지 않으며, 나아가 남이 곤경에 처했을 때 보다 적극적으로 도움을 준다. 친절한 행동을 하면 자신은 물론 주변 사람들 모두가 유쾌해지고 기분이 좋아진다는 것은 경험해본 사람만이 안다.

나 역시 PI 컨설팅을 하는 동안 비슷한 기간에 비슷한 비용을 받으며 일하는데도 더 힘든 대상이 있는가 하면, 오히려 추가되는 사항이 많고 거리가 먼데도 힘든 줄 모르고 일하게 되는 경우가 있다. 어떤 사람들은 돈을 지급하니 당연한 것 아니냐는 듯이 늘 당당하고, 행사 당일에 예고 없이 연락해 내 스케줄을 그쪽을 위해 다 조정하기를 요구한다. 물론 고객에게 최대한 맞추는 것이 원칙이다. 그러나 직업의 특성상 일대일의 약속이 아닌 강의나 컨설팅으로 이미 확정된 일정들은 천재

지변을 제외하고는 조정이 불가능하다. 내가 그 조정을 받아들이지 않으면 뻣뻣하게 군다고 피곤해하고, 모임이나 개인적인 약속을 가까스로 조정하면 그것은 당연해하며 또다시 요구한다. 이때 말 한마디라도 "급히 연락드려 죄송하다"거나 "조정해주어 감사하다"라고 표현해주면 그야말로 '어디 덧나', 싶다. 주말 일정까지 잡아 일을 하는데도 차 한 잔 먼저 권하거나 인사말 하나 제대로 건넬 줄 모르는 사람들이 이름난 건물 안에도 많다. 반면 하루 종일 이어지는 사진 촬영에 말 한마디라도 "이 사장이 있으니 이 일정이 훨씬 덜 힘드네요" 하면서 격려하는 CEO를 대할 때는 끼니를 굶었어도 힘이 난다.

막노동판을 전전하다 포목상도 하고 운수업을 통해 재산을 모은 80대의 강태원 노인이 꽃동네에 100억을 기증했다는 기사를 보았다. 그러나 우리에게 100억이 없다 하여 나누어줄 것이 없을까. 산삼을 세 뿌리 캔 행운에 보답하듯 한 뿌리는 부모님께, 한 뿌리는 몸이 많이 아픈 환자에게 그리고 한 뿌리는 술을 담가 동네 노인들께 한 잔씩 권하던 시골 촌부를 떠올려본다. 반면 우리는 매일 마주치는 경비 아저씨에게 "건강하세요"라는 인사말 한 번 건네는 것조차 인색하다.

모든 게 넉넉하지 못하고 살기에 급급했던 시절의 우리 어른들에게는 마음의 여유라는 것이 없었다. 의식주와 관련된 의사소통밖에는 하지 못했고, 밥심이 꺼질 새라 말 한마디라도 아껴서 일하여 아이들을 학교에 보냈다. 그걸 보고 자란 지금의 기성세대들은 30여 년 간 그러한 방식에 익숙해있다가, 어느 날 정서와 문화 등 모든 게 변하자 갑자기 표현하고 나누라는 요구를 받으니 미숙하고 혼란스럽다.

외국 생활을 한 적이 있는 사람이 우리나라에 왔을 때 가장 당황하는 것이 한 가지 있다. 건물이나 음식점의 출입문을 드나들 때 뒤이어 나오는 사람을 배려하지 않고 문을 그냥 놓아버려 뒷사람이 문에 부딪히도록 한다는 것이다. 서양 사람들의 경우 습관적으로 출입문을 조심스레 붙잡아 줌으로써 뒤이어 오는 사람을 배려해준다. 그 외에도 지하철이나 항공기처럼 좁은 공간을 나누어 써야 하는 상황에서 신문을 볼 때는 평소 접는 크기의 반으로 한 번 더 접어서 봐야 하고, 눈 감고 쉬는 옆 사람이 있다면 넘길 때 소리도 나지 않도록 신경 써야 한다.

얼마 전 부산에 강의하러 가기 위해 고속철을 탄 적이 있다. 그런데 비행기와 달리 3시간 내내 사람들의 휴대폰 대화 내용을 모두 들어야 했다. 다시는 이용하고 싶지 않다고 느낀 것은 시설 때문이 아니라 마치 안방에 혼자 있는 듯 말하고 행동하는 '사람'들 때문이었다. 심지어 말끔한 양복을 입은 옆 좌석 아저씨가 샌드위치를 먹는 나를 보고서도 양말을 벗더니 급기야 발을 만지작거리기 시작하는 것을 보아야 했다.

몇 해 전, 모 이동통신회사 광고에서 '문 잡아주기', '지하철에서 바로 앉기'를 연출하여 보여주었다. 그런데도 여전히 우리 생활에서는 타인을 배려하는 모습이 부족한 것 같다. 지금은 낯선 사람이지만 언젠가 다시 만나게 될 인연일지 모른다. 내가 먼저 타인을 존중할 줄 아는 마음의 표현이 우리에게는 절실하다.

물질적 여유 속에서 자라난 젊은 세대도 마음의 여유가 없고 표현을 못 하기는 마찬가지다. 마냥 귀엽게만 자라서인지 이기적이고 폐쇄적인 모습으로 보일 때가 많다. 낯선 사람과 말하지 말라는 교육 때문인지 굴러온 공을 주워 건네주거나 엘리베이터에서 먼저 타게 해주어도 아이들은 고맙다는 말을 할 줄 모른다. 공공장소에서 아이들이 괴성을 지르건 남을 방해하건 '기를 죽이지 않기 위해서'라는 부모들의 '대단한 배려'로 인해 아무런 제재도 받지 않는다. 남을 배려할 줄 모르며 작은 것에 감사하다고 말할 줄 모르는 아이가 상대를 위한 친절한 행동을 어디에서 배울 수 있을까. 서양에서 에티켓의 기본은 '타인에게 폐를 끼치지 않아야 한다는 것, 서로 존중해주는 것, 나아가 서로 도움이 되어야 하는 것'이라 한다. 세상은 더불어 사는 곳이라는 것을 이제라도 구구단 외우듯 습관처럼 익히도록 해야 하지 않을까.

지난 지방 선거철에 부산으로 출장을 갔을 때 택시를 탄 일이 있다. 내가 탄 택시의 기사는 영도에 도착한 새벽 배에서 내리는 손님들 중에 할머니들을 우선 태운다고 한다. 짐도 많고 2천 원 나올 거리만 가서 지하철을 타는 할머니 손님들을 다른 택시 기사들은 웬만하면 안 태우려 한다는데 그 기사는 달랐다. 비싼 손님 기다리는 동안 '2천 원짜리 손님' 태우고 가서 운 좋게 '8천 원짜리 손님' 만나게 되면 그게 그거라며 자신의 따뜻한 마음을 아무것도 아닌 양 낮춘다.

조지 볼트처럼 호텔의 경영권이 생기거나 클리멘트 스톤 같은 영업 기회를 얻으리란 보장은 없다. 결과를 기대하지 않은 친절한 말 한마디는 그래서 더 의미 있다. 한여름 집배원이나 퀵서비스 기사에게 시원한 물 한 잔 권하지 못한다면 지금의 위치가 아무리 높은 빌딩 위에 있어도 메마르고 초라해보여 그 삶에 동정을 표하고 싶어진다. 친절은 그 사람의 호감도를 높일 뿐만 아니라, 겸허한 마음에서 우러나는 인격과 교양과 자신감의 표현이다. 이런 친절이 자연스러운 일상이 되어 서로가 그 기회를 누린다면 지금보다 훨씬 기운 내며 살아갈 수 있을 것 같다. 그렇게 서로에게 기운을 주는 친절한 우리가 결국 똑똑한 것 아닐까.

주변인들에게서
숨은 내 이미지를 찾아라

우리는 하루에도 수많은 외부의 자극을 받는다. 상사의 잔소리, 고객의 불만, 앰뷸런스의 고음…. 외부의 자극에 대하여 반응할 때 사고와 행동은 신체와 감정을 리드한다. 예를 들어 거만한 마음은 턱을 치켜들게 만들지만, 반대로 턱을 자주 치켜드는 행동을 하다보면 점차 상대를 얕보거나 건방진 마음이 싹튼다. 그런 것처럼 자주 웃으면 긍정적인 마인드 컨트롤의 효과와 건강 증진의 효과도 있다. 칭찬을 자주 하는 사람들은 세상에 대한 긍정적인 시각을 갖게 된다. 걸음걸이가 힘찬 사람들은 그렇지 않은 사람들보다 활력을 유지하기가 쉽다.

마음과 몸은 별개가 아니라 상호 연관되어 있다. 마음, 즉 정신은 신체기관을 움직이고 반대로 신체기관은 여러 가지 감각 정보를 뇌에 전달해 서로 유기적으로 기능한다.

이미지 관리에서 표현력을 교정하기 전에 그 사람의 성향과 사고의 패턴을 심도있게 진단하는 것도 이 때문이다. 이미지는 나 홀로 만족할 수 있는 것이 아니다. 이미지에 대한 평가는 상대방의 몫이다. 그래서 심리학적인 접근과 해석을 염두에 둘 수밖에 없다.

직장에서 스트레스를 많이 받는 사람, 가정에 문제가 많은 사람은 고혈압, 뇌졸중, 심장마비, 암, 당뇨병 등에 많이 걸린다는 사실이 입증되고 있다. 이러한 성인병은 약물치료만으로는 효과를 보기 힘들다. 정신과적인 문제로 인해 생긴 병이기 때문에 심리적인 치료가 병행되어야 한다는 게 전문가들의 의견이다. 위궤양, 습진, 피부종양, 심장병 등도 일종의 정신 질환이 신체 증상으로 나타나는 경우도 있다고 한다.

이미지 관리는 이처럼 몸과 마음이 별개가 아니라는 심신일원론의 입장에 서 있다. 마음을 다스리면 행동을 변화시킬 수 있고, 반대로 행동을 통하여 마음을 다스릴 수 있다. 화가 나는 것을 잘 이겨내는 표현을 익히다보면 화를 덜 내게 된다. 그런 점에서 이미지 관리는 단순한 표현의 교정이 아니라 심신 수양이라고 할 수 있다. 그러한 심신 수양의 결과는 주변 사람들에게도 영향을 미치게 된다.

세계적인 호텔 리츠 칼튼의 모토는 서비스만이 아니라 이미지 관리와 주변 사람들과의 관계의 긴밀함에 대해 시사하는 바가 크다. "We are ladies and gentlemen serving ladies and gentlemen(신사 숙녀를 모시는 우리는 신사 숙녀)." 직원들이 신사 숙녀처럼 행동할 때 결국 고객층도 그 수준의 서비스를 받을 만한 사람들로 결정된다는 뜻이 내포되어 있다. 신사 숙녀끼리 모이는 것처럼, 고급 서비스의 호텔에는 고객들도 신사 숙녀들만 찾게 되는 것이다.

사람들은 누구나 친숙한 것을 선호하는 경향이 있다. 태도나 사고방식이 자신과 유사한 사람들을 선호하는 것은 자신의 판단에 대한 확신을 강화해주기 때문이다. 사회적 지식은 남들과 공유할 때 타당성을 인정받기 때문에, 다른 사람들이 자신과 일치된 의견을 보일 때 사람은 사회, 정치, 도덕, 종교적인 현상들에 대한 자신의 생각이 정당하다는 것을 확인하게 된다는 것이다. 자신이 평소 지니고 있는 믿음과 일치하는 의견을 다른 사람이 보일 때 사람들은 안도하게 된다. 그런 의견을 접하는 것은 기분 좋은 일이고, 사람은 즐거운 기분을 유발시키는 사람들을 좋아하게 마련이다.

반대로 자신과 다른 의견을 보이는 사람과 함께 있을 때에는 불안감 같은 부정적인 감정이 유발된다. 부정적인 감정이 생기는 사람들끼리는 함께 있기 싫어질 수밖에 없다. 그래서 '유유상종'이라는 말처럼 비슷한 사람들끼리 모이게 된다.

당신의 주변 사람들을 한번 떠올려보라. 당신 주변에는 어떤 이미지를 가진 사람들이 함께 있는가. 그 안에 이미 당신의 이미지가 숨겨져 있다.

나만의 멘토를
만들어라

"내가 배워야 할 것은 초등학교에서 다 배웠다. 어느 날 우연히 당시 초등학교를 다니던 아들의 도덕 교과서를 보게 되었다. '더불어 살아야 한다', '약속은 반드시 지켜야 한다', '정직해야 한다', '겸손해야 한다', '성실해야 한다', '솔선수범해야 한다', '희생할 줄 알아야 한다' 등의 글이 그 안에 가득 차 있었다. 그 짧은 순간이 내 경영 인생의 커다란 전환점이 되었다. 그 이후로 나는 줄곧 초등학교 도덕 교과서가 시키는 대로만 회사를 운영하려고 애썼다."

정문술 전 미래산업 회장의 말이다. 참으로 동감하는 말씀이다. 그런데 배운 지 너무 오래되어서인지 실천하기가 쉽지 않다. 더구나 비즈니스 현장에서는 어린 시절처럼 단순한 상황과 이해할 만한 상대만 만나는 게 아니다. 주제에 따라 디테일한 판단과 표현이 요구된다. 상황에 따라 대상에 따라 모두 답이 다른 경우가 많다. 이런 복잡한 사회생활에 훌륭한 멘토를 곁에 둔다면 시행착오를 줄이며 앞으로 나아갈 수 있을 것이다.

1981년 미국 역사상 여성으로는 최초로 연방대법원 판사직을 맡게 된 샌드라 데이 오코너. 그는 자랑스럽게 자신을 바라보는 부모님을 발견하고 끝내 감격의 눈물을 터뜨렸다고 한다.

"그분들은 환경에 의해 무수한 가능성들이 제약당하는 것을 허용하지 않으셨습니다. 그리고 저에게 꿈을 가르쳐주시고 그것을 현실로 만들어가도록 격려해주셨습니다."

거친 목장 일로 지쳐 있었지만 어머니 에이다는 날마다 책을 들고 아이들 방을 찾았다고 한다. 그리고 아이들의 눈이 스르르 감길 때까지 온갖 흉내를 곁들여가며 책을 읽어주었다. 어느 해 여름 해리와 에이다는 꼼꼼하게 여행 준비를 한 뒤 아이들과 함께 긴 여행길에 올랐다. 목적지는 미시시피 강 서쪽에 있는 주의회 의사당. 그들은 서두르지 않고 아이들이 마음껏 구경할 수 있도록 배려했다. 단순히 건물을 구경시켜주는 것이 아니라 거기에서 일하는 여러 사람들의 모습을 지켜보게 하였다. 또한 마치 자신들의 집에 온 것처럼 현관에서 커다란 돔까지 직접 만져보고 올라가보도록 했다.

주의회의 너른 잔디밭에서 그렇게 뒹굴던 샌드라. 그는 결국 부모가 품었던 희망처럼 스탠포드 대학에서 법학을 전공했다. 어린 시절 자신이 뛰어 놀던 주의회 건물에서 첫 여성 상원의원 당수로서 일하게 되었고, 연방 대법원 판사까지 되었다. 미래를 현실에서 느낄 기회를 만들어주고, "꿈은 항상 현실이 될 수 있다"는 부모님의 격려가 그에게 언제나 가장 큰 힘이 되었던 것이다.

나에게도 나만의 멘토가 있다. 코엑스 사장을 역임한 정재관 사장님이다. 어려운 일이 있을 때나 기쁜 일이 있을 때 가족을 제외하고 내가 가장 먼저 달려가는 분이다. 사실 어려운 일은 가족에게 쉽사리 입을 열지 못하는 것이 우리 마음이기에 아마도 그분과는 무거운 얘기들을 더 많이 나눈 듯하다. 물론 한 달에 두 번 정도 오찬 시간에 편안히 인생에 대해, 사람에 대해 말씀을 듣던 시간이 쌓인 후다. 사실 멘토와 멘티의 관계는 분명 기본적인 애정과 교감이 있어야 가능하다. 일이 닥칠 때만 마주해서는 좋은 답을 주고받기 어렵다. 지난 시간을 돌아보니 가벼운 유머를 나누는 일에서부터 혼동되는 처세에 대해 의논할 때, 중요한 결정의 순간에 모두 내 곁에서 큰 버팀목이 되어주셨다.

내 다이어리의 첫 페이지를 펴면 항상 나의 롤모델 사진이 있다. 하루를 시작하며, 또는 심신이 힘들고 지칠 때 나는 그 사진을 들여다본다. 사진 속의 인물은 게일 에반스. 미 의회와 백악관을 거쳐 CNN의 선임 부사장이 된 여성이다. 그는 이렇게 말한다.

"게임에 임하기 전에 그 게임의 안내서를 제대로 읽어라."

남성들이 만든 게임의 법칙이 적용되는 비즈니스 현장에서 천성적으로 게임에 약한 여성들에게 주는 메시지다. 그는 게임에서 중요한 것은 게임판이나 주사위 또는 득점표가 아니라고 주장한다. 가장 중요한 것은 게임을 하기 전 게임의 룰을 제대로 읽는 것이라고 충고한다.

내가 그를 닮고자 하는 것은 미국에서 가장 강력한 여성 CEO 중 한 명이어서만은 아니다. 나에게 가장 부족한 요소를 가장 잘 해내고 있는 인물이기 때문이다. 나는 그가 충고하는 게임의 룰에 아직도 익숙하지 않다. 그러나 그녀의 글을 읽고, 사진을 보면서 간접적이나마 그가 제시하는 방식과 생각으로 세상에 맞서본다. 멘토의 역할은 무엇보다 쌍방향 커뮤니케이션을 통한 이해와 애정이니 외국인인 그녀는 그저 존경의 대상이 될 뿐 그 한계를 넘기는 어렵다.

누구나 멘토를 갖기란 쉽지 않다. 멘토는 쌍방 커뮤니케이션이 이루어져야 하기 때문이다. 그래서 모델링 대상을 갖는 것도 좋다. 자신의 약점과 현재의 모습을 제대로 파악하고 신중하게 목표 대상을 찾는 것도 한 방법이다. 우리 이웃집에 사는 한 여중생은 방안에 온통 모 여배우의 사진을 붙여놓았다. 그 여중생의 말에 따르면 청초한 모습을 한 그 여배우를 닮고 싶기 때문이라고 한다. 마케팅 분야의 벤치마킹은 바로 이것과 비슷하다. 벤치마킹은 어느 특정 분야에서 우수한 상대를 표적으로 삼아 자기 기업의 성과와 비교하는 것이다. 그 기업과의 격차를 극복하기 위해 그들의 뛰어난 운영 프로세스를 배우면서 부단히 자기혁신을 추구하는 것이 벤치마킹의 요체다.

심리학자 밴듀라는 어떤 사람을 모델로 하여 스스로 변해가는 것을 '모델링(modeling)'이라고 했다. 누구를 모델링 대상으로 삼느냐에 따라 한 사람의 인생이 달라질 수도 있다. 이 모델링에는 세 가지 효과가 있다고 한다.

첫째, 관찰 학습의 효과다. 직접 시행착오의 과정 이전에 관찰하는 것만으로도 효과가 있다고 한다. 운동선수의 경우 훌륭한 선수의 테크닉을 보는 것만으로 자기 자신을 교정할 수 있다고 한다. 관찰만 하기보다 행동으로 직접 실험을 하면서 교정을 할 때 더 효과가 있음은 물론이다. 이미지 컨설팅을 할 때도 이 방법을 쓴다. 우수한 케이스를 시청하게 한 후 다시 스피치를 하게 하면 어떤 긴 잔소리보다도 효과가 있을 때가 있다.

둘째, 어떤 행동을 억제하는 억제 효과와 억제되어 있던 행동을 활성화시키는 탈억제 효과다. 우리 회사의 어떤 강사를 매우 닮고 싶어하던 한 사무직원은 어느 날부터 다이어트를 시작하여 식욕을 억제하는가 하면, 소심하던 성격과 작은 목소리를 매우 빠른 시간 안에 수정하였다. 그것은 그 어떤 외부의 압력이나 요구가 아닌 그의 모델링 의지 때문이었다. 모델링을 통하여 어떤 행동을 억제할 수도, 활성화할 수도 있다.

셋째, 프로이트 심리학에 등장하는 동일시(同一視, identification)다. 흉내를 내거나 모델을 따라하게 될 때 기대되는 반응촉진 효과다. 심리학자들이 만들어낸 이 개념에 대해서는 여러 가지의 해석이 있다고 한다. 타인이나 어떤 그룹과 밀접한 관계를 맺음으로써 타인의 목적이나 가치를 자기의 것으로 받아들여 그것이 마치 자기의 가치나 목적인 것처럼 여기는 것이 그중의 하나다. 흔히 연예인의 팬들이 자신의 좋아하는 연예인과 함께 울고 함께 기뻐하고 심지어 그를 위해 극단적인 행동을 보이기도 하는데, 이를 긍정적으로 활용한다면 그 배우는 누군가에게 매우 훌륭한 모델링 대상이 될 수 있는 셈이다.

그러나 모델링에도 한계는 있다. 지극히 일방적이고 주관적인 해석에 치우칠 수도 있는 것이다. 이럴 때 적극적으로 나에게 필요한 멘토를 찾으면 이미지 관리와 브랜드 마케팅에도 큰 도움이 된다. 미국에서는 이미 오래 전부터 많은 사람들이 멘토로부터 필요한 충고를 받고 있다. 멘토의 도움으로 세상과 사람들에 대한 처세를 배우고, 불필요한 일에 시간을 낭비하지 않게 된다. 멘토의 네트워크를 통해 대인관계의 폭을 넓히기도 한다.

멘토의 도움이 성공의 비결이었다고 밝히는 사람들도 많다. 빌 게이츠에게는 어린 시절부터 멘토 역할을 해준 사람들이 여럿 있었다고 한다. 그가 고3 때 일했던 TRW사의 일류 프로그래머 출신인 존 놀튼이 그중의 하나다. 직원들이 쓴 코드를 일일이 검토하고 잘못된 점을 이메일로 짚어주는 빌 게이츠의 오랜 습관은 그의 멘토에게서 배운 것이다. 마이클 조던에게는 딘 스미스가 있다. 알렉산더 대왕의 멘토는 아리스토텔레스였고, 플라톤의 스승은 소크라테스였다고 한다. 헬런 켈러의 뒤에는 설리반이라는 멘토가 있었다. 이들의 사례만 보더라도 멘토가 얼마나 중요한지 공감하게 된다.

요즘 많은 CEO들이 멘토로 나선다. 홈페이지를 통해 자신의 가치관과 삶의 철학을 전하고, 인생과 성공의 뒷이야기를 나눈다. 자신에게 유용한 정보를 퍼가라고 내놓는가 하면, 자신이 영향 받은 책을 소개하기도 한다. 이미 많은 이들의 멘토 역할을 하는 훌륭한 리더들이 점점 많아지고 있다.

멘티로서의 입장만이 아니라, 새삼 나 자신이 누군가의 멘토로서 손색이 없도록 자신의 삶과 아이덴티티에 대해 점검해볼 필요가 있다. 자신이 바라는 멘토의 모습을 목표로 두고 노력해보는 것도 의미 있지 않을까. 누군가가 나를 향해 '저 사람처럼 되고 싶다'고 하며 나 자신을 목표로 노력하는 이가 있다면 삶에 있어 사실 그처럼 큰 응원도 없다. 어떤 프로젝트를 따내거나 예상외의 연봉 인상 못지않게 삶에 기운이 날 것이다. 반면 행여라도 누군가가 '최소한 저렇게는 살지 말자' 하며 나를 바라본다면 지금 무슨 일을 하든, 연봉이 얼마든 초라하기 그지없는 모습일 것이다.

　우리는 살아가면서 많은 사람들과 만난다. 그들 가운데 자신의 멘토를 찾아내는 것은 매우 중요한 일이다. 누군가 자진해서 내 곁에서 나의 멘토가 되어준다면 그처럼 큰 복도 없을 것이다. 그러나 그 기회가 많지 않다면, 신중히 멘토를 선택하고 멘토의 곁으로 먼저 다가가야 한다. 선택받기를 기다리지 않고 적극적으로 내가 선택하는 것이다.

　그렇다고 아무런 노력 없이 멘토만 정한다고 그의 지혜를 전달받을 수는 없다. 나에게도 어느 날 생면부지의 상대가 나를 멘토로 결정했다며 이메일 한 통으로 통보해올 때가 있는데 아직 그 관계에는 아무 에너지가 없다. 감사한 마음이지만 한 통의 메일로는 책임감도 애정도 생기지 않는 까닭에 메일로 인생의 한 말씀을 내놓으라 하면 좀 멍한 기분이 든다. 진단과 치료, 나아가 관리와 예방을 해주는 멘토와 멘티 사이가 되려면 서로에 대한 정보가 있어야 한다. 강력하지는 않아도 서로를 묶어줄 관계의 끈도 있어야 한다. 그 과정에서 시간과 정성 등 노력이 있어야 함은 물론이다. 멘토 역시 그 과정을 통해 귀한 관계를 만들어가는 것이다. 자, 당신의 멘토는 누구인가?

나의 분노에
수면제를 먹여라

몇 해 전부터 젊은 세대를 중심으로 '쿨(Cool)'하다는 말이 유행하기 시작했다. 원래 '시원한, 서늘한'을 뜻하는 '쿨'의 사전적 의미를 살펴보면 '어떤 경우에도 냉정함과 자기조절 능력 잃지 않기, 너무 열렬하거나 친근한 모습 보이지 않기, 감정의 기복 절제하기' 같은 것들이 있다. 이것이 개인주의적 성향이 강한 젊은 층을 중심으로 하나의 사회적 코드로 인식되면서, '쿨한' 것이 멋있고 세련된 것으로 받아들여지고 있는 추세다. 좁게는 젊은 사람들의 연애 양상에서 넓게는 직장 및 사회생활에 이르기까지, 요즘에는 쿨한 것이 미덕으로까지 여겨진다.

붙였다가 떼어도 아무 자국도 남지 않는 포스트잇에 비유하고 싶은데 쿨하지 않으면 어쩐지 세련되지 못하고 '쉰 세대'적인 것 같다고 여긴다. 그런데 가볍고 이기적으로 보이는 쿨한 정서 안에는, 불안한 세상

속에서 더 이상 상처받지 않으려는 이 시대 사람들의 깊은 상처와 두려운 안간힘이 교묘하게 감추어져 있다는 생각이 든다. 생각해보면 어째 좀 가엾고 서글픈 일이다.

서로 사랑하고 위해주어도 부족할 시간에 우리는 서로에게 적잖은 상처와 분노를 안겨주곤 한다. 일부러 그러는 악질적인 인간이 있을지 모르지만, 거의 대부분은 일상에서 사소한 표현들이 의외로 상대에게 상처와 화로 전달된다. 무례한 태도, 얼토당토아니한 요구, 무책임하거나 부당한 발언 등 이상한 계산법으로 나의 분노를 부채질하는 사건과 사람들은 사방에 지뢰처럼 깔려 있다. 분노는 예기치 않은 복병이다.

인간이 가장 통제하기 어려운 감정은 '분노'라는 실험 결과가 있다. 주워 담을 수 없는 말을 감정적으로 내뱉는다면, 복병에게 어이없이 패배한 자신의 모습에 분명히 후회를 하게 될 것이다. 뒤늦게 후회해봤자, 비즈니스에 있어서나 개인적인 인간관계에 있어서나 좋은 결과를 기대할 수 없을 것임은 불 보듯 뻔하다. 감정이 움직이는 대로 버럭버럭 화를 내고 나면 후회와 더 큰 문제에 봉착하게 됨을 모두가 이미 안다. 한 번 더 숨을 고르고 스스로의 분노를 쥐락펴락할 수 없을까.

미국 대통령을 지낸 토머스 제퍼슨의 서재에는 "화가 나면 열까지 세고, 상대를 죽이고 싶으면 백까지 세라"는 글이 붙어있었다고 한다. 하지만 이 말을 실천하기란 쉽지가 않다. 나와 성향이 다른 사람의 언행을 이해할 수 없고, 이해를 못 하면 화가 나고, 그러면 평소의 내 모습과는 다른 격한 언어나 행동으로 대응하게 될 때가 있다. 바로 이때가 애써 관리해온 이미지가 한 번에 망가지는 순간이다. 물론 솔직히 감정을 드러내는 것도 중요하지만, 이미 많은 CEO들이 '리더가 반드시 갖춰야 할 덕목'의 으뜸으로 꼽는 '감정적인 표현을 자제' 해야 하는 순간들이 무수히 많다. 화가 나는 그 순간이 바로 이미지 관리가 절대적으로 필요한 때다.

"화는 나와 타인과의 관계를 고통스럽게 하며, 인생의 많은 문을 닫히게 한다. 따라서 화를 다스릴 때 우리는 미움, 시기, 절망과 같은 감정에서 자유로워지며, 타인과의 사이에 얽혀있는 모든 매듭을 풀고 진정한 행복을 얻을 수 있다"는 틱낫한 스님의 말씀은 우리 마음의 폐부를 건드리는 듯하다.

화를 내는 순간의 자신을 가만히 들여다보자. 화라는 것은 나의 기대나 욕구가 채워지지 않아서 생긴다. 문제는 이 기대치다. 상대를 너무 높이 평가하는 것은 아닐까. 내가 만나는 상대는 결코 나의 기대와 욕구를 다 파악할 만큼 대단한 능력의 소유자도 아니고, 그에 맞는 처세를 능숙하게 해낼 사람이 아닐 수 있는데 상대를 너무 높게 평가해버리는 것은 아닐까. 내 앞의 상대와 일 때문에 만났을 뿐이지 궁합을 본 것도 아니고 서로 선택한 개인적인 동질성이 있는 것도 아닌데 서로에게 너무 많은 것을 기대하지 말아야 한다. 이 부분에서는 그야말로 어느 정도 피차 '쿨'해질 필요가 있다. 심리 유형 분류의 대표적인 도구인 MBTI에서는 에너지의 방향이나 결정의 방법, 인식의 차이, 생활양식 차이 등에 따라 무려 16그룹으로 사람들의 유형이 나누어진다. 나라는 사람의 성향은 16분의 1인 셈이니, 내 앞의 상대가 나와 다르다고 탓할 것이 아니라, 오히려 나와 다른 것을 당연히 여겨야 한다. '이 사람은 나와 다르다'는 사실을 자꾸 상기할 필요가 있다.

틱낫한 스님의 말씀처럼 "내가 맞고 상대가 틀린 것이 아니라, 나와 다를 뿐이다"라고 생각한다면 화날 일도 줄어들고, 어려운 순간의 이미지 관리도 조금은 더 잘 할 수 있다. 화가 난 순간 누군가에게 얘기하는 자신을 떠올려보면, 상대의 잘못을 지적하는 내용이 대부분이다. 서로 다르다고 생각하면 한숨은 좀 나와도 그토록 화가 치밀지는 않는다. 좋아하는 과일 하나만 해도 사과, 배, 수박, 딸기 등 사람들마다 서로 다르다. 여기에 정답은 없다. 그러니 의사 표현 방식은 오죽하겠는가. 내 마음에 들지 않는 상대의 심리나 상황을 이해해보려 노력한다면 화낼 일은 확연히 줄어들 것이다.

한방에서는 마음의 변화를 칠정(七情), 즉 기쁨(喜), 분노(怒), 근심(憂), 생각(思), 슬픔(悲), 놀람(驚), 공포(恐) 등 일곱 가지로 나눈다. 어느 유능한 한의학 박사는 칠정이란 심장, 간, 폐, 비, 위, 담, 신장 등 장부와 연계되어 감정이 상하거나 치우치면 해당되는 장기가 상하며, 그 결과 오장육부의 조화가 무너져 질병에 걸린다고 경고한다. 현대인은 칠정 중에서도 특히 분노, 근심, 생각 때문에 몸이 상한다고 한다. 분노는 간을, 근심은 폐를 주관하며 근심과 걱정은 기의 순환을 막는다. 심지어는 상대에게 화내다가 본인이 화를 이기지 못해 사망하는 경우도 드물지만은 않은 일이고보면, 우선 자신의 건강을 위해서라도 분노는 통제할 필요가 있다.

그렇다고 무조건 참는 것이 좋지는 않다. 미국정신과학회에서 '화병'을 정식의학용어로 등록하며, '분노의 억압에서 기인하는 것으로 한국인에게 나타나는 특이한 현상'이라고 기록했다는 기사는 씁쓸한 웃음을 짓게 한다. 자신의 욕구는 무시한 채 상대에게 맞추기만 하는 것은 분명 좋지 않다. 불쾌한 일은 불쾌하다고 말할 줄 알아야 한다. 우리나라의 알코올 소비량이 그토록 높은 이유는 당사자에게 제대로 표현할 줄 모르는 데서 기인한다고 믿는다.

노래방에서 악 쓰고 노래를 부르거나 술자리 안주 삼아 실컷 남을 욕해보았자, 그 다음날 출근하면 상대는 변함없이 똑같다. 근본적인 해결책은 나를 화나게 하는 상대에게 적절한 자기표현을 하는 것이다. 이때 이성적으로 자신의 요구를 말할 줄 알아야 한다. 그냥 참아주고 자신의 욕구를 말하지 않는 것은 상대를 당분간 편안하게 해줄 뿐 이상적인 관계로 유지하거나 개선시키지 못한다. 그런가 하면, 참다못해 화가 폭발하여 지나치게 공격적인 표현을 하고 나면 욕구가 해소되어 자신은 편안할지 모르나, 상대를 불쾌하게 하거나 관계에 손상을 준다.

뜻은 분명하면서도 표현은 부드럽게 하는 것이 가장 이상적인 자기표현 방법이고 분노의 해결책이다. 지나치게 소극적이거나 공격적이지 않으면서 나를 표현하는 자기 훈련을 통하여 분노의 발생 기회들을 줄여야 한다. 이것은 상대가 더 이상 실수하지 않도록 차단시키는 셈이기에 상대를 위한 것이기도 하다. 상대는 내가 자신의 무엇 때문에 화가 나고 있는지 모를 때가 많다. 그럴 때는 화가 나려 한다고 신호를 보내주어야 한다.

업무 과정에서 상대방으로 인해 가슴에서 부글부글 끓는 소리가 들릴 때가 있다. 그때 미간을 살짝 찌푸린 다음, 크게 심호흡을 하라. 들릴 듯 말 듯, 그러나 상대가 분명히 들을 수 있을 만큼의 소리를 내어 큰 숨을 들이쉰다. 나는 마음속으로 숫자를 셀 때도 있다. 그리고는 심호흡 후 다시 활짝 웃는 표정을 지어 보인다. 자신의 심리 변화를 그 사람에게 어느 정도 노출시킴으로써 "나는 지금 당신의 불합리한 주장과 무례한 태도에 화가 나려 하고 있습니다"라고 무언의 표현을 하는 것이다. 그런데 내 경험에 비추어보면, 상대에 대한 측은지심(惻隱之心)이 가장 좋은 처방이다. 저럴 수밖에 없는 그의 과거나 사정에 안쓰러움을 갖게 되면 화가 연민으로 바뀔 때도 많다. 그러면 내 반응이 부드러워지고 어느덧 상대도 처음보다 나아지곤 한다. 잠시 나는 화장실에 다녀올 때도 있다. 거울 앞에서 스스로를 바라보며 잠시 숨을 고른다. 단 몇 분만이라도 혼자만의 시간을 갖는 것이다. 그렇게 하고 나서 다시 자리로 돌아오면, 아까보다는 감정 조절을 훨씬 잘할 수 있게 된다.

심리학에 '수면자 효과(Sleeper Effect)'라는 것이 있다. 같은 정보가 일정한 간격으로 또다시 들어오지 않으면 앞의 것이 잠든다는 것이다. 화가 날 때 이것을 이용하는 것도 좋다. 잠깐 동안이라도 시간의 공백을 두어 열을 식히는 방법이다. 그리고는 마음에 수면제를 먹이듯 감정을 잠재운다. 나는 잠시 숨을 고르거나 화장실에 다녀옴으로써 나의 분노에 수면제를 먹인다.

상대가 분노하는 경우에도 수면제를 먹이자. "분개한 사람만큼 거짓말 잘하는 사람은 없다"는 니체의 말처럼 과장되고 험한 그 말을 다 듣고 있으면 성인군자가 아닌 다음에야 상대를 미워하게 되는 것이 당연하다. 무슨 핑계를 대서라도 상대와 떨어져있다가 다시 대화하는 것이 상책이다. 영화 〈대부 3〉에는 "적을 미워하지 말라, 판단력이 흐려진다"는 알 파치노의 대사가 나온다. 미워하고 화낼 때 흐려진 판단력은 자신에게도 곧 위험이 된다. 흉보던 상대를 닮게 된다. 영어의 '화(anger)'와 '위험(danger)'은 알파벳 하나 차이다. 화난 상태에서 한 행동이나 말 한마디는 분명 위험할 수밖에 없다는 경고다.

초콜릿을 쥔
부모의 마음을 지녀라

컨설팅을 하다보면 자주 듣는 말이 있다. "사람들이 원하는 것들이 다 달라서 어느 장단에 춤을 춰야 할지 모르겠다"는 것이다. 답은 간단하다. 장단마다 춤이 달라야 한다. 삼겹살집에서의 소탈함이 자연스러울 때 우아한 호텔에서의 세련된 매너도 더 빛을 발한다. 부하 직원을 대할 때의 모습과 나이 어린 손님을 대할 때의 모습이 달라야 한다. 한 기업의 어느 간부는 부하 직원들에게는 인기가 좋은데 고객과 상사들에게는 그렇지 못하다고 고민하며 그 불균형으로 인한 스트레스에 시달린다. 그저 사람 좋은 그는 의도하지 않은 결례를 할 때가 많은데 소탈함만 고집하기 때문이다. 좀 더 추진력 있고 전문적인 이미지를 구축할 필요가 있다.

"저는 심성이 따뜻하다는 말은 많이 듣고 있습니다. 하지만 사람들에게 우유부단하고 유약한 이미지로 보이는 것이 싫은데, 저의 이미지를 바꿀 수는 없겠습니까?"

나에게 이미지 컨설팅을 의뢰한 한 고객은 이렇게 털어놓았다. 회사를 이끌어가는 위치에 있는 40대 남성인 그 고객은 전부터 자신이 강력한 카리스마를 타고난 것 같지 않아 콤플렉스를 느껴왔다고 했다. 인간성 좋다는 소리는 많이 듣지만 리더십에 있어서는 자신이 없어 고민이라는 것이다.

위와 같이 고민하는 사람들을 주변에서 흔히 보게 된다. 실제로 사회생활을 하다 보면 다른 사람들에게 좋은 인상을 심어줌과 동시에 그들을 내 편으로 만들 수 있다면 금상첨화다. 사람들과 원만한 관계를 잘 유지하면서도 결정적인 순간 끌어갈 수 있는 모습은 어쩌면 누구나 바라는 것인지도 모른다. 그 균형감이 모두의 바람이자 숙제이기도 하다.

아직도 한국 사람들은 상대방이 부드러우면 강하게 나오는 경우가 많다. 만만하게 보고 무시하거나 소위 기어오르려 하는 것이다. 반대로 상대방이 뭔가 강해 보이면 우선은 쩔쩔매곤 한다. 하지만 21세기에 필요한 진정한 카리스마는 히틀러 같은 권위적이고 억압적인 카리스마가 아니다. 그렇다고 해서 무조건 누구에게나 따뜻하고 다정하게 대하며 인기만 유지해야 할까? 물론 그렇지 않다.

혹 자신의 우유부단함으로 인해 어려움을 겪은 적이 있다면, 당신은 좀 더 자신감을 가지고 자기를 표현할 필요가 있다. 단순한 우유부단함과 따뜻한 카리스마 사이에는 중요한 차이가 있다. 두 가지 부드러움을 가르는 가장 핵심적인 기준은 바로 자기 자신의 주관이 있느냐 없느냐의 여부다. 사람들에게 우유부단하다는 인상을 남기는 사람은 상대에 대한 배려가 지나친 경우가 많다. 행여 상대방이 상처받거나 곤란할까 봐 미리 겁을 내는 이도 많다. 상대방에 대해 지나치게 배려를 하다 보니 그로 인해 본인이 손해를 보거나 상처를 받는 것이다. 손해 보고 상처 입은 후에야 자신의 행동을 후회하고, 변하고 싶어한다. 그런데 사람들에게 이미 깊이 인식된 자신을 뒤늦게 바꾸려하니 더 힘들다.

따뜻함에도 균형이 필요하다. 상대를 미리 읽고 상대에 따라 따뜻함의 수위를 조절해야 한다는 것이다. 신경정신과 전문의가 내게 내린 처방은 사람들에게 미리 많이 마음을 주는 것을 금하라는 것이었다. 하는 일이 일인지라 누구에게나 먼저 손을 내미는 것까지는 좋은데, 상대에 대한 바른 판단 없이 누구에게나 먼저 많이 마음을 주는 것이 상처의 원인이라는 것이다. 이는 스스로에게 상처가 될뿐더러 리더십에도 문제가 생기게 된다. 상대가 이미 받은 것들은 당연하게 여기고 점점 많이 기대하게 된다는 것이 문제다. 리더들 중에는 내내 심하게 몰아치면서도 한 번 잘해줌으로써 감동을 사고 리드도 쉽게 하는 사람들이 있다. 그런가 하면 내내 잘하다가도 어느 순간 한 번 때문에 결국 악평을 듣는 사람들이 있다. 서운하게만 여길 게 아니라 자초한 것임을 알아야 한다.

따뜻한 카리스마를 발휘하기 위해 모두에게 똑같은 태도를 보이면 될 거라고 생각하면 오산이다. 누구한테나 똑같이 따뜻하게 대해주면 따뜻함의 가치와 희소성이 떨어진다. 요즘에는 회의를 하더라도 한 방에 모여 일방적으로 지시 사항을 전달하는 방식은 큰 효과를 거두지 못한다고 한다. 사람들이 점점 자신만의 개성을 중요하게 여기는데, 그러한 사람들에게 상명하복식의 일괄적인 의사전달이 받아들여질 리 없다. 차라리 따로따로든 그룹으로 불러서, 개개인의 성향에 맞게 강하게 혹은 설명조로 협조를 구하는 방식으로 이야기를 나누는 것이 더 효과적일 수 있다.

24시간 내내, 어느 경우에나 부드럽고 따뜻하게 대해서도 안 된다. 예전에 나는 평소 직원들에게 항상 따뜻하고 인간적인 상사가 되기 위해 노력했다. 그야말로 내 소원은 매출액에 있지 않고, 직원들이 "우리 사장님과 일하는 게 행복하다"고 하는 것에 있었는지도 모른다. 그런데 한 번은 화가 나는 일이 있어 조목조목 잘못을 지적하며 차갑게 나무랐다. 흥분하여 화를 낸 것도 아니었지만 야단을 맞은 직원은 나의 그러한 모습을 처음 본 것이었다. 그는 마음에 몹시 상처를 받은 모양인지 다음날 회사에 출근하지 않았다. 야단을 맞았다고 바로 회사를 결근한 그 직원의 행동도 옳은 것은 아니었지만, 나는 궁극적으로 직원을 대하는 평소 태도에 문제가 있음을 깨달았다.

조금 극단적인 경우이긴 했지만 나는 따뜻하게 상대방을 대함에 있어 균형 감각을 가지지 못했던 것이다. 하나에서부터 열까지 너무 따뜻하기만 하면 당연한 사무적인 지적만 해도 상대방이 상처받을 수 있다. 사적으로는 부드럽더라도 공적으로는 마음을 아껴 나누어줄 줄 알아야 한다.

나의 어머니께서는 "남을 미워하지 말아라. 너에게 해를 끼치는 사람이 있다면, 너에게 그러한 운이 있기 때문에 그 사람이 그 역할을 하는 것일 뿐이라고 생각해라. 그리고 나쁜 일은 빨리 잊어버리되 감사한 일은 오래 기억해라"라는 말씀을 자주 하셨다. 사회생활을 하다 보면 힘들 때마다 이 말씀이 수시로 나의 마음을 다독거리고 진정시킨다. 평온을 주고 균형감을 갖는 데 도움이 된다.

　레스 기블린의 말처럼 대부분의 사람들은 이기적이다. 사람들은 각자 자기의 위치에서 자기 이익을 우선으로 생각하게 되어 있다. 사람들은 곁에 가까이 다가왔다가도 자기에게 이익이 되지 않으면 이내 철새처럼 떠나기도 한다. 그리고 사람의 원래 성향은 잘 변하지 않는다. 내가 이 세상 사람들 모두를 내 방식대로 바꿀 수는 없다는 것을 받아들여야 한다. 앞서 따뜻한 카리스마에는 균형이 필요하다고 이야기한 것과 같은 맥락이다. 무조건 지성으로 대하면 상대방도 감복하리라고 기대하기엔 지금 세상은 각박해졌고 관계를 지속할 수 있는 시간도 짧아졌다. 만약 상대방이 강한 자에게는 약하고 약자는 넘보려고만 하는 사람이라면, 그래서 나의 능력으로 그 사람을 통제하는 것이 불가능하다면, 그런 사람들에게까지 나의 따뜻한 에너지를 필요 이상으로 낭비할 필요는 없다. 지혜가 필요하다. 이해관계는 지속하더라도 한편으로는 그 사람을 객관적인 시선으로 보고 감정의 동요가 일지 않도록 관리할 줄도 알아야 한다.

　따뜻한 카리스마란 초콜릿을 손에 쥔 부모의 마음과도 같다. 무릇 아이를 키우는 엄마라면, 자기 자식이 귀엽고 사랑스럽다고 해서 아이가 달라는 대로 무한정 초콜릿을 주어서는 안 될 것이다. 너무 많은 초콜릿은 아이의 건강을 해치고 치아도 상하게 할 것이기 때문이다. 정말 자식을 생각하는 부모라면, 초콜릿을 주는 것을 절제할 줄 알 것이다. 따뜻한 카리스마는 바로 이와 같은 마음이다. 사람과 세상을 향한 따뜻한 마음으로 시작하되, 소홀하거나 연연해서는 안된다.

Step Two
매력 있는 태도와 화술을 갖춰라 ▶▶▶

들을 줄 아는
저력을 과시하라

"명망 있는 학자와 이야기할 때는 상대방이 말을 할 때 군데군데 이해가 되지 않는 척해야 한다. 너무 모르면 업신여기게 되고, 너무 잘 알면 미워한다. 군데군데 모르는 정도가 서로에게 가장 적합하다."

중국의 문호 루쉰(魯迅)의 말이다. 이해하기만 하는 것이 아니라 상대방의 말을 잘 들어주는 것은 생각보다 매우 중요하고도 어렵다.

뉴욕 브룩클린의 가난한 유태인 가정에서 태어난 한 남자가 있다. 그는 대학 교육도 제대로 받지 못했다. 작은 눈과 오종종한 인상은 결코 잘생겼다고 할 수 없는 얼굴이다. 그런 그가 25년간 미국 최고의 인터뷰 프로그램을 진행했다. 1985년 방송을 시작하여 2010년 은퇴할 때까지 그가 인터뷰한 사람은 무려 5만여 명. 쟁쟁한 정치인부터 사형 집행 직전의 여죄수까지, 레이디 가가에서부터 버락 오바마에 이르기까지 그는 어떤 계층, 어느 게스트와도 자연스럽게 대화를 이끌어갔다.

바로 커뮤니케이션의 달인으로 불리는 CNN의 명 사회자 래리 킹의 이야기다. 그가 진행하는 '래리 킹 라이브'는 명실 공히 세계적인 장수 프로그램으로 가장 오랜 시간 방송된 프로그램으로 기네스북에 등재되었다. 그는 말 잘하는 재주를 타고난 사람일까? 결코 그렇지 않다. "나의 대화의 첫 번째 규칙은 상대방의 말을 잘 들어주는 것이다"라는 그의 고백 속에 비결이 숨어있다. 솔직하고 깊이 있게 상대의 입을 열도록 하는 것은 자신의 듣는 태도에 달려 있기 때문이다.

대화를 할 때 가장 중요한 수칙으로 '1·2·3 법칙'이라는 것이 있다. 한 번 말하고, 두 번 듣고, 세 번 맞장구치라는 것이다. 이것이 바로 가장 기본적인 대화의 시작이다. "사람의 귀가 둘이고 입이 하나인 이유는 듣는 것을 두 배로 하라는 뜻이다"라는 탈무드의 한 구절과 맥을 같이한다. 혹자는 우스갯소리로 귀가 둘인 이유는 한 귀로 듣고 한 귀로 흘리기 위해서라고 농담을 하지만, 탈무드의 이 말은 대화의 규칙만이 아니라 세상 사는 자세를 간파하고 있다. 말을 잘하는 것보다 중요한 것은 바로 경청인 것이다.

정치인을 비롯해 각계 분야의 고위층 인사들이 모이는 행사장에 갔을 때의 일이다. 입가에 미소를 띤 참석자들은 와인 잔을 기울이며 서로 인사를 건넸다. 5분씩 자기를 소개하는 시간도 마련되었다. 그런데 그중 몇몇 정치인들이 주어진 시간을 초과해 자기소개를 그칠 줄 모르는 것이었다. 온갖 자랑을 늘어놓고 화려한 경력을 열거하느라 시간 가는 줄을 몰랐다. 더 아쉬운 것은 자기 자랑에 여념이 없었던 사람일수록 정작 남이 이야기를 할 때는 거의 듣지도 않는다는 점이다. 일단 자기 순서만 끝나면 남이야 무슨 이야기를 하든 말든 통화를 하거나 서류를 꺼내 뒤적이며 무성의한 자세를 보였다. 말 그대로 매우 정치적으로밖에 보이지 않는 참여였던 것이다.

어학 공부를 할 때에도 듣기 능력이 얼마나 중요한지 우리는 안다. 귀가 열린 후에야 입도 열 수 있기 때문이다. 그럼에도 불구하고 우리나라의 많은 정치인들은 기회만 있으면 마이크를 잡고 놓지 않으려 하는 성향이 있다. 물론 연설을 잘하는 능력도 중요하다. 그러나 연설을 잘하기 위해서는 상황과 상대에 맞는 내용이 필요하고, 말 잘하는 능력은 절반일 뿐 그보다 중요한 절반이 경청의 자세다.

"'말을 너무 많이 한다'는 비난은 있지만 '너무 많이 듣는다'는 비난을 들어본 적은 없을 것이다"라는 노만 어거스틴의 말은 대부분의 사람들이 듣기보다는 말하는 데 열심임을 드러낸다.

자신은 과연 다른 사람의 이야기를 잘 들어주는 사람인가? 대부분의 사람들이 제대로 경청하지 못하는 이유는 간단하다. 자신이 이미 훌륭한 경청자라고 착각하기 때문이다. 위에 언급한 행사장에서도 사람들은 저마다 자신이 상대방의 말을 경청하고 있다는 것을 상대방에게 알리기 위해 노력하는 모습을 보이기는 했다. 한 현직 검사는 남의 말을 들으면서 고개를 계속 습관적으로 끄덕였다. 그러나 그의 규칙적인 끄덕임은 동의나 인정이 아니라 그냥 듣고 있다는 인사인 듯했다. 필요 이상으로 감탄사를 연발하는 오버형도 있었다. 그 사람은 시종 "세상에, 저런, 아이고, 아, 아"를 연발했다. 얼마 지나지 않아 그의 맞장구가 오히려 귀에 거슬렸다. 가장 흉해 보였던 것은 물론 무반응과 무표정이었다. 감정 상태가 어떤지, 재미도 없고 관심도 없다는 것인지, 아니면 심각하게 듣고 있는 중인지 도무지 종잡기 어렵다.

물론 맞장구를 치는 것도 중요하다. 그러나 고개는 계속 끄덕이면서 손으로는 자신이 받은 명함들을 계속 뒤적이거나 수시로 휴대폰을 확인하는 모습을 보인다면 그것은 맞장구가 아닌 형식에 불과하다. 형식적인 제스처에 지나지 않는다면 맞장구를 치지 않느니만 못하다.

제대로 경청하기 위해서는 귀와 마음, 몸 모두가 필요하다. 우선 진심을 담아 집중하여 들어야 한다. 딴 생각을 하면서 마치 잘 듣고 있는 것처럼 위장해서는 결국 위장이 되지도 않는다. 이미 아는 내용이라고 단정해서도 안 된다. 단어 하나 하나가 아니라 상대방이 무슨 메시지를 전달하고자 하는지 맥락을 파악하는 노력이 필요하다. 잘 들은 내용은 기억도 잘된다. 잘 들어주는 사람인 줄 알았는데 다시 만났을 때 전에 했던 질문을 되풀이한다면, 그 사람에게는 다시 입을 열기조차 싫어질 것이다.

또 중요한 것은 대화에 집중할 수 있는 환경을 스스로 만들어야 한다. 정리가 필요하다. 미팅 중 통화를 해야 하면 통화만 하고, 이메일을 확인하는데 누가 다가오면 둘 중 하나 먼저 할 것을 선택해야 한다.

그리고 정성스런 마음만이 아니라 경청을 전달하고 표현할 구체적인 방법이 자연스레 배도록 학습할 필요가 있다. 효과적인 경청을 위한 'FAMILY' 법칙을 살펴보는 것도 도움이 될 것이다.

F(Friendly) : 상대방에 대해 우호적인 감정을 갖는 것이다. 우선 상대방의 대화 내용에 맞는 표정의 변화가 필요하다. 행동이 감정에 영향을 주기 때문이다. 선입견이나 방어적인 태도를 버리고 공감을 표시하면서 상대방의 말을 들어야 한다. 밝은 내용일 때는 표정도 밝게 하라. 속

상하거나 유감스런 내용이면 그 감정을 스스로에게 이입시켜 표정에 담아보라. 그래야 상대방의 마음도 편안해지고 말의 깊이를 더해갈 수 있다. 누구나 상대의 표정을 관찰하며 이야기 보따리를 얼마나 풀지 망설이고 있다.

A(Attention) : 상대방에게 주목하는 것이다. 우리나라 사람들은 이 부분에 있어서 가장 취약하다. 일대일 대면이라면 상체를 약간 앞으로 숙이는 것이 상대방의 말에 관심이 있다는 걸 표현하는 방법이다. 의자 등받이에 기댄 채 상대방의 말을 들으면 권위주의적이고 거만하게 보일 수 있다. 하던 동작을 잠시 멈추고 듣는 것, 메모하며 듣는 것이 중요한 이유는 바로 이 집중의 전달 때문이다.

M(Me too) : 맞장구를 쳐주는 것이다. 고개를 끄덕이거나 긍정적인 반응을 보이며 듣는 것이다. 주의할 점은 빠르게 턱 끝만 여러 번 끄덕이면 오히려 가볍다는 느낌을 주기 쉽다. 규칙적이고 습관적인 끄덕임도 오히려 상대방을 기분 상하게 만들 수 있다. 머리 전체를 천천히 움직이며 끄덕여야 진중한 느낌을 전달하게 된다. 물론 "그렇죠", "맞아요" 하는 말로도 표현할 수 있다. 자신의 말에 동의해주는 것만큼 말하는 사람을 신나게 하는 것은 없다.

I(Interest) : 관심과 흥미를 나타내는 것은 입으로 듣는 것이다. 상대방의 말을 마음속에서 다른 문장으로 한 번 바꾸어 다시 말하는 것이다. 듣는 도중 질문이나 복창도 매우 효과적이다. 상대방이 구사한 문장 중 중요한 단어를 복창하고, 이야기의 주제가 깊어질 수 있을 만한 부분들을 떠올리며 질문하는 것이다. 그렇게 하면 상대방에게 내가 공감을 하고 있음을 전달할 수 있다. 특별히 심각한 얘기라면 모를까 끝까지 아

무런 반응 없이 들으면 딴생각을 하는 것으로 오해받을 수 있다. 단, 반응이 지나치게 너무 잦으면 상대방의 말을 자르고 끼어드는 것처럼 비칠 수 있으므로 주의해야 한다.

L(Look) : 상대를 응시하는 것이다. 경청의 가장 중요한 요소다. 상대를 바라보지 않으면 결코 경청하는 자세라고 할 수 없다. 상대가 가장 박대하고 외면한 모습을 표현하는 문장은 "똑바로 서있지 않더라"가 아니라 "쳐다보지도 않더라"다. 눈을 치켜뜨거나 옆으로 노려보지 않도록 자세의 방향도 염두에 두는 것이 좋다. 또 상대의 눈만 볼 것이 아니라 상대방의 표정이나 신체 언어, 즉 보디랭귀지를 읽어내야 한다는 것이 가장 중요하다. 눈을 깜박이는 순간을 이용해 눈동자를 조금씩 이동하는 것도 시선을 자연스럽게 느껴지도록 한다. 재미있는 사실은 너무 느리게 깜박이면 지루해하는 느낌이 들어서 오히려 관심이나 집중의 표현이 감소한다.

Y(You are centered) : 상대방으로 하여금 '말하는 내가 중심인물'이라는 느낌을 갖게 하는 것이다. 상대방을 중심에 두고 그의 입장에서 들어준다면 위의 표현들을 일부러 외우지 않아도 이미 완벽하게 상대방의 말을 경청하고 있음을 제대로 전달하게 될 것이다.

테니스든 탁구든 주거니 받거니 하며 공이 지속적으로 오가야 재미있다. 한 번 치고 공 주우러 가고, 나만 열심히 치고 상대는 대충 손 뻗는 시늉만 하고 있다면 정말 맥이 빠져버린다. 대화도 마찬가지다. 상대방의 말을 잘 들어줄 때 의미 있는 대화로 이끌 수 있다. 경청은 단지 매너가 아니다. 상대방에 대한 존중과 나눔의 시작이다. 따뜻한 카리스마는 진지한 경청 태도에서 출발한다고 해도 과언이 아닐 것이다.

드러내놓고 칭찬하라

　리더에게 요구되는 이미지는 전문성과 신뢰감이다. 그러나 이에 앞서 선행되어야 할 이미지가 있으니, 그것은 바로 '덕(德)'이다. 덕불고 필유린(德不孤 必有隣). 덕을 쌓는 사람은 결코 외롭지 않고 이웃이 있다는 뜻이다. 이미지 관리를 하는 것 역시 나 자신을 위한 것이기도 하지만 결국은 내 주위 사람들과의 인간관계 때문이다.
　치열한 경쟁 사회에서 살아가면서 때로는 이기적이고 계산적이 되기 쉽지만, 자칫 소홀하기 쉬운 덕(德) 있는 이미지를 구축하는 것은 그리 어렵지 않다. 재차 강조하듯 불교 말씀 중에 "지나가는 나그네에게 시원한 물 한 잔만 주어도 덕이 된다"고 하지 않았던가. 목마른 나그네에게 건네는 물 한 잔과도 같이 말 한마디에 인색하지 않는 데서 덕은 이미 시작된다.

그중 지친 직장인들에게 진정 단물 같은 것이 바로 칭찬이다. 켄 블렌차드가 쓴 책 〈칭찬은 고래도 춤추게 한다〉라는 제목에 대해 누군가는 "고래니까 춤추는 것이지, 사람은 안 출걸?" 하며 사람들을 웃게 만들기도 했지만, 사람의 몸을 춤추게 만들지는 않을지라도 마음을 춤추게 만들 것은 분명하다.

기업에서의 커뮤니케이션은 흔히 '피돌기'에 비유된다. 동맥과 정맥의 흐름이 활발해야 인체가 건강하듯, 조직도 상하좌우간에 정보·의견·감정이 잘 흘러야 건강하다. 이런 이유로 많은 기업들이 다양한 커뮤니케이션 채널을 갖는다. 유명한 광고기획사는 벌써 오래 전부터 매주 금요일이나 토요일에 전 직원이 함께 아침식사를 하는 'wow friday'로 소통한다. 국내 굴지의 유통회사는 한 달에 한 번씩 전 임직원이 일찍 퇴근해서 직원 식당이나 인근 호프집에서 정담을 나누는 '호프 데이' 행사를 갖는다. 함께 식사를 하며 격의 없는 대화를 나누고 고민이나 불만 등도 얘기하며 커뮤니케이션을 활발히 하려는 취지다.

그런데 이런 기회가 마련되어도 불만의 소리가 들릴 때가 있다. 늘 말하는 사람만 말하고 대부분은 내내 듣다가 오는 경우가 많다는 것이다. 오히려 그게 또 하나의 스트레스가 된다고 한다. 입을 다물고 있는 것에 익숙한 사람들은 갑자기 온 기회에 적응이 안 되는 것도 사실이다. 서로가 의견을 내놓고 소통하려면 기본적인 의사표현에 피차 익숙해질 필요가 있다. 마음과 더불어 닫힌 입을 여는 데 가장 효과적이고 서로에게 쉬운 것이 바로 칭찬이다. 그것이 충분하지 않을 때는 어떠한 권유로도 쌍방 커뮤니케이션은 어려울 수밖에 없다.

우연히 본 TV 프로그램 중, 남편이 아내에게 전화를 걸어 사랑한다고 말하며 아내들의 반응을 관찰하는 내용이 있었다. 20여 통의 통화에서 아내들의 반응 중 99%는 "이 이가 왜 이래?", "잘못한 거 있지?" 심지어 "술깨나 마셨군!"이었다. 처음에는 여자인 나로서도 그 뻣뻣함을 보며 '여자들이 저러니…' 했는데, 금세 문제점이 보였다. 평소 사랑한다는 말을 전혀 들어보지 못했기 때문에 당황하고 반응도 뚱했던 것이다.

이처럼 서로의 감정을 말하고 받아들이는 의사표현에 익숙해지지 않은 상태라면, 호프 데이의 썰렁한 자리처럼 되거나 주부들의 반응처럼 의심받기 일쑤다. 직장에서 내내 칭찬 한마디 없던 상사가 어느 날 그만두려는 직원에게 "사실 나는 그동안 자네에 대해…" 하면서 칭찬을 늘어놓으면 궁색하기 짝이 없어 보일 것이다. 평소에 지금보다 서로에게 조금만 관심을 가지고 긍정적인 시각을 가지면 칭찬거리란 어렵지 않게 찾게 된다.

우리나라 사람들은 칭찬과 아부를 혼동하는 경향이 있다. 칭찬을 주고받는 관계를 상하주종의 관계로 생각하기도 한다. 윗사람에게만, 자기에게 필요한 경우에만 칭찬한다면 아부일 수밖에 없다. 대가를 기대할 때 이미 변질된 색깔 때문에 주위의 눈살을 찌푸리게 할 것이다. 그러나 진정성이 있다면 아부로 오해받을 걸 고민하지 않아도 된다. 그런가 하면 칭찬을 하고픈 마음이 생겨도 차마 직설적으로 칭찬을 하지 못하고 공연히 빙빙 돌리고 꼬아서 칭찬을 하는 것을 여러 번 보았다. 그런가 하면, '뭐라고 칭찬을 해야 하나?' 하는 고민을 의외로 많은 사람들이 가지고 있다. 기껏 상대방에게 칭찬을 한다는 것이 "화장도 다 하고. 오늘은 뭔 바람이 불었대?"라든가 "웬일이야? 이런 걸 다 해 주고" 혹은 "어이구, 형편 좀 피셨나봐"처럼 한 번 꼬아서 말하는 경우가 많다.

비즈니스 관계에서 많은 남성들이 여성의 능력과는 상관없이 외모를 칭찬하곤 한다. 기업의 임원급 되는 분들이 일 관계로 만나게 되는 여성들을 향해 "어이구, 이런 미인을 만나게 되어 반갑습니다"라는 등의 칭찬의 인사를 하는 것을 적잖이 볼 수 있다. 물론 일부러 무례한 성희롱을 하려 했다거나 특별한 나쁜 뜻이 담겨있는 것은 아니라는 걸 안다. 아마도 '미인'이라는 칭찬은 어디까지나 상대 여성에 대한 호의를 표현하고자 하는 의도였을 것이었다. 그러나 '미인'이라는 칭찬 대신 조금 과장해서라도 "유능한 분을 만나서 반갑습니다", "좋은 행사에서 뵙게 되어 기쁩니다" 등의 칭찬과 악수라면 좋았을 것이라는 아쉬움이 남는다.

칭찬의 시작은 쉽지 않지만 칭찬의 방법은 생각보다 단순하다. '나중에 칭찬해주어야지'라고 묻어두지 말고 즉각적으로 그리고 명확하게 칭찬할 것, 따로 불러내어 몰래 칭찬하지 말고 공개적으로 칭찬할 것. 여기에 칭찬의 효과를 높이는 것이 하나 더 있다. 제3자를 통해 칭찬하는 것이다. 직접 듣는 칭찬보다 다른 사람을 통해 듣는 칭찬이 사람을 더 기분 좋게 하는 법이다. 제3자에게 그 사람을 칭찬하는 이야기를 하는 방법은, 직접 대놓고 칭찬하는 것이 쑥스럽게 느껴지는 '칭찬 초보자'에게 특히 도움이 되므로 시도해볼 만하다. 또한 간접 화법으로 '목소리 좋다는 얘기를 많이 들으시지요?'라고 질문하는 방법도 시작에서 특히 효과적이다.

또한 직장에서, 생활 속에서 서로에게 긍정적인 스트로크(stroke)를 주는 기회를 자주 가져야 한다. 스트로크의 사전적 의미는 '어루만지다, 쓰다듬다, 듣기 좋은 말을 하여 자존심을 만족시키다' 등이 있는데,

인간관계에서 호의와 관심을 주고받는 언어나 행동이 이에 해당된다. 유아기 시절의 안아주기, 쓰다듬어주기와 같은 신체적 스트로크 욕구는 성인이 됨에 따라 칭찬이나 인정 같은 정신적 스트로크 욕구로 옮겨 간다. 이것은 단지 귀의 즐거움이 아닌 자기 존재를 인정받고 싶어하는 욕구이며, 하루 세 끼의 식사처럼 인간에게 있어서 필수 불가결한 것이기도 하다. 더구나 어떤 종류의 스트로크를 어느 정도 받았느냐에 따라 그 사람의 성향과 됨됨이 그리고 이미지가 만들어진다는 것은 중대한 사실이다. 같은 회사에 근무하면서 비슷한 일을 하는데도 어떤 사람들과 함께 있었느냐에 따라 1년 후, 3년 후에는 그 사람의 업무 능력은 물론 성격까지도 달라진다.

한 사람의 인생 각본이 달라질 수도 있는 만큼, 긍정적인 스트로크를 타인에게 주는 것은 바로 더없이 큰 덕(德)이다. 타인에게 지금보다 많은 스트로크를 주자. 속으로 생각하거나 생략하지 말라. 시작은 어색할지 모르지만 무조건 지금보다 더 해보자. 가장 효과적인 것은 칭찬이다. 이와 더불어 아침의 기분 좋은 인사 한 마디, 작은 업무 성과에 대한 인정의 한마디, 격려의 어깨 두드림, 편안함과 힘을 주는 밝은 미소, 바로 이런 것들부터 시작하자.

이때 중요한 것은 물론 타이밍이다. 적절하지 않을 때는 서로가 어색하다. 칭찬의 질과 양도 고려하는 것이 좋다. 그러다보면 상대로부터 오는 스트로크에 적절히 대응할 수 있게 될 것이다. 그리고 칭찬을 들을 때 쑥스러워하고 어색해하기보다 "칭찬해주시니 감사합니다", "그렇게 말씀해주시니 더 힘이 납니다" 가 더 이상 낯설지 않을 것이다.

또 하나, 가장 중요한 한 가지는 자신에게 수시로 긍정적 스트로크를 주는 것이다. "오늘은 다 잘 될거야", "난 해낼 수 있어!", "멋진 하루가 될 거야"는 결코 말뿐인 암시로 끝나지 않는다. 풍부한 스트로크로 무장한 오늘은 보다 당당한 자신의 이미지를 만들어 적극적이고 자신감에 넘친 나를 만나게 될 것이다.

제대로
요구하라

동생의 돌잔치에 참석한 일곱 살 줄리앙은 또래 꼬마 아이들이 전혀 없는 이곳보다는 옆 행사장의 꼬마들에게 자꾸 가고 싶어졌다. 한국인이지만 줄곧 미국에서 자란 탓에 한국말도 못하는데 어른들 틈에서 갑갑하기만 했다. 결국은 몰래 옆방으로 달음질쳐 잠시 아이들과 노는데, 결국 엄마에게 들켜 제자리로 돌아왔다. 나는 옆자리에서 삐죽이 나온 줄리앙의 입을 안타깝게 바라보고 있었는데, 아이를 대하는 그 엄마의 모습이 예상 외였다. 그 자세나 말투가 여느 한국 엄마들과는 달랐다. 아이의 엄마는 무릎을 꿇고 아이의 눈높이로 앉아서 아이를 정면으로 대하며 자애로운 표정으로 말했다.

"네가 친구들과 놀고 싶은 건 당연해. 엄마도 알아. 하지만 오늘은 하나뿐인 동생을 축하하는 날이니까 오빠가 옆에 있어야 하지 않니? 엄마는 줄리앙이 그랬으면 좋겠구나." 그러자 아이는 고개를 끄덕이고 "오케이" 하더니, 그 이후 줄곧 내 옆의 자리에 잘 앉아 있었다. 나는 영화의 한 장면처럼 우아한 그 광경을 보다가 순간 우울해졌다. 내게 익숙한 우리네 엄마들의 모습은 "너, 또 저 방 가면 알아서 해! 여기 가만있어!"였던 것 같다. 아이는 엄마의 야단을 듣는 척하다가 기회를 잡으면 다시 재도전을 하고 말이다.

우리는 정규교육 과정 중에 '신용'에 대해 배운 적이 없다. '신용 사회'라 일컬어지는 오늘날 '신용불량자'가 급증하는 현실은, 우리가 '신용'이라는 것을 제대로 이해하지 못하고 있음을 증명한다. 마찬가지로 늘 하는 한국말인데도 커뮤니케이션에 문제가 생기는 것은 내 감정을 제대로 전달하는 방법과 표현을 제대로 배운 적이 없기 때문이다. 기초가 부실하니 상대에 따라 응용을 하기는커녕 실수가 잦을 수밖에 없다.

회사 내에서도 이런 일들은 매우 잦다. "세 치 혀가 사람을 죽인다"는 동양 속담은 과장이 아니다. 지나치게 거친 표현이나 설명이 생략된 지시로 인해 서로에게 괜한 스트레스를 준다. 자신의 뜻이 상대에게 제대로 이해되지 않으면 진정한 리더십도 불가능한 것인데, 내 말이 맞다는 것만 내세운다. 서로 간에 감정이 상하게 되는 것은 맞고 틀리고의 논리 때문이 아니라 그 표현에 의한 감정 상함이 주 이유다. 자신은 사실을 말했을 뿐인데 상대가 자존심이 상했다면 그 사실을 전달하는 표현에도 문제가 있는 것이다.

예를 들어 회의에 들어가기 전에 동행인의 웃옷에 머리카락이 하나 붙어있다면 우리는 편안하게 "머리카락이 있네요"라고 말 할 수 있다. 깔끔하도록 도와주는 셈이고 떼어내는 것이 좋겠다는 요청의 뜻도 포함되어 있다. "안 보일 테니 제가 떼어드리죠"해도 좋다. 그러나 "당신 이에 고춧가루가 끼었군요"도 머리카락 얘기처럼 편안하게 할 수 있을까? 왜 못 할까? 뜻은 좋아도 상대가 민망해할 수 있기 때문이다. 동기는 나쁘지 않아도 대놓고 말하기에 불편한 말에 있어서는 좀 더 기술적인 표현이 요구된다. 고춧가루라는 단어는 전혀 쓰지 않으면서 '회의 전에 거울 한 번 보세요' 하며 자신의 뜻을 전달하면서도 상대를 민망하지 않도록 하는 것이 바로 '기술적인 표현'이다.

언어의 습관은 용모나 표정 등 어떤 시각적인 요소보다도 바꾸기 어려운 부분이다. 그러나 생활 속에서 조금씩 노력한다면 분명 효과가 있다. 요청을 하는 데 있어 가장 이상적인 방법으로 'I-Message'를 활용해보는 것이 효과적이다. '당신(너)'으로 시작하는 'YOU-Message'와는 다르게 문장을 '나'로 시작하는 것이다. 예를 들면, "(당신)지각하지 마세요"를 "나는 당신이 지각하지 않기를 바랍니다"로 바꾸는 것이다. 더 나아가 상황—영향—감정의 순으로 정리하여 말하는 것이 더 설득적이고 자연스럽다. "[상황]번번히 지각을 하니 [영향]회의 시작이 늦어져서 [감정]마음이 불편합니다"라고 표현하는 식이다. 이것도 바로 '기술적 표현'의 하나고 말을 한 목적을 달성하는 데 효과적이다. 상대의 감정을 다치지 않도록 유의하며 전달한 결과다.

이 같은 표현이 우선은 낯설지도 모른다. 호텔처럼 깔끔하고 고급스러운 시설의 병원, 고객이 불만족하면 100% 환불해주는 유통업체, 실컷 먹었는데도 서비스가 불만족스럽다면 전혀 계산을 하지 않아도 된다는 어느 외식업체가 처음 생겼을 때 우리 모두 낯설어했다. 그러나 이제 우리 삶의 전반적인 수준은 좀 더 나은 조건이 도입됨에 따라 상향 조정되고 있다. 자신이 누리고 요구할 수 있는 질이 높아지고 있다. 이러한 변화가 단지 경제적인 면에서뿐만 아니라 서로간의 표현에서도 익숙해진다면 좀 더 살 만한 세상이 되지 않을까. 10년 전 백화점 직원들에게 고객만족 서비스에 대한 특강을 하면, "인사도 받아주지 않는 손님들이 많다"는 불만이 나오곤 했다. 그러나 요즘에 그런 불평을 하는 직원은 별로 없다. 10년 사이에 서비스에 대한 고객들의 태도가 많이 개선된 것이다.

능력 있는 자가 먼저 시작하고 선도하면 세상이 조금씩 달라진다. 그 능력이라 함은 대단한 것이 아니라 진심을 표현할 수 있는 능력을 말한다. 주차장에서도 "차 좀 빼요!" 하고 소리치기보다는 "이 차가 막고 있어서 차를 뺄 수가 없네요"라든가 "여기 있는 차를 빼야 제 차가 나갈 수 있거든요" 하며 설명조로 말해보는 것이 작은 시작이다. 별것도 아닌 것에 괜히 짜증이 나거나 언성을 높일 일을 많이 줄일 수 있을 것이다. "끝나면 바로 이메일 보내세요"라는 말과, "끝나는 대로 결과를 이메일로 알려주시면, 저희도 스케줄을 미리 조정할 수 있어서 도움이 되겠습니다"라는 말은 상대의 협조 정도에 차이를 만들 것이다.

늘 상대에게 명령조인 사람들이 있다. 솔직히 말하면 촌스럽다. 몸만 어른이지 꼭 여섯 살짜리 꼬마의 표현처럼 유치하다. 아이들은 배고프면 상황이 어떻든 대상이 누구든 "배고파. 밥 주세요"라고 말하는 게 보통이고 그래야 오히려 아이답다. 그러나 어른은 좀 달라야 하지 않을까. 어른이라면 "나중 일정을 생각하면 지금 식사를 먼저 하시고, 이 부분을 마무리하는 것이 좋겠다는 생각이 드는데요"라고 하면 될 상황에서 "지금 배고파요. 일은 나중에 해요. 밥 먼저 먹어요"라고 말한다면 모두

할 말을 잃지 않겠는가. 그런데 이와 유사하게 현상만 말하며 요구하는 어른들이 아직도 의외로 많다.

　상대방을 기분 나쁘게 하지 않고도 나를 표현할 방법은 얼마든지 있다. '쿠션의 표현'을 활용하는 것도 한 요령이다. 없다고 해서 생활이 불가능한 것은 아니지만 있으면 훨씬 안락하고 편안한 쿠션처럼, 같은 표현이라도 서로를 편안하게 만들어주는 표현이 바로 '쿠션의 표현'이다. "번거로우시겠지만, 다시 한 번 이메일 부탁드립니다", "바쁘시겠지만, 한 번 방문해주실 수 있을까요?", "괜찮으시다면, 수요일은 어떠십니까?" 하루에도 수없이 많은 요청이 오고가는데 그중 한 번씩만 쿠션을 대주어도 하루 종일 앉아있는 의자가 그리 딱딱하지만은 않을 것이다.

　상대에게 요청을 할 때에는 상대가 판단하고 결정할 수 있는 범위를 남겨두는 것이 중요하다. 특히나 고객이나 상사에게는 더욱 그러하다. 회의 중에 "A보다는 B로 하죠"라고 말하는 경우, 불리해지는 면은 두 가지다. 사람들은, 특히나 고객이나 상사는 강요받는 듯한 느낌에 거부감이 들어 B가 좋지 않은 이유들부터 떠올리려 할 것이다. 또한, 그 거부에 맞서 재차 설명을 늘어놓자면 스스로가 구차해지는 느낌이 들어서 우울해진다. 상대방의 우호적인 협조를 확보하기 위해서는 "모두 아시겠지만, A는 이러이러한 문제점이 있기에 제 생각에는 B를 선택하는 것이 좋을 것 같은데, 어떻게 생각하십니까?"라고 말하며 상대에게 결정권을 주는 것이 현명하다. 물론 프리젠테이션의 경우에는 보다 강력하게 밀어붙이는 것이 효과적이겠지만, 업무 일상에서조차 우리의 표현은 지나치게 강압적이고 명령조인 경우가 많다.

　요구나 요청을 할 때에는 전반적인 표현보다는 'I-message'는 물론 긍정적인 표현이 좋다. "당신은 너무 게을러"보다는 "기한을 지켜서 업무를 처리해주면 좋겠어요"가 좋고, "너는 너무 지저분한 사람이야"보다는 "책상정리를 좀 더 깔끔히 한다면 서로 기분 좋을 것 같아요"가 더 잘 받아들여진다. 특히 '한 번도'라든가 '결코', '언제나 그랬다'는 식의 단정적이고 극단적인 표현은 상대의 자존심을 상하게 하여 말싸움이 되기 쉽다. 이러한 과잉일반화(overgeneralization)의 표현은 문제의 개선은커녕 감정적인 대립을 만든다.

더구나 반복되는 지적과 강요는 아예 잔소리로 변질되기 십상이다. 흔히들 짧게 얘기하면 상대가 귀담아듣지 않을까봐 길게, 친절하게 예까지 들어가면서 말을 하지만 그것이 오히려 역효과인 경우가 많다. 잊지 말아야 할 것은 상대가 하는 설명이나 이유를 지레 쓸데없는 변명으로 치부하지 말아야 한다는 점이다. 타당한 설명으로 들어주는지, 괜한 변명으로 취급하는지는 이미 듣는 이의 표정과 시선에 담긴다. 어설픈 표현으로 인해 권의주의자나 잔소리꾼 취급을 받지 않기 위해서는 요청과 강요는 분명 구분되어야 할 것이다.

앞서 말한 돌잔치에서처럼, 강하지 않으면서 정확하고 단호한 표현으로 요구해본 적이 별로 없는 우리로서는 이러한 표현들이 꾸민 듯 영어색하게 느껴질지도 모른다. 그러나 차츰 자주 접하다보면 어느 날부터는 어설프게라도 조금씩 제대로 표현하게 되고, 짜증나거나 기분 나쁘기 일쑤인 요구가 조금씩 부드럽고 편안하게 느껴질 것이다. 괜히 돌려 말하듯 길게만 느껴질지도 모른다. 그러나 우리가 말을 할 때는 이유와 목적이 있는 것인데, 이에 효과적일 수 있다면 잠시의 어색함은 참고 넘어서야 한다.

입보다
눈으로 말하라

세계 3대 제약회사 중 하나인 머크에서는 리더십을 세 가지로 분류한다. 자신을 아는 것, 사람을 아는 것, 비즈니스를 아는 것. 이 중에서 리더들이 가장 신경 써야 하는 부분은 바로 사람을 아는 것이다. 사람을 아는 최선의 방법은 그들의 눈을 보는 것이다. 나를 똑바로 보고 있는지, 서로를 바라보고 얘기하고 있는지, 어떤 감정을 담아 얘기하고 있는지 등등. 회사의 매출, 이익, 주가 못지않게 중요한 것은 바로 직원들의 눈빛이다.

우리나라 사람들은 상대의 눈을 잘 보지 못한다. 시선이 늘 허공에 떠 있는 느낌도 있고, 악수를 할 때에도 손은 잡고 있는데 시선은 벌써 옆 사람에게 가있어 매우 무성의해보인다. 표정의 중요성은 이미 말한 바 있지만, 그중 시선 처리는 진실성과 상대에 대한 애정, 그리고 집중의 의미에 있어 절대적이다.

　흔히 상대가 거짓말하는 것으로 느끼게 하는 가장 큰 조건은 눈을 똑바로 보지 못할 때라고 한다. 눈을 깜박이는 횟수가 너무 많아도 의심을 사기는 마찬가지다. 실제로 인간의 행동 유형을 분석하는 사회학자에 의하면 사람은 거짓말을 할 때 상대의 눈을 피하려 하며 그럴 수 없는 입장일 때 눈을 자주 깜박인다고 한다. 일례로 1998년 미국의 클린턴 대통령은 모니카 르윈스키와의 스캔들 사건에 대한 자신의 입장을 밝히는 기자회견에서 평소보다 4배나 더 자주 눈을 깜박였다고 한다.

　"눈은 입보다 더 많은 것을 이야기한다"는 서양의 속담은 속담만이 아닌 과학이다. 실제로 의학계의 보고에 따르면 사람은 자신이 관심 있는 분야의 이야기나 대상을 대할 때에는 눈동자가 커진다고 한다. 반면 상대방에 대해 거부감이 들거나 관심이 없으면 시선을 피하게 된다고 한다. 만약 일부러 그러지 않는 경우에도 습관적으로 상대의 시선을 잘 마주치지 못한다면 큰 오해를 사기 쉽다.

　어느 모임에서 한 정치인과 대화를 나누게 되었는데, 내가 얘기를 하는 동안 그는 습관적으로 고개를 끄덕였다. 문제는 그의 시선이었다. 그의 시선은 내 어깨 너머로 계속 누군가를 찾고 있었다. 최소한 내게는 그렇게 느껴졌다. 나로서는 대화를 나누면서도 계속 불안하고 불편할 수밖에 없었다. 그러나 그는 누군가를 찾고 있는 것이 아니었다. 알고 보니 그의 시선처리는 자신도 모르게 몸에 밴 습관이었다.

　시선의 처리는 상대방에 대한 애정과 진실성의 표현, 주의 집중이라는 측면에서 절대적으로 중요하다. 사람에 따라 다르지만 상대방의 눈을 바라보면 대화가 훨씬 부드러워질 수 있다. 대화를 할 때에는 80%

이상 상대방을 바라보아야 하는데, 이것은 당연히 20분간 상대방을 보고 5분은 보지 않아도 된다는 뜻이 아니라, 8초 가량 쳐다보고 나서 2초 정도 시선을 떼는 방법이다. 일대일 대면에서 뚫어져라 눈만 직시하면 상대방이 부담스러울 수도 있다. 그보다는 상대방의 두 눈과 코를 잇는 삼각지대 안을 불규칙적으로 이동하며 바라보는 것이 자연스럽다. 이때 시선을 천천히 옮겨야 불안해 보이지 않는다. 상대방의 말을 들을 때의 시선 처리도 주의를 요한다. 서류를 뒤적이거나 다른 행동을 하는 것은 최악이다. 일대일 대면의 경우에 상대방에게 경청을 하고 있다는 인상을 주는 최선은 다른 동작을 삼가고 그의 눈을 보는 것이다.

눈을 치켜뜨는 습관이 있다면 반드시 교정해야 한다. 예를 들어 서류 등을 보다가 고개는 그대로 둔 채 시선만 위로 향하도록 하는 사람들이 있다. 이런 시선은 날카롭게 또는 상대방을 의심하고 있다는 인상을 준다. 상대방에게 뭔가 비판적인 시선을 보내는 것 같기도 하다. 만약 여러 사람 앞에서 연설을 할 때 이런 식으로 눈을 치켜뜨면, 마치 사람들의 눈치를 보는 듯한 소극적인 인상을 줄 수 있다. 고개를 한쪽으로 기울이는 습관도 바람직하지 않은데, 긴장감도 없고 낮추어보는 듯한 시선으로 상대방을 얕잡아보듯이 바라보게 되기 때문이다.

상대방에 대한 애정과 신뢰, 그리고 친근감을 갖고 상대의 눈을 주시하라. 상대방이 훨씬 편안하게 느끼고, 더 많은 정보와 의견을 풀어놓을 것이다. 따뜻한 카리스마를 지닌 사람은 시선 처리가 부드럽다. 그들은 어떤 상황에서도 상대방에 대한 감정을 눈으로 처리해낼 수 있다.

대중 연설을 할 때의 시선 처리에도 요령이 있다. 우선 청중을 고르게, 그리고 당당하게 바라보아야 한다. 그래야 자신감이 전달되고 신뢰가 생긴다. 청중이 연설에 열중하기를 바라듯이 청중 한 사람 한 사람도 자신에게 관심을 기울이고 시선을 집중해주기를 원한다. 상대방과 눈을 마주치는 아이 컨택(Eye-contact)은 바로 청중 한 사람 한 사람에게 말을 거는 것과 같다.

반대로 허공을 응시하고 연설할 때 연설의 전달력은 30% 미만으로 떨어진다. 특히 본인의 입장에서 오른쪽에 앉은 청중에게 의도적으로 시선을 맞출 필요가 있다. 재미있게도 거의 모든 사람들이 왼쪽에 있는 대상을 더 자주 바라본다고 한다. 심장이 있는 방향에 무의식적으로 더 신경을 쓰는 보호본능 때문이라고 한다. 따라서 왼쪽보다 오른쪽을 의도적으로 더 자주 보려고 노력해야 균형이 맞는다.

연설 중에도 상대방을 바라보는 게 바람직하다. 때로는 허공을 응시하거나 원고를 봐야 할 때도 있을 것이다. 그러나 고개를 숙이고 계속 원고를 읽는 것은 전달력을 절대적으로 떨어뜨린다. 외국의 정치인이나 CEO 중 원고를 읽듯이 고개를 숙이고 연설하는 사람을 본 적이 있는가? 당연히 원고에 대한 사전 검토와 충분한 연습이 필수적이다. 스피치는 말 그대로 스피치다. 읽기가 아니다. 그렇기 때문에 상대를 바라보고 이야기해야 한다. 긴장되어 볼 수가 없을 때는 응원이 될 만한 사람을 우선 보라. 오히려 힘을 얻을 것이다.

능숙한 연기자를 평할 때 '눈빛 연기'를 말하는 경우가 많다. 아무 말 하지 않아도 상황이나 상대에 대한 감정을 눈으로 정확히 표현해내는 능력을 말한다. 사물을 보고 판별하는 '보는' 기능으로서의 눈만이 아니라 상대에게 '자신의 이미지와 메시지를 제대로 전달하는 눈'을 갖고 있는지 다시 한 번 눈을 들여다보자.

말재주로
설득하지 말아라

TV광고에 대한 클레어몬트 대학원 피터 실리 교수의 연구 결과가 흥미롭다. TV광고의 효과에 있어서, 1960년대에는 60초짜리 광고를 3번만 하면 여성이 그 내용의 80%를 인지했다고 한다. 그러나 2000년대에 이와 같은 효과를 내려면 60초 광고를 무려 97번이나 해야 한다는 것이다. 35년 만에 무려 30배 이상의 노력을 투입해야 같은 결과를 나타내는 것이다.

치열한 경쟁 속에 무수히 쏟아지는 정보 속에서 사람들은 이제 웬만한 것에는 귀나 눈이 고정되지 않는다. 광고는 설득이다. 마음을 움직여 고객의 지갑을 열도록 하는 것이다. 그런데 위의 결과에서 볼 수 있듯이 설득은 날로 어려워진다. 남을 어떻게 설득하느냐에 대한 고민은 다양한 마케팅 기법들에 반영되어 치열하게 우리 생활에 파고들고 있다.

그러나 '말을 통해 얻는다'는 설득(說得)의 뜻처럼 진정한 설득은 어떤 압력 때문이거나 독특한 기법에 의한 것이 아닌 이해를 통한 납득이어야 한다. 바로 상대의 가장 가려운 부분을 긁어주어야 하는데 문제는 사람마다 가려운 부분이 다르다는 것이다. 마케팅 전문가들은 설득을 유도할 수 있는 효과적인 카피로 '쉬운, 안전한, 무료로, 지금, 증명된' 등의 단어들을 꼽는다. 그러나 동시에 많은 사람들이 거부감을 갖는 단어 또한 이것들이다. 의심이 많거나 도전적인 사람은 '쉬운'이나 '안전한'이라는 단어에 매력을 못 느끼고, 많은 사람들이 '무료'란 세상에 없다는 것을 이제는 많이 안다. 신중한 성향의 사람은 '지금'이라는 강요가 거북할 수 있고, 분석적인 유형은 '증명된'이란 단어에 오히려 더욱 민감한 반응을 보일 수도 있다.

그렇기 때문에 설득에 있어서 가장 중요하고 우선되어야 할 것은 상대를 바로 읽는 것이다. 상대를 보다 신중하고 정확하게 파악할 필요가 있다. 상대의 성향과 설득하려는 내용을 연결하여 받아들일 가능성을 제대로 타진해야 헛고생이 없다. 사실은 경제적 여유가 전혀 없는 사람인데 개인적으로 가까운 사이라는 이유만으로 돈을 빌려달라고 하면 애써 말한 입장에서는 거절당했다는 결과에 마음이 상하고, 빌려주지 못한 입장에서도 결코 마음이 편치 않다. 상대를 제대로 아는 것이 중요하다.

타이밍도 매우 중요하다. 어떤 사람들과는 특별히 노력하지 않아도 그 시기가 늘 잘 맞아 떨어질 때가 있다. 그럴 때 "우리는 인연이 있다"고 표현한다. 그러나 인연에만 의지해 판단할 수만은 없는 일이다. 평소에 상대와의 관계가 돈독하다면 그 판단은 그리 어렵지 않을 수 있다.

문제는 평소에는 별로 관심을 두지 않다가 자신의 필요에 따라 갑작스레 상대를 설득하려 들 때다. 그런 경우 거의 낭패를 보게 되고, 좋지 않은 결과 앞에 상대를 미워하게 된다. 그런데 언제 무엇을 부탁하게 될지, 설득해야 할 상황이 생길지 점치기는 어렵다.

그러므로 평소에 많이 베풀고, 피치 못할 경우가 아니더라도 사람들을 적극적으로 돕고 지낸다면 타이밍 잡기는 그다지 크게 필요하지 않을 것이다. '적을 만들지 말라'거나 '세상에 장담할 일은 없다'는 말을 실감하게 될 때가 많다. 평생 죽었다가 깨어나도 다시 보지 않을 것 같은 사람에게만 부탁해야 하는 일이 생기고, 피치 못하게 보아야 하는 일이 생긴다.

앞서 말한 대로 가려운 부분을 제대로 긁어주는 아래의 짧은 문장들을 활용해본다면 설득은 조금 더 쉬워질 것이다.

1. "괜찮아?"

시끄러운 소음 때문에 상대의 말에 제대로 집중하기 어려웠던 경험이 누구에게나 있다. 혹은 심사숙고 끝에 이미 결정을 내린 후이거나 한참 다른 일 때문에 속이 상해있는데 누군가 힘든 설득을 해올 때가 있다. 이런 때는 이미 귀는 막혀 있는 셈이다. 생각해 보면 우리는 얼굴을 볼 수 있는 기회가 곧 설득의 기회인 것으로 여긴다. 그러나 물건을 판다거나 생면부지의 사람에게 일방적으로 접근하여 설득하는 경우를 제외하고는 상대의 심신 상태나 상황을 고려해야 하는 것이 우선이다. 상대가 대화할 수 있는 상태인지 물어보는 과정을 생략했기 때문에 설득은 우리에게 늘 어려운지도 모른다.

2. "기억나?"

나는 학창시절에 새 학기가 시작되고 친구들과 한참 친해지는 시기인 5월에 생일이 있는 덕에 늘 친구들로부터 선물을 많이 받는 편이었다. 어느 해인가 한 다발의 선물을 들고 집에 가 자랑을 하니 어머니께서 "그게 다 빚이란다" 하셔서 김이 샜던 적이 있었다. 그런데 살면서 그 말을 실감할 때가 많다. 예외도 간혹 있지만 세상을 살면서 대부분은 준 만큼 받게 된다. 또 받은 만큼은 되돌려주어야 마음이 편한 게 사실이다. 옷을 한 벌 살 때도 직원이 많은 시간과 노력을 기울이면 그냥 나오지 못할 때가 있다. 그래서 시설이나 시스템 못지않게 친절이 변함없이 기업의 성공 요인이 되는 것이다. 관계의 가치, 내가 상대에게 갖는 의미 또는 작지만 내가 상대에게 주었던 것들을 상기하도록 하는 것이 효과적이다. 그러나 여기서 주의할 한 가지는 생색을 내는 느낌을 주지 않도록 하는 것이다. 설득을 할 때나 설득을 받을 때나 서로의 지난 관계가 결정의 주요 지표가 됨은 만고의 진리이다.

3. "왜냐 하면"

광고 카피 중에 '난 나니까', '우린 친구잖아', '내가 왜 집에만 있냐 하면' 등 이유를 말하는 카피가 눈에 띄게 많다. 미국의 사회 심리학자 랭거에 의하면 이유를 말해오는 경우에 그렇지 않은 경우보다 설득 당할 확률이 훨씬 높다고 한다. 그런가 하면, 말하는 이유가 타당하든 그렇지 않든 이유를 말할 때 93%가 승락한다고 한다.

자화자찬 일색의 프리젠테이션은 성공하기 어렵다. 자신이 왜 이 설득을 하는지, 왜 선택하면 좋은지, 바로 '왜냐 하면'을 적절히 활용할 때 결과는 크게 달라질 수 있다.

4. "그렇다면"

"그렇다면 이렇게 해줄 수는 있는가?" 하고 조금 양보하는 말도 효과적이다. 처음에 좀 과하게 요청했다가 그 후에 진짜 원하던 수준을 제시하는 것도 한 방법이다. 그러나 이 표현에서 가장 주의할 것은 적절한 타이밍이다. 너무 빨리 양보하면 거절의 맥락을 갖고 있는 상대는 계속 거절하여 결국 빈손이 될 수도 있고, 너무 질질 끌다가는 상대가 이미 재무장된 후라서 그것조차 얻어내기 어려울 수도 있다.

5. "그렇게 한다면"

누구나 자신이 결정한 것에 대해서는 반대급부를 기대하고 보상받고 싶어한다. 다시 말해 상대는 이 설득의 결과 자신에게 돌아올 수 있는 것이 무엇인지 알고 싶어 한다. 상대가 보상을 바란다고 느껴지게 하지 않도록 진심을 담아, 미리 언급하는 것이 효과적이다.

외국어로 말하는 것도 아닌데 말이 통하지 않는다고 느끼는 일이 잦다. 같은 언어를 쓰고 있어도 머리와 가슴이 함께 움직이지 않은 상태에서는 그 어떤 말도 상대에게 전달하지 못한다. 상대가 제대로 알아듣기 어렵다. 입보다는 머리, 머리보다는 진심과 애정의 가슴이 늘 우선이어야 한다.

짧게, 짜릿하게, 인상적인 메시지를 전달하라

"감정 노출 안 하는 오바마, 전국민과 감정의 소통. '취임 후 가장 극적인 순간'."

연설을 잘하기로 유명한 버락 오바마 미 대통령의 '51초의 침묵'을 두고 〈뉴욕타임스〉는 그렇게 평가했다. 오바마는 애리조나 총기 난사 사건 희생자 추모식에서의 연설 중 끝부분에 이 사건으로 숨진 8살 크리스티나에 대해 언급했다. "크리스티나의 눈에 그려졌을 미래를 생각해봅시다. 나는 그 기대에 부응하고 크리스티나가 생각했던 민주주의를 만들고 싶습니다." 그리고 오바마는 끝내 말을 잇지 못했다. 정면을 바라보던 그가 고개를 돌리고 어금니를 악문 채 어깨가 들썩이도록 참아내는 모습은 딸을 잃은 아버지의 심정 그대로였다. 그 짧은 순간, 세상과 사람들은 그 감정을 읽어낸다. 아니, 함께 느낀다. 어떤 웅변보다 강력한 침묵으로 그는 더 많은 진실을 전하고 있었다.

우리나라 사람들은 연설을 할 때 매우 밋밋하고 평면적으로 말하는 경우가 대부분이다. 그냥 한 자리에 서서 상투적인 말들을 늘어놓는 스피치를 들을 때면 그저 기계적으로 주어진 역할만 수행하고 있다는 느낌을 많이 받게 된다. 당연하게도 그런 경우에 시간은 더 지루하게 느껴진다. 영국인들이 불문율로 여기고 있는 스피치의 원칙, 3S가 있다. 유머와 기지를 조화시켜 연설을 하라는 것이다.

· SHORT 짧게 이야기할 것.
· SENSE 인상적이고 의미 있는 이야기를 할 것.
· SALT 짜릿한 메시지가 있을 것.

낯익은 단어들이고 쉬운 듯하면서도 어렵다. 짧게 메시지를 전하는 것은 길게 말하는 것보다 어려울 때가 많다. 시(詩)가 결코 수필보다 쉬울 수 없는 것과 같은 이유일 것이다.

미국에서 있었던 세미나에서 엘리베이터 스테이트먼트(Elevator Statement)에 대한 실습을 한 적이 있다. 비즈니스에서 만나고 싶은 상대가 만나주지 않을 때를 대비하듯이, 엘리베이터를 기다리는 30초 동안에 자신과 일에 대해 설명하는 훈련이다. 막상 해보면 쉽지가 않다. 적절하게 간을 맞추면 맛이 나지만 조금만 강해도 인상을 쓰게 되는 소금처럼 짜릿한 메시지 역시 너무 강하지 않게 적절히 써주어야 한다.

스피치를 할 때는 말의 내용뿐만 아니라 시각적인 요소도 중요하다. 수없이 많은 스피치의 경험을 갖고 있는 나조차도, 긴장되는 상황에서는 안정적이면서도 자신감 넘치는 자연스런 자세를 갖추기가 쉽지 않다. 사무엘 존슨은 스피치를 '사상의 패션쇼'라고 표현했다. 말만 할 것이 아니라 여러 시각적 요소들과 바디 랭귀지를 통하여 스피치를 돋보이게 해야 한다는 것이다.

남자들 중에는 의상 준비에 소홀한 사람이 많은데 사실 의상이나 전체적인 용모는 스피치를 시작하기 전 상대에게 내미는 명함과도 같다. 용모 치장만으로 결과를 기대하기는 어렵지만, 자신의 스피치 내용과 역할에 어울리는 용모를 갖추었을 때 더욱 자신 있고 당당해 보인다.

스피치를 할 때는 두 발을 어깨 넓이로 벌이고 체중은 양발에 균등하게 준 상태에서 허리와 어깨를 곧게 펴고, 머리를 똑바로 든다. 마이크와 입술의 간격은 보통 10~30cm를 유지하고 각도는 30~45도로 할 때 전달력이 좋고 여유 있는 느낌이 난다. 그리고는 청중을 두루 보는 것이 중요한데 이 역시 상당 시간 연습하지 않으면 눈은 정면을 보는데도 아무것도 보이지 않을 때가 많다. '눈에 뵈는 게 없이' 잘하면 좋겠건만 이 상황이 되면 시야처럼 말의 내용도 뿌옇게 된다. 모두를 두루 보는 것이 좋지만, 긴장된 상황에서는 처음에는 나에게 응원이 되어주는 대상만 집중적으로 보며 힘을 얻는 것도 방법이다. 시작부터 나를 부정적으로 보는 시선과 마주치면 온몸의 에너지를 빼앗기기 때문이다.

자연스럽고 자신감 있는 시선은 표정을 살려준다. 어떤 미소도 자신감 없는 눈빛 속에서는 어색하고 초라해진다. 생생한 눈빛을 하고 스피치 내용에 맞는 변화무쌍한 표정을 보여주는 것은 상대를 빨아들일 수 있는 중요한 요소다. 같은 유머를 해도 본인의 표정에 따라 효과나 전달력은 크게 달라진다. 적절한 정도의 제스처는 내용을 강조하거나 이해시키는 데 도움이 되므로 소리를 지르며 말하는 것보다 전달력에 결정적인 도움이 된다. 이 모든 것들은 충분히 사전에 연습하고 경험을 쌓아야 빛을 본다. 영상 촬영을 하여 모니터링하거나 주변인에게 의견을 묻는 것이 좋은 방법이다. 한번 촬영하여 자신의 모습이 어떤지를 확인하는 것은 유능한 컨설턴트의 긴 잔소리보다 큰 효과가 있다.

내용을 전개하는 과정에서도 사실과 정보 위주로 설명하기보다는 예화와 유머를 구사하는 능력이 중요하다. 연설 내용에서 오래도록 잊히지 않는 것은 상투적인 문장이나 이론적 설명보다 연사의 경험들과 예화다. 요즘은 유머가 연사의 호감도뿐만 아니라 스피치 전체에 대한 평가를 좌우할 정도로 중요하다. 청중이 마음을 열어주기를 원한다면 어떤 애절한 호소보다 유머가 특효약이다. 긴 시간의 스피치라면 적절한 타이밍의 유머를 통해 주의를 환기시키고 집중도를 다시 높일 수 있다. 이때 예화나 유머는 보편적이고 품위를 잃지 않는 내용이어야 하지만, 너무 흔한 속담이나 격언처럼 신선도가 떨어져도 식상하다.

어떤 아나운서는 집안 살림을 할 때도 계속 말을 해본다고 한다. 청소나 설거지를 할 때 '여름', '가구', '간장' 등 한 주제로 말을 계속 해본다고 한다. 자신이 아는 내용들을 쭉 말해보면서 어휘력과 순발력을 연습한다던 인터뷰 기사가 인상적이었다. 능력 있으면서도 여유로운 그의 이미지는 급조된 것들이 아니기에 오래 기억에 남는 것일 게다.

스피치는 아는 단어들을 나열하는 것이 아니라 예술품을 만들 듯 공을 들여야 하는 작품이다. 상점의 상품들이 어떻게 진열되었느냐에 따라 매출이 큰 영향을 받듯이 이제는 보다 전략적으로, 필수적으로 자신의 단어들을 제대로 디스플레이해야 청중의 마음을 사로잡을 수 있다.

잘 갖추어진 모습으로 예상하지 못한 첫 인사말로 시작하여 오래 기억에 남을 마지막 인사말로 마무리한다면 그 스피치는 반 이상 성공한 것이다. 자신이 어느 TV광고에 출현했다고 상상해보라. 아니면 연극의 주인공이라고 상상해보라. 연습 한 번 하지 않고 한 가지 표정으로 한 곳에만 서서 진부한 단어들만 쏟아내고 있지는 않을 것이다. 인생의 갈피마다 내가 주인공인 순간을 놓치지 마라.

음색에 멋을 내지 말고
맛을 내라

　미국의 세미나에서 제시되었던 자료를 처음 보았을 때, 나는 그게 무슨 악보인 줄 알았다. 알고 보니 미국 CNN의 어느 앵커가 사용했던 원고였다. 그 자료에는 마치 악보처럼 높이가 다른 선들이 그려져있었고, 음의 길이를 나타내는 표시들이 있었다. 색깔도 총천연색이었다. 앵커는 단지 목소리만이 아닌 음의 높이와 폭, 악센트나 억양 등이 부합되어 음성의 이미지가 만들어지고 그에 따라 전문성 여부나 신뢰도, 설득력이 좌우되기 때문이라고 한다.
　수많은 사랑 영화에서 낯설지 않게 볼 수 있는 장면이 있다. 감미롭게 노래하는 멋진 남자에게 반하여 사랑의 감정을 싹틔우는 여자의 모습. 남녀의 차이를 극명하게 설명해주는 〈화성에서 온 남자, 금성에서 온 여자〉의 저자 존 그레이는 남성들이 본능적으로 시각적인 것에 자극을 받는다면 여성의 경우에는 단연 상대의 목소리와 어감 즉, 청각적인 요소에 자극받는 정도가 강하다고 한다.

나 역시 시각보다 청각에 더욱 민감하게 반응하는 재미있는 경험을 했다. 마포에 본사가 있는 한 기업에 강의를 하러 간 일이 있었다. 한 시간이나 일찍 도착한 나는 전에 보아둔 적이 있는 고층의 테라스가 마음에 들어 그곳에서 잠시 책을 보며 강의 시간을 기다렸다. 잠시 후 인기척이 나 돌아보니 한 남자가 걸어오고 있었다. 언뜻 보니 소위 '몸짱'에 깔끔한 인상이라 나의 시선은 잠시 그에게 고정되었다. 그러나 그가 풍기는 시각적인 매력은 내 시선을 그리 오래 잡아두지 못했다. 그가 휴대폰으로 통화를 하면서 테라스 안쪽으로 다가오는데, 가까이 다가올수록 분명해지는 목소리가 너무나 불안정하고 발음도 어눌하여 그에 대한 호감은 이내 사그라졌다. 고마웠다. 나는 바로 고개를 돌려 다시금 책에 몰두할 수 있었다. 시각적인 호감도가 아무리 좋아도 음성에서 호감을 주지 못하면, 특히 남성의 경우에는 좋은 이미지를 전달하지 못하는 것 같다.

미국 32대 대통령 프랭클린 루즈벨트는 유혹적이지만 우유부단하지 않은 음성으로, 공격적이지 않으면서도 상대의 마음을 지배하는 대화 능력으로 탁월함을 널리 인정받았다. '스타들의 목소리 박사'로 불리는 모튼 쿠퍼 박사는 그를 가리켜 '마법을 가진 사람'이라고 말했다. 쿠퍼 박사는 "왠지 모르게 끌리는 사람이 있다면 그의 목소리에 주목하라"고 강조한다.

표정에서 받는 영향만큼이나 음성이 전달하는 이미지는 강력하다. 자연스럽고 건강하고 힘 있는 목소리는 상대에게 최면을 건 것처럼 강력한 지배력을 행사할 수 있다. 반면 듣기에 불쾌하고 상황에 맞지 않는 목소리는 손해를 본다. 때로는 음성이 외모보다 더 강렬하게 상대에게 기억된다. 나는 여성으로서는 음성이 굵은 편이다. 얼마 전에는 한 식당에서 나와 등을 지고 앉아있던 사람이 갑자기 인사를 건네기에 얘기를 나누다보니 오래 전 강의 때 만났던 분이었다. 시간이 많이 지났는데도 어떻게 나를 기억하느냐고 물었더니 사실 얼굴은 보지 못했는데 식사 중에 들려오는 음성 때문에 기억할 수 있었다고 하여 더욱 놀랐다. 성공적인 대화를 이끄는 데 있어 목소리가 차지하는 비중은 크다. 대화의 방법에서 몇 가지 원칙들만 잘 이용하면 루즈벨트와 같은 마법의 목소리를 가질 수 있다.

목소리는 정보·인지·감정·반응 등을 나타내며, 목소리는 말하는 사람이 어떤 사람인지를 상대에게 전달한다. 여기에는 음성의 높이, 크기, 깊이, 빠르기, 쉬기, 힘주기 등의 요소가 영향을 준다. 그러나 대부분의 사람들은 이러한 요소들에 대해 특별히 훈련이나 지침을 받은 적이 없다. 그러나 쉽게 생각해보자. 우리가 반가운 사람을 만나면 음성의 높이가 올라간다. 화가 났을 때도 마찬가지다. 이렇게 감정의 변화가 음성에 담겨야 정상이고 그래야 상대도 혼란이 없다. "고맙습니다"는 인사를 낮은 음성으로 톤의 변화 없이 말하는 경우를 상상해보자. 의례적인 응대로 여겨지고, 진심이 아니게 느끼는 것은 당연하다.

반면, 규칙적인 악센트와 리듬으로 너무 멋을 내듯 억양의 변화를 심하게 주면 거부감이 들고 진실성도 없어 보인다. 맛은 내되 멋은 내지 말아야 한다. 맛을 내기 위해 악센트를 적절히 사용하면 효과적이다. 문장의 앞이나 중요 단어에 악센트를 넣어 문장이 밋밋하지 않게 변화를 주는 것이다. 처음에는 구연동화를 하듯 연습하는 것이 효과적이다. 너무 가볍거나 가식적인 느낌은 품위가 없어 보이기도 하지만, 우리나라 사람들의 경우 톤이나 억양의 변화 없이 단조롭게 표현하는 경향이 다소 강하다.

또한 음성의 크기가 작으면 자신감 없게 느껴지거나 마지못해 하는 듯 성의 없이 여겨진다. 지나치게 큰 음성도 거북할 때가 있지만, 대인관계에서 둘 중에 하나를 고르라면 단연 큰 음성이 신뢰가 가고 의욕적인 이미지를 준다. 자신감 있는 음성과 음의 변화를 위해서는 입을 조금 크게 벌릴 때, 표현이 쉽고 본인이 편하다. 속도가 빠르면 성격이 급한 인상을 줄 뿐만 아니라 특별히 연습하지 않은 이상 발음이 분명하기 어렵다. 또한 쉴 새 없이 말하는 경우보다 적절한 쉼이 있는 말이 더 상대를 집중하게 만든다. 그런데 이 모든 요소들에 대한 자가진단은 쉽지 않다. 오랫동안 습관으로 배어있어서 본인에게는 너무 자연스럽다. 그렇기 때문에 한 번쯤 전문가의 진단 또는 지인의 조언, 가능하다면 녹화나 녹음을 통해 확인해보는 것이 이상적이다.

매력적인 목소리란 풍부한 성량과 맑은 음색을 지닌 것을 말한다. 남자의 목소리는 저음일수록 좋고 여성은 고음일수록 좋다고 알려진 것은 잘못된 것이다. 좋은 목소리와 나쁜 목소리를 구분하는 기준은 울림현상이다. 성량이 풍부하고 음색이 맑을수록 공명에 의한 울림이 잘 나타난다. 울림이 있는 목소리를 내기 위해서는 성대를 배려해야 한다. 후두에 위치한 성대는 발성기관으로 남성은 1초에 100~150회, 여성은 200~250회 진동한다고 한다. 목소리를 크게, 자주 사용할수록 성대는 탈진에 빠진다. 가수 · 강사 · 교사 · 아나운서 등 목소리를 많이 사용하는 사람에게 쉰 목소리 등 탈이 많이 생기는 이유도 여기에 있다.

목소리가 작고 힘이 없는 경우는 호흡법이 잘못되었기 때문인 경우가 많다. 우리가 흔히 하는 호흡법은 숨을 들이쉴 때 가슴이 부푸는 흉식호흡이다. 그러나 흉식호흡은 건강에도 좋지 않을뿐더러 음성에 깊이를 줄 수 없다. 복식호흡법을 익혀두면 말을 많이 해도 목이 쉬지 않고 울림을 강화할 수 있어 유용하다. 숨을 들이마실 때 배가 나오게 하고, 뱉을 때에 배가 들어가도록 하는 것이 복식호흡이다. 우리가 기분 좋게 놀라는 순간이라든가 막 하품을 하려는 순간에 이와 비슷한 상태가 된다. 꽃향기를 조심스레 맡았다가 뱉듯이 하며 배를 만져보면 복식호흡법이 어렵지 않을 것이다. 복식호흡이 습관이 되면 오래 말하거나 노래해도 목이 쉬지 않고, 좋은 목소리로 보다 인상적인 이미지를 만들 수 있다.

좋은 목소리를 위해서는 오미자와 날계란이 성대의 점막을 촉촉하게 적셔 보호하는 성분이 있기에 도움이 된다. 그러나 스피치 직전에 우유를 마시면 점막 때문에 음이 탁해지고, 커피 등의 차도 가루 성분이 목을 자극하여 맑은 음색을 방해한다.

딱딱한 목소리는 발음이 정확해 상대가 알아듣기 좋지만 역효과도 있다. 입을 가로 형태로 거의 고정할 뿐 아니라 온몸에 잔뜩 힘을 주고 이야기하는 경우가 많아서 상대를 긴장시키고 본인의 이미지도 경직되어 보이는 것이다. 반면 입에 사탕 따위를 물고 있는 것처럼 우물우물 말하는 사람이 있는데, 전달 내용을 알아듣기 힘들뿐더러 성의 없게 느껴져서 듣는 이의 기분을 언짢게 할 수 있다. 이런 목소리를 가진 사람의 혀는 대부분 위턱에 붙어 있어 거의 아래위로 움직이지 않는다. 혀가 늘 평평한 상태이므로 혀 안쪽이 언제나 치아의 안쪽에 닿아 있으며, 입안이 자연스럽지 못한 상태에서 턱을 움직이지 않고 입술만 움직여서 이야기하려고 한다. 혀 운동을 통해 유연함을 주고 음 높이·음조의 초점·음량·음질·속도 등에 변화를 준다면 지금과는 또 다른 매력적인 목소리의 주인공이 될 수 있다.

  중요한 것이 또 하나 있다. 참으로 좋은 음성을 가지고도 어떤 단어들을 쓰느냐에 따라 이미지는 전혀 달라진다. 성우 출신으로 음성이 매우 좋은 배우 한석규의 경우 〈넘버 3〉라는 영화에서 그의 강한 음성에 불건전한 단어들이 어우러지자 그전의 지적인 이미지는 온데간데없고 어설픈 '이류 깡패'의 위악적인 이미지만 전달되었다. 사람들은 누구나 생활 속에서 자주 쓰는 단어들에 익숙해있다. 그 단어들을 쓰기 불편한 자리는 마음도 불편하다. 평소 너무 과장되고 과격한 단어들을 사용하고 있는 것은 아닌지 경계할 일이다.

  타고난 음성이야 어찌할 수 없지만, 생활 속 습관들을 통하여 음색을 다듬는다면 자신이 가진 시각적인 요소의 단점을 보완할 수도 있다. 왜소하고 예민한 시각적 요소를 바꾸기가 어렵다면 말의 속도를 조금 늦추고 음을 안정감 있게 낮추어보라. 차분한 칼라의 양복을 잘 차려 입는 것 이상으로 신뢰의 이미지를 줄 수 있을 것이다.

Step Three
성공한 사람으로서 행동하라 ▶ ▶ ▶

미소는 입을 구부릴 뿐이지만
많은 걸 펴준다

'얼굴'이란 우리말에는 깊은 뜻이 담겨 있다. '얼'이란 영혼과 같이 정신적인 것을 뜻하고, '굴'은 꼴이나 모양새를 말한다. 다시 말해 얼굴이란 영혼을 담은 그릇이다. 지금 나의 얼굴은 어떻게 비춰지고 있을까. 좋은 인상을 주기 위해 주름살을 없애느라 보톡스 주사를 맞거나 넥타이의 칼라를 신경 쓰는 것보다 훨씬 중요하다. 늘 보여지는 것이 자신의 얼굴 표정이기 때문이다.

나의 표정은 과연 어떨까. 눈썹과 눈꼬리는 팔(八)자로 처지고 늘 고민에 빠진 듯한 우울한 얼굴, 눈에 힘이 없고 슬픔에 젖은 듯 표정 전체가 가라앉아있는 불쌍한 얼굴, 또는 마주치기만 해도 냉기가 도는 차가운 얼굴, 그나마 어쩌다 웃는 게 비웃는 것처럼 보이는 얼굴은 아닌가. 만일 자신의 표정이 이중의 하나라면 이제는 바꾸어보자. 웃는 얼굴은 여유롭고 부드럽게 느껴진다. 부드러움은 자신감의 표현이고 긍정과 열정의 상징이기에 이는 신뢰로 이어진다. 더구나 미소는 감정 이입 효과가 있어서 상대의 감정도 긍정적으로 만든다. 미소는 입 모양을 구부리는 것에 불과하지만 수많은 것을 바로 펴주는 힘이 있다.

웃지 않으면 체포된다는 법이 있다면 믿을까. 1948년 미국 아이다호 주의 포커텔로에서 축제 기간 중에 웃지 않아 상대에게 불쾌감을 주는 사람을 체포하고 가짜 감옥에 수감한 후 기부금을 내야 출옥시켜주는 법령을 만들었던 필립 시장의 이야기는 유명하다. 그 후 1987년에 시청 직원이 이 해프닝을 신문사에 투고하여 포커텔로는 미국의 '스마일 수도'로 정해지기도 했다. 상대방에게 호감을 주기 위한 표현에 있어 가장 중요한 것이 적절한 미소다.

〈삼국지〉에 나오는 인물들의 표정을 분석해보면, 리더십이 뛰어난 인물일수록 호쾌하고 따뜻한 웃음을 짓는 것을 볼 수 있다. 유비는 무리를 이끈 지 20년이 지나도록 이렇다 할 땅덩어리가 없었다. 그러나 기록에 의하면 그의 얼굴에서는 잔잔한 웃음이 떠난 일이 없었다고 한다. 조조는 가장 큰 땅을 차지한 인물답게 위기에 처할수록 호방한 웃음을 지어 군사들을 안심시키고 어떤 위기에서도 약점을 잡히지 않았다. 유비의 웃음이 인품에서 배어나오는 것이라면 조조의 웃음은 의도적인 것이라고 할 수 있다. 이런 차이는 있지만 중요한 것은 두 지도자 모두 웃음의 위력을 잘 표현했다는 점이다.

뛰어난 웅변술로 유명한 나폴레옹은 혼자 있을 때면 거울 앞에서 당시 유명 배우들의 표정과 말을 연구했다고 한다. 말과 표정에 감정을 싣는 법을 연습한 것이다. 클린턴 전 미국 대통령의 미소 띤 얼굴도 유명하다. 그는 기자회견을 할 때면 항상 자신의 웃는 얼굴, 특히 입술 부분을 클로즈업 해줄 것을 기자들에게 미리 요구했다고 한다. 미소를 통해 여성 유권자들에게 자신의 매력적인 이미지를 전달하고자 했던 것이다. 표정 변화가 너무 없어 딱딱해보이는 우리나라의 리더들과는 대조적이다.

프랑스 대통령에 두 번이나 취임한 자크 시라크는 정치적인 능력뿐만 아니라 이미지 관리에 부단한 노력을 했던 인물로 유명하다. 그는 1988년부터 5년 동안 딸과 함께 정기적으로 뉴욕에 가서 이미지 컨설팅을 받았다고 한다. 한쪽 바지 주머니에 일부러 손을 넣어 자연스럽고 편안한 이미지를 만들고 고령의 이미지를 없애기 위해 대선 때는 파카를 즐겨 입었으며 머플러를 이용해 안정되고 멋스러운 분위기를 더했다. 또한 책상 아래에서 발을 심하게 떠는 습관과 굳은 표정을 바꾸었다. 굳은 표정은 더 이상 '진지함과 깊이'가 아닌 '경직과 불안'으로 전달될 수도 있기 때문이다.

우리나라 사람들은 표정이 굳어있는 편이다. 이에 대해 한 사회학자는 다음과 같이 설명한다. 유목 문화권인 서양 사회에서 살아남기 위해서는 늘 낯선 사람들을 상대해야 했다. 낯선 상대에게 도움을 청하기도 하고, 낯선 사람에게서 정보를 얻어야 했다. 자연히 능동적인 의사 표현에 익숙해질 수밖에 없다. 반면 우리 선조들은 폐쇄적인 농경문화에서 더욱이 수없이 외세의 침략을 받았다. 그 결과 낯선 얼굴에 대해서는 방어적이고 경계하는 심리를 갖게 되었다는 것이다.

좋은 표정을 만들기 위해서는 자주 쓰지 않아 경직된 근육부터 풀어주어야 한다. 안면 근육 이완 운동을 지속적으로 할 경우 효과가 매우 크다. 우리 얼굴에는 80여 개의 근육들이 있는데 이중 사람의 인상을 좌우하는 근육은 주로 입 근처에 몰려 있다. 이 근육들을 이완시켜 쉽게 움직이게 해야 한다. 입이 움직이는 모양에 따라 얼굴 표정이 완전히 달라 보이기 때문이다. 미소는 긍정적인 마음이 가장 중요하지만, 근육의 이완과 강화를 위해서는 연습과 훈련도 도움이 된다.

'미소는 최고의 화장술'이라고 한다. 미국의 피아니스트이자 코미디언인 빅터 보즈는 미소를 "두 사람이 가장 가까워지는 지름길"이라 표현했다. 웃는 연습을 하기 위해서는 우선 큰 동작으로 웃으면서 '하·히·후·헤·호'를 반복한다. 그리고 '김치·치즈·위스키' 같은 단어를 발음하며 웃는 입 모양을 연습한다. 나는 20년 전부터 주로 '까꿍'을 즐겨 활용한다. 아이에게 '까꿍' 하고 말할 때는 '귀엽다'는 뜻과 함께 '웃어보세요' 하는 마음이 담겨있기 때문이다. 그래서 어떤 단어보다 표정이 살아있다. 이런 연습은 좀 더 편안한 이미지를 연출하는 데 도움이 될뿐더러 건강에도 좋다. 표정의 변화는 발음 교정의 효과도 있으므로 반드시 해볼 것을 권한다.

국내 최고의 류마티스 전문의는 진료 전 가운을 입을 때마다 제일 먼저 거울을 보며 웃는 연습을 한다고 한다. 먼 곳에서 자신을 찾아온 환자들을 웃는 낯으로 대하도록 노력하는 게 당연하다고 말하는 그는, 실력만이 아니라 사람에 대한 애정 때문에 명성이 생기지 않았나 싶다. 그의 미소는 그의 환자들에게 단지 기분 좋은 얼굴이 아니라 애정과 신뢰로 가닿을 것이다. 그는 진료가 있기 전날 밤 9시 이후에는 음료수도 마시지 않는다고 한다. "화장실에 가느라 새벽잠을 설치면 환자에게 짜증을 내게 될까봐"라고 그 이유를 말하는 그가 환자에게 아무 처방이나 내릴까. 안 해도 될 수술을 권할까. 유능한 그에게 따뜻한 미소는 의사 가운이나 청진기만큼 진료의 기본인 셈이다.

몽테뉴는 "지혜로움을 나타내는 가장 분명한 표현은 명랑한 얼굴이다"라고 말했다. 사람은 자신 있고 여유가 있을 때 웃을 수 있다. 공격 당할까봐 방어적이 되거나 소심해지면 표정도 굳는다. 꾹 다문 입과 굳은 얼굴로는 자신의 의욕과 능력을 전달할 수 없다. 의욕과 능력을 전달하기 위해서는 표정부터 바꾸어야 한다. 여유롭게 얼굴 표정을 바꿀 수 있는 사람은 상대방의 사고와 감정도 리드할 수 있다.

서울 시립교향악단 상임지휘자 정명훈은 한 음을 30분 동안 반복 훈련시킬 만큼 연습에 철저하다. 그런 그가 실제 연주에서 지휘대에 올라 가장 먼저 보낸 신호는 지휘봉이 아닌 단원들을 향한 미소다. 연주에 앞서 초긴장 상태일 단원들에 대한 그의 애정을 전함으로써 연주를 성공적으로 이끈다.

따뜻하고 포용력 있는 표정을 위한 미소 훈련 기법은 첫인상에 도움을 준다. 체스(CHES) 법칙이 그것이다.

1. C(Chin) : 턱은 약간만 들어도 차갑게 보일 뿐 아니라 권위적인 느낌을 준다. 너무 내리면 늘 눈치를 보는 소심한 이미지를 주기 쉽다.

2. H(Head) : 머리를 한 쪽으로 기울이면 의심하거나 무성의해 보일 뿐 아니라 시선이 곁눈질이 될 수 있으니 주의한다.

3. E(Eye) : 웃는 눈빛은 입모양 못지않게 중요하며, 눈은 눈동자만 돌리지 말고 고개 전체를 돌려서 상대방을 정면으로 쳐다본다. 훨씬 부드러운 인상이 전달된다.

4. S(Smile) : 항상 웃고 다니면 실없어 보이거나 가벼워 보일까봐 웃지 못하는 사람이 많다. 그러나 이제는 '부드러움이 자신감'으로 해석되는 시대다. 항상 웃음을 잃지 않는 사람의 곁에는 늘 사람들이 많이 모인다. 낯선 사람을 대할 때 미소 짓기 어렵다면, 상대의 장점을 찾아보자. 이 만남에 감사함을 생각하자. 좀 더 따뜻하고 호의적인 표정으로 대할 수 있을 것이다.

제갈정웅 대림대학교 총장이 늘 가지고 다니는 것 중 하나가 거울이었다고 한다. 사춘기 소녀도 아닌 사람이 무슨 거울이냐 의아해하겠지만 그가 거울을 가지고 다니는 데는 특별한 이유가 있다. 그는 IMF 당시 대대적인 구조조정으로 회사가 혼란스러울 때 직원들에게 거울을 선물했다고 한다. "웃으면 웃을 일이 생긴다"는 문구를 함께 넣었고, 합병을 한 후 다시 거울을 선물했을 때는 변화에 대해 부정적으로 생각하지 말고 웃는 얼굴과 태도로 변화를 받아들이라는 뜻이었다고 한다. 어떤 긴 연설보다 메시지가 잘 전달되었다. 거울을 자주 보는 것은 표정의 변화와 긍정적 사고에 도움이 된다.

다소 권위적인 사고방식을 지닌 분들 중에는 "아쉬울 게 없는데 왜 상대에게 잘 보이려 웃느냐"고 반문하는 경우도 종종 보게 된다. 이는 수직적인 출발이다. 왜 꼭 도움을 받기 위해서만 상대에게 좋은 이미지를 주어야 하는가. 내게 나누어줄 귀한 정보, 지식과 능력이 있다고 자신한다면 보다 많은 사람들에게 나누어줄 기회를 갖기 위하여 좋은 이미지를 지니겠다고 개방적으로 생각하는 것이 어떨까.

평소 친분이 있던 사장님을 TV의 한 프로에서 보게 된 것이 반가워서 전화를 하니, 그의 목소리가 우울하다. 정작 본인은 TV화면을 보고 놀랐다고 했다. 자신의 표정이 그렇게 침울하고, 음색 또한 지루한지 몰랐다며 왜 진작 말해주지 않았냐고 핀잔을 주시기에, 전에 말씀드렸는데 왜 기억하지 않으셨냐며 함께 웃었던 기억이 난다.

PI 컨설팅을 받으려는 의뢰인들은 대부분 본인 모습을 객관적으로 확인한 뒤 컨설팅을 의뢰하는 경우가 많다. 어느 기업의 CEO도 사내방송에 나온 본인의 모습을 본 후, 그 '충격'으로 컨설팅을 받기 시작했다. 로버트 L. 슈크는 자신의 저서 〈매력적인 이미지〉에서 "좋은 이미지는 성공 뒤에 오는 것이 아니라 오히려 성공보다 앞서는 것"이라고 했다.

그런데 이미지를 말하며 사회적인 성공 여부에만 관심을 쏟는 것이 나는 좀 불편하다. 성공이란 것이 결국 인간관계와 리더십, 즉 사람들과의 문제이기에 이미지가 중요한 역할을 하는 것은 사실이다. 그러나 이미지에 애쓰는 이유가 오로지 성공하기 위해서는 아니었으면 좋겠다. 따뜻한 미소로 누군가가 위로받고 밝은 표정으로 누군가가 힘이 나는 것을 소중히 여길 때 아마도 성공은 따라올 것을 믿기 때문이다.

자신감이 생기는 용모를 갖춰라

2005년 〈USA Today〉는 미국 세인트루이스 연방 은행의 분석을 인용하여 고용 시장에서 외모로 인한 차별이 심각하며 외모가 고액 연봉과 밀접한 관계를 지닌 '무형 자산'이 된다고 보도했다. 기사에 따르면 평균 이하의 외모를 지닌 직장인은 평균 외모의 직장인보다 9% 가량 적은 연봉을 받았고, 준수한 외모의 직장인은 5% 많은 연봉을 받았다고 한다. 또 뉴욕 대학교의 사회학자 댈턴 콘리 교수는 여성의 몸무게가 1% 늘어나면 가계 소득이 0.6% 줄어든다는 연구 결과를 발표했다. 뿐만 아니라 포춘 선정 500대 기업 CEO는 평균 신장이 180cm로 성인 평균 키보다 7cm가 크다고 한다. 미국 법원에서의 한 조사에 따르면 외모가 좋은 사람은 그렇지 못한 사람에 비해 배심원의 형량이 상대적으로 낮다고 한다. 아름다운 사람이 법정에서도 좋은 결과를 얻고 유죄

판결을 받는 확률이 적고 배심원들이 더 동정심을 가진다는 것이다. 단, 사기죄의 경우에는 반대라고 한다. 그 외모 때문에 상대가 속을 수 있었다고 판단한다는 것이다.

최근 1,264명의 취업 예비자들을 대상으로 한 어느 성형외과와 인터넷 리크루트 회사의 공동조사에 따르면 98%가 "외모가 취업에 영향을 미친다"고 응답했으며 이들을 뽑는 기업의 인사 담당자 584명 중 94%가 채용시 "외모를 고려한다"고 밝혔다. 나 역시 그렇다. 그러나 외모는 단지 겉모습만을 보는 것이 아니다. 채용되고 싶은 회사의 면접에 시간과 정성을 들여 단장하는 것은 어찌 보면 최소한의 성의고 의무다.

외모지상주의를 뜻하는 '루키즘(lookism)'은 뉴욕타임스의 칼럼니스트 윌리엄 새파이어가 처음 사용한 말이다. 그는 루키즘을 인종, 성, 종교, 이념에 이어 또 하나의 차별적 기제로 지목했다. 외모가 개인간 우열과 인생의 성패를 가르는 잣대로 부각되고 있다는 것이다. 외모로 인한 차별을 전제로 하는 루키즘은 자본주의마저 시들해진 이데올로기의 공백기에 우리 사회를 지배하는 또 하나의 새로운 이데올로기로 떠오르고 있다. 아니, 날로 그 위세를 떨치고 있다.

그런데 외모에 대한 관심은 이제 여성만의 영역이 아니다. 요즘엔 남성들도 외모로 인한 강박관념에서 자유롭지 못하다. 실제로 수백만의 미국 남성들이 근사한 근육질 몸매를 만들어야 한다는 강박관념에 사로잡혀있다고 한다. 수많은 청소년들이 근육 강화제를 복용하고 있고, 심지어 초등학생들까지 자신의 신체에 대한 불만으로 우울증에 빠지는 경우가 있다고 한다. 이른바 아도니스 콤플렉스(adonis complex), 남성 외모 집착증이라고 하는 이러한 현상을 미국에서는 이미 사회적 신드

롬으로 규정하고 있다. 다이어트, 성형수술, 키 늘이기, 염색하기, 선탠, 피부 관리 등은 이제 더 이상 여자들만의 전유물이 아니다.

우리나라도 다르지 않다. 젊은 이미지를 연출하기 위해 피부과와 성형외과를 찾는 중년 남성들이 크게 늘고 있다. 연예인이나 면접 시험을 앞둔 젊은 층이 찾던 피부미용실과 성형 클리닉에 각계각층 중년 남성들의 발길이 이어지고 있다고 한다. 한 피부과 전문의는 "보기 흉한 여드름 흉터와 잔주름을 제거하기 위해 또는 점과 검버섯을 없애는 치료를 받으려고 피부과를 찾는 남자들이 전체 환자의 20%를 차지한다"고 말했다. 대머리 치료와 탈모 예방을 위한 모발 관리, 점과 검버섯을 빼는 일은 이제 다반사가 됐다. 각 화장품 회사에서 각종 남성 전용 화장품이 출시되고 있는 것은 요즘 남성들의 외모에 대한 지대한 관심도를 증명하는 현상이다.

이런 추세를 어떻게 바라봐야 할까? 물론 가장 중요한 것은 내면의 아름다움이다. 모두들 알고는 있다. 그러나 밖으로 보이는 아름다움으로 자신에 대한 호감도를 높일 수 있는 것도 피할 수 없는 사실이다. 그러나 그렇다 하더라도 '동안(童顔)'과 '몸짱'에 목을 매는 대한민국의 현주소는 지나치다싶다. '온안(溫顔)'의 따뜻한 표정으로 위안을 주는 이가 소중하고, 허리 굽혀 남을 돕는 이가 존경받았으면 좋겠다.

피부가 깨끗하고 이미지가 밝으면 상대방에게 적극적이고 활발한 성격의 소유자로 인식되는 경향이 있다. 특히 남성의 젊음은 '힘'의 상징이기도 하다. 피부나 인상으로 경제적인 수준까지 가늠되는 시대다. 좋은 인상은 상대방으로 하여금 호감을 갖게 만드는 효과가 확실히 있다. 요즘 20대 젊은 남성들은 피부에 관심이 많아서 기초 화장 정도는 기본으로 하는 것을 이상해하지 않는다.

여성이나 남성이나 외모는 이미지 관리의 대상이며, 지나치게 강박적으로 집착하지만 않는다면 외모 관리는 자신에 대한 관리 중 빼놓을 수 없는 한 부분이다. 상대방에 대한 배려라고도 할 수 있다. 또한 자신의 역할에 대한 노력과 성의의 시작이다.

21세기를 3D시대라고 한다. 3D는 디지털(Digital), 디자인(Design), 유전 정보(DNA)를 가리킨다. 한 사람의 외적 이미지는 3D의 '디자인'에 해당된다. 어떤 상품을 구입할 때 기왕이면 디자인이 좋은 것을 고르듯이 인간관계에서도 좋은 이미지를 가진 사람이 호감도가 높다. 상대에게 호감을 주는 이미지를 구축할 수만 있다면 대인 관계가 원만해지고, 나아가 삶의 질은 점차 높아지게 마련이다. 개성이 존중되는 개인 중심 시대에 삶의 질을 추구하는 현대인 모두에게 필요한 도구인 것이다.

외적 이미지의 개선이 이루어지면 심리적으로 시너지가 발생하여 자신감도 증폭된다. 얼마 전 텍사스 주에서 조사한 결과는 외모가 상대에게 전달하는 신뢰감을 확실히 보여준다. 횡단이 불법인 도로에서 허름한 작업복 차림의 남자가 무단 횡단하는 경우와 말쑥한 정장 차림의 신사가 그러는 경우, 정장의 신사를 따라 덩달아 무단 횡단하는 사람이 3배 이상 높았다고 한다. 왠지 명분이 있어 보이고, 행여 잘못되어도 책임져줄 것 같다는 것이다. 그들의 용모를 통해 말없는 설득이 이미 전달되고 있는 것이다.

벤자민 프랭클린은 "먹는 것은 자기가 좋아하는 것을 먹되, 입는 것은 남을 위해서 입어야 한다"라고 말했다. 이미지 관리를 할 줄 아는 사람들은 바로 이 점을 지킨다. 의상은 경우에 따라 첫인상의 전달 효과에서 70% 이상을 차지하기 때문이다. 복장은 상대의 기대에 부응하며 호감도를 높이는 절대적인 요소다. 상황과 대상에 맞는 옷차림을 할 줄 아는 능력은 자신을 돋보이게 하고, 자신을 상대에게 제대로 전달한다.

반대로 용모에 따라 상대를 오해하거나 심지어 상대를 속이는 경우도 있다. 영화 〈시카고〉에서 변호사는 피고인에게 수수한 옷차림으로 나올 것과 재판 중에 뜨개질을 하고 앉아있으라고 지시한다. 피고인이 뜨개질을 할 줄 모른다고 하자, 배워서라도 하라고 한다. 선하고 차분한 이미지가 피고인에게 유리했기 때문이다. 실제로 배심원 제도를 실시하는 미국의 법원 근처에는 이미지 컨설팅 회사들이 제법 많다는 점이 재미있다.

당나라에서 시작하여 우리 전통사회의 관리를 뽑는 시험에서 인물의 평가 기준으로 삼았던 신언서판(身言書判) 역시 언변이나 필적과 판단력보다 우선시하던 것이 단정하고 바른 몸가짐이었다. 커뮤니케이션에 있어서 현대사회는 외적인 비주얼 부분을 간과할 수 없다. 21세기는 이미지 커뮤니케이션의 시대다. 자신의 부가가치를 최고로 높이고 싶다면 자기만의 고유한 이미지를 구축해야 한다. 제아무리 의학적 실력이 뛰어나다 할지라도 사회가 요구하는 전략적 이미지, 즉 자신의 직위와 역할에 걸맞은 이미지를 연출할 줄 아는 것은 자신의 능력을 보여주는 또 하나의 시작이다.

패션도
능력임을 기억하라

　시대가 변할수록 의상의 기능은 매슬로우가 제시하는 5단계 욕구의 상위 순위로 변화한다. 복식의 기원은 생리적 욕구와 안전의 욕구다. 그러나 이에 그치지 않고, 점차 사회적으로 자신을 인정받고 싶은 욕구, 자신이 존중받기를 원하는 욕구, 나아가서 자기실현의 욕구로까지 확대되고 있다.
　내가 뉴욕에 있을 때, 낯선 서양인들의 첫 질문은 으레 '국적'이었다. 나는 "Are you Japanese?" 하며 물어 오는 것에는 병적으로 기분 나빠하곤 했는데, 어느 날 문득 공통점을 발견했다. 공부와 아르바이트에 지쳐 용모가 엉망인 나에게는 매번 "Are you Chinese?" 하고 물어왔다. 그런 반면, 멋을 좀 낸 날에는 아예 일본어로 첫 인사말을 건네오는 경우가 많았다.

용모에 따라 타인의 반응과 처세가 다른 것을 느끼며 우울했던 기억은 누구에게나 있겠지만, 어쩔 수 없다. 남녀의 데이트 때에도, 면접 때에도, 기업의 프레젠테이션 룸에서도 우리는 용모를 통해 우선 상대를 읽는다. 용모에는 메시지가 담겨있어야 한다. 상대에 대한 성의와 존중 그리고 역할에 맞는 이미지를 연상할 수 있는 준비와 관리가 필요하다.

여성은 남성에 비해 오랜 기간 구체적인 교정을 해왔고, 언제나 주변에는 정보가 넘쳐나지만 문제시되는 용모 상태도 적지 않다. 형편이 어려운 친구도 참석하는 동창회에서 자랑하는 보석 반지는 그 값이 얼마일지라도 빛을 잃을 것이다. 결혼식장에 신부보다 더 예쁘게 하고 나타나는 친구의 용모는 당연히 흉거리다. 그 우정이 의심스럽기 때문일 것이다.

개성도 좋고 유행도 무시할 수 없지만, 용모는 상황과 대상에 맞는 것이 가장 중요하다. 그런가 하면, 자신이 좋아하는 색상보다는 자신에게 어울리는 색상 진단을 통하여 이미지를 더욱 돋보이게 살릴 수 있다. 또한, 의상의 디자인과 소재를 조금 더 신중히 선택한다면 자신의 감추고 싶은 약점을 충분히 보완할 수도 있다.

반면, 우리나라 남성들은 평균적으로 멋을 잘 모른다. 그래서인지 조금만 깔끔하게 코디하여 맞춰 입어도 직업이 의심스러워지기도 한다. 한 번은 백화점의 드레스 셔츠 코너에서 "나 연두색만 없어" 하며 마저 그 색을 사는 30대 남성을 본 적이 있다. 아마도 옷장에는 일곱 가지 무지개색의 셔츠가 다 있나 보다. 시대가 변하여 흰색 셔츠만 입지 않고 자신의 개성을 살릴 폭이 넓어진 것은 다행이지만, 절대 입지 말아야 할 색이 분명 있다. 장동건이나 정우성만큼 잘 생겼다면 그 이목구비에 정신이 팔려 웬만한 색은 다 어울린다고 하겠지만, 대부분의 사람들은 자신의 피부톤이나 인상을 고려할 때 선택할 폭이 그리 넓지 않다.

또한 넥타이는 양복의 색상 변화 폭이 좁은 만큼 용모의 이미지를 좌우하는 아주 중요한 포인트가 된다. 남성들 역시 넥타이의 유행에 민감하다. 강의를 하다보면 거의 비슷한 색이나 무늬가 자주 눈에 띈다. 전반적으로는 너무 짙은 색의 타이를 하는 것은 좀 피해야 하지만, 무엇보다 현재 이미지를 보완할 수 있는 색과 무늬를 이해하고 활용하는 것이 가장 중요하다. 흰 피부가 아니라면 파스텔 톤의 넥타이는 피하는 것이 좋다.

복장의 색상과 디자인은 물론, 안경이나 액세서리 등의 소품을 이용함으로써 자신이 의도하는 이미지나 용모를 보완·연출하는 것은 매우 중요하다. 이를 통해 나의 능력을 긍정적으로 예감하는 타인과 기분 좋은 관계를 시작할 수 있다. 매우 마른 체형의 경우, 초라해 보이거나 예민해 보이지 않는 연출이 필요하다. 팽창색인 밝은 갈색, 회색 색상이 선명한 체크나 헤링본 체크 등을 이용하고, 넥타이 색 역시 밝은 계통으로 따뜻하거나 붉은 계열이 좋다. 넥타이 문양은 규칙적이거나 지나치게 작은 프린트는 피하는 것이 좋으며, 깃의 간격이 벌어진 윈저 스타일의 셔츠가 적당하다. 체형 보완을 위해 더 헐렁하게 입는 경우가 있는데 이는 마른 체형을 더욱 강조하는 역효과를 낸다.

반면 둔해 보이거나 너무 큰 체형이라면, 보다 스마트한 이미지를 위하여 몸에 끼는 스타일의 옷을 착용하는 것은 피하고, 인상을 고려하여 다크 계열의 검정이나 진한 회색을 선택하면 퍼져 보이는 체형을 작게 보이도록 하는 효과를 가져올 수 있다. 또한 넥타이의 매듭이 너무 크거나 작지 않게 약간 헐렁한 기분으로 매주는 것이 얼굴을 커 보이지 않게 한다. 색상에 있어 따뜻한 색은 퍼져 보이므로 차가운 색으로 한다. 무늬는 솔리드나 선명한 것으로 하되, 스트라이프나 규칙적인 무늬로 포인트를 준다. 드레스 셔츠는 목을 조이는 탭칼라, 버튼다운 스타일은 피하고 깃이 뾰쪽한 것이 제격이다. 슈트는 단색의 싱글 브레스트 슈트로 입는 것이 당연히 날씬하고 세련되게 보이며, 이때 상의가 너무 길지 않게 주의한다.

체형에 관계없이 남성에게 있어 가장 악센트가 되는 곳은 양복 깃과 타이가 만나는 브이존(V-zone)이므로 소홀히 하면 안 된다. 브이존은 타이를 중심으로 드레스 셔츠가 보이는 가슴 중앙 부분을 말한다. 아무리 좋은 슈트를 입어도 이 부분을 제대로 살리지 못한다면 멋쟁이가 되기 어려운 반면, 조금만 신경 써도 최상의 빛을 보게 된다.

창백한 피부에 날카로운 인상, 마른 체격이라면 금속성이 강한 안경테나 화이트 드레스 셔츠, 짙은 색상의 슈트는 피하는 것이 조화롭다. 용모뿐만 아니라 조금은 차분한 톤의 빠르지 않은 음성이 더해진다면 이미지 보완에 효과적이다. 반면 너무 편안하고 수수한 인상이라면, 셔츠의 깃의 간격이 좁고 날카로운 디자인, 스트라이프 소재를 활용하며 엷은 칼라보다는 짙은 색상의 슈트를 이용하고, 너무 크지 않은 가죽 가방, 넥타이도 원보다는 선을 강조한 디자인을 통하여 논리적이고 단호한 이미지로 보완할 필요가 있다.

또한 근무시 캐주얼을 입는 경우에도 청바지보다는 다림질이 잘 된 면 소재의 바지와 깃이 있는 면 셔츠 정도가 무난하다. 캐주얼 차림이라 하여 청바지나 현란한 원색, 라운드 티셔츠 등의 운동복 수준으로 입는 것은 예외적인 몇 개의 특수 업종을 제외하고는 오해를 줄 수 있다.

남성의 액세서리는 매우 제한적이어서 조금만 과해도 크게 거슬리기 쉽다. 흔하게 볼 수 있는 것이 정장 셔츠에 비치는 굵은 금목걸이다. 캐주얼 차림일 때는 물론, 정장일 때는 더욱 피하는 것이 좋다. 번쩍거리는 시계, 보석 알이 크고 테가 굵은 금반지, 굵은 팔찌 역시 점잖은 비즈니스맨에게는 금물이다.

셔츠의 소매 끝에 커프 링크스를 하거나 타이핀을 하는 것은 어느새 흔해졌지만, 시간, 장소, 상황에 맞는 연출이 필요하다. 일상적인 상황에 보석이 달린 차림은 오히려 촌스러울 수 있으므로 평소에는 금, 은 제품 정도로 심플한 디자인의 것으로 하고, 행사나 만찬에는 조금 더 화려하게 슈트의 칼라나 피부색을 고려하여 보석 장식이 있는 것을 하면 더 돋보인다. 단, 넥타이 홀더를 너무 높은 위치에 하여 브이존에서 홀더를 다 보이기보다는 양 끝이 약간씩 가려지게 하여 전체의 2분의 1 정도의 길이만 중앙으로 보이게 하는 것이 좋다.

그런가 하면 넥타이의 매듭 부분을 깔끔하게 모아주는 칼라 바(Collar Bar)는 많은 분들이 애용하지는 않지만, 잘 쓰면 쉽게 멋쟁이 느낌이 든다. 그러나 목이 굵거나 짧은 사람이 하면 더욱 답답해 보이므로 삼가야 한다.

봄, 가을로 스카프를 하는 것도 참으로 멋스러운데, 재킷이나 셔츠와 유사한 색으로 전체 칼라 톤을 차분하게 하는 것이 너무 튀지 않고 점잖아 보인다. 당연히 이 역시 얼굴의 크기나 목의 길이를 고려해야 한다. 목이 굵다면 목 주변은 무조건 심플하게 한다.

요즘은 슈트의 질 못지않게 멋의 기준이 되는 것이 소품이다. 중요한 서류의 서명을 위한 고급 펜은 물론, 벨트와 구두가 대표적이라 할 수 있다. 특히 액세서리가 제한되는 남성에게는 이 세 가지만큼은 좋은 것을 권하고 싶다. 벨트의 버클은 심플한 디자인이 정장으로 더 어울리며, 넥타이 홀더나 시계의 칼라와 일치되도록 옐로 골드와 화이트 골드로 두 가지를 준비해두면, 작은 차이로 멋을 낼 수 있다. 시계의 테두리는 옐로 골드 칼라에 벨트 버클은 화이트 골드, 구두 장식은 다시 옐로인 경우에는 다 명품이어도 멋쟁이 소리를 듣기는 어렵다.

구두는 캐쥬얼과 정장용을 구분하여야 함은 당연하며, 양복의 색깔보다 약간 진한 색으로 해야 안정감이 있다. 검정색과 다크 브라운으로 두 가지 정도 준비하여 교대로 신는 것이 오히려 경제적이고 단조롭지 않아 좋다. 검정색 구두는 어디나 다 어울리지만 특히 감색·회색·검정 양복에 신고, 브라운·카키·베이지 등의 양복에는 브라운 계열의 구두를 신으면 감각 있는 느낌을 줄 수 있다. 뒤축이 비스듬히 닳거나 뿌연 구두, 걷기에나 편한 통굽 스타일의 구두는 모임 전에는 반드시 갈아 신고 가자. 윤이 나는 깔끔함에서 신사의 멋이 마무리된다.

귀걸이를 하거나 중절모까지의 도전은 아니더라도 인상을 고려한 안경테나 체형에 어울리는 서류 가방인지 살펴보고 한 번쯤 바꾸어보는 것은 어떨까. 남을 위해서가 아니라 본인을 위해 멋을 내보자. 나의 소품들은 그저 멋만이 아니라 나의 이미지 보완에 말없이 한몫 해줄 것이다.

용모 관리는 '자신을 제대로 전달하기'의 시작이다. 우리가 흔히 말하는 '의식주(衣食住)'에는 의(衣)가 가장 앞에 있다. 우리의 선조들이 먹고 사는 일보다도 우선하여 조심하고 중요시하던 부분이 복장이라는 의미가 아닐까.

최초 3분간을 잡아라

서로가 타인인 우리는 한정된 시간과 공간 속에서 서로를 평가하고 인지한다. 사람은 낯선 상대를 만났을 때 짧게는 15초에서 길어도 50초 안에 "아, 이 사람은 이런 사람일 것이다" 하고 그 사람의 첫인상을 결정한다.

미국의 심리학자 고든 올포트의 '대인지각이론'에 의하면 사람들은 낯선 대상을 만나 불과 30초 안에 상대의 성별, 나이, 체격, 직업, 성격, 신뢰감, 성실성 등을 어느 정도 평가할 수 있다고 하니 새삼 놀라운 일이다. 바로 첫인상의 힘이다. 물론 지내다보면 첫인상과 다른 장단점이 추가되어 그 사람에 대한 이미지가 바뀌는 경우가 많이 있다. 그러나 앞서도 말했듯 그것은 시간과 노력은 물론 어느 때는 경비까지 많이 들이고 난 후의 일이다. 또 한 번의 만남을 통해 상대의 모든 것을 판단할 수는 없지만 '다음에 다시 만나고 싶다', '이 사람과 사귀어보고 싶다', '이 사람과 거래를 해보고 싶다'는 판단을 첫 만남에서 하게 된다. 그러므로 자신의 첫인상을 관리하는 일은 아주 중요하다.

처음 만난 상대가 말이 별로 없고 표정의 변화도 별로 없다면 과묵하다고 여겨질 것이고, 목소리가 차분하고 말과 행동을 천천히 하는 사람을 보면 침착한 이미지로 느껴질 것이다. 표정이 밝고 첫 만남에 대화를 능숙하게 이끌며 호의를 보이면 사교적인 사람이라는 인상을 받을 것이다. 또한 눈을 자주 깜박이는 습관이 있다면 불안하고 솔직하지 못한 것으로 오해를 받을 수 있을 것이며, 낯선 사람 앞에서 쑥스러워서 어떤 말도 먼저 꺼내지 못한다면 상대방은 그를 소극적이거나 혹은 권위적인 이미지로 기억할지도 모른다. 심지어는 자신에 대해 상대할 가치가 별로 없다고 평가하는 것으로 생각이 들어 위축되기도 할 것이다.

몇 해 전, CEO들을 위한 와인&컬쳐 클래스가 있어서 주위 분의 권유로 수강하게 되었다. 참석자의 명단을 보니, 나 같은 중소기업 사장으로서는 신문에서나 그 얼굴을 보았을 뿐인 대단한 인사들의 이름이 많이 보였다. 외적인 이미지와는 다르게 숫기가 별로 없는 나는 첫날 강의 시작 전에 가진 리셉션 자리가 얼마나 낯설었는지 모른다. 용기를 내어 다가가면 명함을 교환하며 단지 이름만 말하고 더 이상 아무 얘기도 하지 않는 분도 있었다.

그런데 그 자리에서 훌륭한 분을 만나게 되었다. 그 후 어느 자리에서 그분의 이름을 들으면 "참 좋은 분"이라고 칭찬부터 하게 되었다. 우리나라의 내로라하는 광고대행사인 웰콤의 문애란 대표다. 그는 반가운 얼굴로 명함을 주더니 "말씀 많이 들었다"며 주변에 있던 다른 인사들에게 자신이 아는 나의 활동들을 매우 긍정적으로 이야기해주시는 것이었다.

그 명성에도 불구하고 어색한 이에게 따뜻한 친절을 베푼 겸손한 첫인상은 낯선 타인의 마음을 사로잡기에 충분했다. 30명을 한꺼번에 만난 자리이고 다른 멋진 분들도 많았지만 돌아오는 내 머릿속에는 문애란 사장이 가장 선명하게 기억되고 있었다.

첫 만남에서 매력적이고 강한 인상을 주지 못하면 그 이상의 관계로 발전하기가 매우 더디거나 불가능하기까지 하다. 즈닌의 '최초의 3분간'이라는 이론에 따르면 사람은 상대방을 만나서 최초의 3분 이내에 대부분 모든 인상을 결정해버린다고 한다. 사회학자인 메긴슨은 첫인상에서 호감을 주면 심리적 계약이 발전하여 신뢰가 형성되고 영향력이 커지지만 거부감을 주면 계약 발전에 실패하여 관계가 정지된다고 했다. 첫인상의 중요성은 아무리 강조해도 지나침이 없을 것이다.

그렇다면 무엇이 첫인상을 결정할까? 전문가들의 연구에 따르면 외모가 80%, 목소리가 13%를 차지하며, 많은 사람들이 중요하다고 믿는 인격은 불과 7%밖에 작용하지 않는다고 한다. 당연히 인격이 가장 중요하지만, 첫인상에 있어 그 인격을 담는 것이 결국 시청각 요소들을 통한 처세임을 말하는 것이다. 한 개인의 이미지는 표정, 헤어스타일, 패션, 자세, 스피치, 매너와 에티켓, 보디랭귀지 등에 의해 결정된다.

오래 전 고 정주영 전 현대그룹 명예회장이 정치에 입문했을 때 후원회 모임에 다녀온 어머니께서는 그 후 오랜 세월 동안 그에 대해 긍정적인 이미지를 가지고 있었다. 그가 손을 잡으며 "손이 따뜻하신 걸 보니 마음이 더 따뜻하신 분인 것 같다"라고 인사를 했다는데, 나의 어머니는 그 다음부터 긴 세월 정주영 회장의 행보는 뭐든 다 좋게만 해석하셨다. 그의 소식을 접할 때면 두고두고 그날의 기억을 떠올리며 칭찬의 말씀을 아끼지 않으셨다.

인사말 하나가 긍정적인 '초두 효과(Primacy Effect)'를 일으킨 것이다. 초두 효과란 첫 이미지 정보의 전달 효과다. 상대방에게 전달되는 이미지 중에서, 처음에 강하게 들어 온 하나의 정보는 전체적인 판단에 결정적이라는 것이다. 사람은 이 하나의 정보를 통해 전체를 판단하는 경향이 있기 때문이다.

이러한 초두 효과는 '맥락 효과(Context Effect)'로 이어진다. 맥락 효과란 처음에 내린 판단에 따라 이후에 입력되는 정보들에 대한 판단이 맥을 잇게 된다는 것이다. 첫 이미지가 긍정적이면 다음에 들어오는 정보도 긍정적으로 처리될 가능성이 월등히 높아지게 되는 것이다.

첫 만남에서 이미지가 좋았던 문애란 사장이 그 다음 주 모임에 못 나온 경우에는 너무 바빠서 그런 것으로 생각하는 반면, 첫 이미지가 좋지 않았던 사람이 그런 경우에는 무성의한 것으로 생각하는 것이 맥락 효과의 위력이다. 이미지를 좋게 갖고 있는 사람이 회의에서 여러 가지 의견을 내면 적극적인 모습으로 보이지만, 그렇지 않은 사람이 여러 가지 이야기를 하면 불만이 많은 것으로 생각하거나 "왜 저렇게 나서나" 하며 부정적으로 해석하게 된다.

누군가를 처음 대하는 자리에서 나는 어떤 모습을 보이는지 떠올려 보자. 말없이 밥만 먹지는 않았는가? 누군가가 말을 시작하기를 기다리기만 한 것은 아닌가? 그렇다면 다음의 몇 가지 요령을 익혀두자.

우선 만남의 성격이나 참석자에 대한 정보를 미리 넉넉하게 챙겨서

가면 자신감도 있고 열린 이미지를 줄 수 있다. 그 정보들을 토대로 관심을 보이는 질문도 하고 관련된 얘깃거리를 꺼내면 대화를 이끄는 데 도움이 된다. 특히 첫 만남에서는 정치나 경제 같은 심각한 이슈보다는 당연히 취미나 운동, 여행과 같은 부담 없는 화제를 꺼내는 것이 좋다.

한 번은 다양한 직업군으로 구성된 명문 고교 동창 모임에 게스트로 참석한 일이 있다. 모임은 CEO, 대기업 임원, 외교관 등 다양한 업계에 종사하는 15명 정도의 사람들로 구성되어 있었다. 나는 참석하기 전에 참가자의 리스트를 받아 개개인과의 대화거리를 찾았다. 예를 들어 은행의 부행장과 대화하기 위해서는 해당 은행의 홈페이지에 접속해 최근의 동향을 파악하고 그 은행의 최근 바뀐 로고의 의미까지 다시 한 번 확인했다. 대기업 임원으로 있는 사람과의 대화를 위해서는 업계의 최근 이슈와 뉴스를 참고로 검색해보았으며, 모 국가의 대사로 곧 떠날 분에 대해서는 해당 국가의 특성과 관광지들을 살펴보았다. 이렇게 준비한 덕분에 낯선 만남이었음에도 불구하고 한결 편안한 대화의 자리가 될 수 있었다. 만약 아무런 사전 준비 없이, 나에게 호의적이기만을 기대하며 참석했더라면 그저 불편하고 서먹한 자리였을 것이다. 인위적인 느낌이 들지 모르지만 낯선 대상과의 자리에 대한 존중이고 상대에게 잘 보이기 위한 것이 아니라 우선 나를 편안하게 해주기 위한 노력이다.

그런가 하면 첫 만남에서 지나치게 자기를 드러내는 일은 삼가는 것이 좋다. 겸손하지 못하다는 인상을 줄 수 있기 때문이다. 무엇보다 음식을 타박한다거나 환경을 비난하는 부정적인 말들은 피하는 것이 좋다. 얼마 전 일식집에서 어떤 모임을 가진 적이 있는데, 달걀찜이 나오자 어떤 분이 당시 이슈였던 조류독감 얘기를 꺼냈다. 순간 잘 먹고 있던 다른 사람들이 머쓱해졌음은 물론 모임의 분위기가 잠시 어색해졌다. 사람이 적게 왔다거나 테이블이 협소하다거나 장소가 마음에 들지 않는다는 등 동참자가 아닌 평가자의 입장에 선 것 같은 언행을 하면 매사에 투덜대기만 하는 것 같은 이미지를 주게 된다.

첫 만남에서 말의 내용보다 더 중요한 것이 시각적인 요소라는 점을 잊지 말고, 만남을 반가워하는 표정, 말을 하고 들을 때 자주 상대방을 바라보는 시선, 고개를 끄덕이거나 맞장구를 침으로써 동의하고 있다는 경청의 표현을 많이 하는 것이 좋다. 멀리 있는 음식을 옮겨주거나 불편을 덜어주는 호의적인 태도를 적극적으로 보여준다면 상대방이 나를 인상 깊게 기억할 것이다. 어느 사장님은 상대방이 청탁을 할까봐 경우에 따라 명함을 주기가 망설여진다고 말한다. 그러나 첫 만남에서 명함을 주는 것은 기본이다. 그럴 때는 명함에 개인 연락처를 빼고 회사 번호나 이메일 주소만 남겨두는 것이 낫다.

그런가 하면, 우리나라 사람들은 전통적으로 나이에 따른 위계서열을 중시하는 경향이 강해 처음 만났을 때 상대방의 나이부터 따지려 드는 경우가 많은데, 그다지 좋게 보이지는 않는다. 업무에서 나이를 따져 사적인 감정을 개입시키는 것은 웃어른을 공경하는 것과는 전혀 다른 문제다. 상대방에게 나이를 묻고는 자기보다 아래인 것으로 밝혀지면 "아, 그럼 내 막내동생 뻘이네"라며 은근슬쩍 말을 놓거나 태도가 거만해지기 시작하는 사람이 있다. 지극히 개인적인 만남이라면 모를까, 이러한 태도는 상대방을 불쾌하게 만든다. 상대방이 나보다 나이가 적다 하여 그 사람을 아랫사람 대하듯 할 것인가? 공적인 모임이나 비즈니스 자리에서 몇 년 생인지, 몇 살인지를 묻는 것은 실례이고 프로답지 못하다고 할 수 있다.

또한 모임이 끝나자마자 혹은 끝나기 전에 서둘러 슬쩍 자리를 뜨면 이 만남에 별 가치를 안 두는 모습처럼 오해받을 수 있다. 따라서 바쁜 일정 때문에 부득이하게 자리를 일찍 떠야 하는 경우에는 시작할 때 미리 양해를 구하도록 한다. 헤어질 때는 함께한 시간들에 대한 감사와 유쾌함을 꼭 마무리 인사말로 표현해주어야 한다. 그런가 하면 첫 만남에서 지나치게 친근하게 접근하면 상대가 부담을 느낄 수 있으므로 주의해야 한다. 처음 만난 날 다짜고짜 다음 주에 찾아 뵙겠다거나 운동 약속을 청하는 것 등은 삼가도록 한다.

한 번을 만나도 인상적인 사람이 있고, 몇 번을 만나도 기억에 잘 남지 않는 사람이 있다. 정치인이나 CEO들은 물론이고 이 시대를 사는 우리는 낯선 자리에서 처음 만나는 사람들을 상대로 자신의 이미지를 선명하고도 긍정적으로 남겨야 하는 수많은 상황에 처하곤 한다. '이미지' 하면 추상적이고 막연하게 생각하기 쉽지만, 사실 나 자신을 구체적으로 드러내는 여러 시청각적인 표현들을 통해 나의 감정과 사고를 전달하게 되며 상대는 이를 통해 나의 이미지를 인식한다.

뭔가를 얻어내려고, 잘 보이려고 노력하는 궁색함은 결코 좋은 첫인상을 전하기는 어렵다. 그저 좋은 만남에 감사하고 "제가 도와드릴 것이 있다면 무엇이든!"하는 당당한 나눔의 마음에서 출발한다면 별다른 훈련 없이도 이미 여유 있는 그 표정으로 사람들의 기억에 남을 것이다.

온몸으로
말하라

 2002년 월드컵 국가대표팀 감독이었던 거스 히딩크 하면 떠오르는 것이 있다. 골이 들어갈 때마다 보여줬던 어퍼컷 제스처. 그만의 트레이드 마크였다. 처칠 수상 하면 떠오르는 것은 승리의 브이(V)자다. 그는 기자들이 자신의 사진을 찍을 때마다 항상 의식적으로 제2차 세계대전에서 연합군이 승리하리라는 뜻으로 Victory란 단어의 맨 앞 자를 손가락으로 만들었다. 승리의 이면에 있는 전쟁의 참담함을 동시에 표현하는 코드로 가장 적합한 제스처가 바로 이 브이(V)자 표시였다.

 반대로 제스처 하나 때문에 곤혹을 치르는 경우도 있다. 아버지 조지 H. W. 부시 전 미국 대통령은 93년 호주를 국빈 방문했을 때 리무진 뒷좌석에 앉아 승리의 브이(V)표시를 했다. 거기까지는 좋았는데 손등이 밖을 향하게 했다는 것이 문제였다. 영국이나 호주에서 이 제스처는 심한 욕설의 의미였던 것이다. 아들인 조지 부시 전 대통령은 늘 인상을 쓰며 훈계를 하다가 주먹을 불끈 쥐고 의지를 다지는데 이것은 '말보다 행동'으로 해석된다. 이미지 관리 분야에서 자주 언급되는 존 F. 케네디는 바지 주머니에 한 쪽 손을 넣은 여유로운 모습을 자주 연출하여 여성들에게 편안한 보통 남성의 모습을 인식시켰는가 하면, 연설할 때 강조하고자 하는 대목에서는 늘 검지손가락을 곧추세우곤 했다. 수동적으로 바라만 보는 관중에게 "바로 이것이 포인트다" 하는 강한 효과를 주는 것이다.

이처럼 제스처 하나만으로도 자신만의 이미지를 만들 수 있다. 몸은 의사소통의 중요 수단이다. 그래서 "몸은 입으로 하는 말보다 더 많은 것을 이야기해준다"라는 속담이 있고, 협상법에서는 '귀로, 눈으로, 상대의 신체를 통해 들으라'고 강조한다. 만나는 상대가 대화 중 계속 시계를 본다면 매우 바쁘고 시간에 쫓기고 있다는 인상을 받아 불편해진다. 어쩌면 상대는 선물 받은 새 시계에 자꾸 시선이 가는 것뿐일지도 모르는데 말이다. 그런 것을 보면 커뮤니케이션이란 비언어적 요소에 많이 의존하고 있는 것이다.

웹스터 사전에 제스처란 "생각이나 감정을 표현하거나 강조하기 위해 몸 전체 또는 몸의 일부분을 움직이는 것"이라고 풀이하고 있다. 신경생리학자인 프랭크 윌슨 교수는 손 제스처가 인간을 인간답게 한 '말'의 모태였다고 말한다. 손으로 어떤 것을 가리키면서 언어가 발달하기 시작했다는 것이다. 원시인들을 떠올리면 쉽게 연상이 될 것이다.

사실 현대에는 제스처가 언어의 보조적인 수단으로 의사전달을 하지만, 원시시대에는 말보다 보디랭귀지가 의사소통의 주된 수단이었다.

화났을 때 탁자를 치는 것은 예나 지금이나 가장 빠른 의사소통 수단이다. 재미있는 것은 사람에게는 이런 몸동작이 출생 14개월이면 나타나지만 침팬지에게는 없다는 것이다. 본능적인 동작이 아닌 의사 표현으로서의 제스처는 사람만의 것이다.

UCLA의 앨버트 메라비언 교수에 의하면, 커뮤니케이션을 할 때 우리가 가장 중요하게 생각하는 말의 내용은 불과 7%만을 차지하는 반면, 목소리의 높이나 속도, 발음, 억양과 악센트 같은 청각적인 요소는 38%, 그리고 용모나 표정, 제스처 등의 시각적인 요소는 무려 55%를 차지한다고 한다.

우리가 사람을 만나서 얘기를 나누는 것은 상대방에게 자신의 뜻을 정확히 전달하고자 하는 데 목적이 있다. 그러나 자신도 의식하지 못하는 사이에 눈이나 손의 동작, 걸음걸이, 얼굴 표정 등으로 상대방에게 자신의 뜻을 잘못 전달해버리는 경우가 의외로 많다.

그렇지만 많은 경우 제스처의 중요성이 간과되곤 한다. 회의나 협상 때 팔꿈치를 계속 책상 위에 올려놓고 있거나 탁자 아래로 축 늘어뜨리지는 않는가? 팔꿈치를 책상 위에 올리면 어깨에 힘이 많이 들어가서 권위적이거나 경직돼 보이고, 옆으로 비스듬히 앉거나 팔을 탁자 밑으로 축 늘어뜨리면 너무 긴장감이 없어 보인다. 정면으로 앉아서 八(팔) 자 모양으로 탁자의 모서리 부분에 팔꿈치가 닿도록 올려놓는 것이 적당하다. 중요한 내용을 말할 때 중간 중간 두 손을 힘 있게 맞잡으며 말하면 훨씬 더 개방적이고 힘 있는 이미지를 줄 수 있다.

여러 사람 앞에서 말하거나 연단에 서야 한다면 제스처의 중요도는 한결 높아진다. 인상 깊은 스피치를 하고 싶다면 강하게 전달하고자 하는 단어에서 손을 펴면서 내밀거나 주먹을 쥐어보자. 메시지를 훨씬 더 강렬하게 전달할 수 있다. 손가락을 잘 이용해도 비슷한 효과를 얻을 수 있다. 적절한 손가락 제스처는 자신감과 의지를 보여주면서도 논리적인 이미지를 전달하기에 아주 효과적이다. 말하지 않고 내용을 설명할 수 있는 동작들을, 말하며 표현해보라. 상대에게 전달되는 내용은 더욱 풍성해진다.

우리나라 사람들은 연설을 할 때 제스처를 너무 자주 쓰거나, 혹은 반대로 전혀 쓰지 않은 채 가만히 서서 원고를 내려다보며 그저 연설문을 읽어 내려가는 경우가 대부분이다. 반면 세계적인 인물들의 공통점 중 하나는 절도 있으면서도 강렬한 제스처가 있다는 것이다.

컴팩 경영자 궐기대회에서 에커드 파이퍼 전임 CEO는 무대 위 연단에 바싹 다가서서 준비된 원고를 그저 읽었던 반면에, 마이클 카펠라스 신임 CEO는 무대 위를 활보하며 제스처를 강하게 표현하여 대조적이라는 평을 받았다. 훨씬 개방적이고 능동적인 이미지를 전달한 것이다.

우리나라의 경우에서도 조명재 전 LG생활건강 사장은 늘 두 손으로 악수함으로써 특별히 따뜻함을 전하는 것을 강조하는 것으로 유명한가 하면, NHN 이사회 이해진 회장은 긴 팔을 앞으로 크게 휘두르면서 양손을 바깥으로 끄집어 펼치면서 말하는 모습으로 그를 기억하는 사람들이 많다. 이처럼 보디랭귀지는 단조롭고 무미건조한 스피치보다 훨씬 강하고 절실한 메시지를 상대에게 전달한다.

체격이 작거나 성격이 조급하다면, 손만 움직이기보다는 팔 전체를 움직여본다. 천천히 그리고 동작을 약간 크게 하는 것이 중요하다. 훨씬 노련하고 여유 있는 이미지를 심어줄 수 있을 것이다. 반대로 체격이

크거나 혹은 무표정한 이미지를 가지고 있는 사람은 부드럽고 작은 제스처가 더 알맞다. 너무 빠르거나 큰 동작은 오히려 너무 강한 이미지를 만들 수 있으므로 주의한다.

자신도 인식하지 못하는 습관적인 제스처 중에는 오해를 살 만한 것들도 많다. 항상 팔짱을 끼고 있는 자세는 너무 방어적으로 보이고, 코끝에 안경을 걸치고 올려다보는 습관은 상대를 의심하거나 관찰하는 것 같아서 상대의 마음을 불편하게 할 수도 있다. 습관적으로 시계나 휴대폰을 자주 보거나 손끝으로 테이블을 계속 치고 있다면 불안하거나 집중하지 않는 것처럼 보인다. 또한 같은 제스처라도 다른 의미로 쓰이는 경우가 있다. 고개를 끄덕이는 동작의 경우, 여성들은 '당신이 하는 말을 듣고 있다'라는 단순한 의미로, 남성들은 '당신의 말에 동의한다'는 의미로 사용한다고 한다.

자신은 어떤 제스처를 쓰고 있는지 스스로를 관찰해보자. 제스처는 단순한 몸짓이 아니라 바로 상대방에게 전달하는 또 하나의 메시지다. 나의 마음을 보다 정확히 전달할 수 있는 자신만의 독특한 제스처를 만들어보도록 하자. 보디랭귀지를 통하여 자신의 뜻을 효과적으로 전달하면 의사 전달에 큰 도움이 된다.

인간의 행동 유형을 연구하는 학자들에 의하면, 거짓말을 하는 사람들이 자주 보이는 보디랭귀지는 말을 더듬거나 얼굴이 빨개지는 것 외에 손바닥을 상대에게 자주 보이며 말하고 상대의 눈을 피하며, 어디 숨지는 못하지만 코끝에 손을 대며 거짓말하는 입이라도 가리려 한다는 것이다. 거짓말할 때 긴장감이 생기면 코끝에서 분비물이 많이 나오기 때문이기도 하다. 그런데 거짓말을 할 때에도 하지 말아야 할 이 행동들이 평소에 습관이 되어 있는 사람이라면 손해가 이만저만이 아닐 것이다. 국제 협상에서도 이런 오해는 아직도 잦다.

　상대를 반갑게 맞이한다면 인사말만이 아니라 두세 걸음 걸어나가며 팔을 조금 크게 벌려 앞으로 내미는 것도 좋다. 긴 환영의 인사말보다 훨씬 효과가 있을 것이다. 상대가 편안하게 말하도록 하고 싶거나 더 자세한 내용을 듣고 싶다면, 안경 너머로 올려다보거나 입을 꽉 다문 채 팔짱 끼지는 말아야 한다. 우선 팔을 풀고 몸을 앞으로 조금 기울이고 고개는 약간 기울여서 끄덕이는데, 여기에 약간의 미소를 곁들이면 금상첨화다. 부하 직원을 격려하는 경우라면 그냥 말로만이 아니라 어깨를 가볍게 두세 번 두드려준다. 보통 악수는 한 손으로 해야 하지만, 신뢰하고 있다는 것을 강하게 전달하려면 두 손으로 맞잡아주는 것이 효과적이다. 여유 있는 이미지를 원한다면 다리를 떨거나 손끝으로 테이블을 계속 치는 손동작은 반드시 고치는 것이 좋다. 대신 천천히, 자잘하지 않고, 부드럽게, 적당한 크기로 제스처를 쓰면 훨씬 노련하고 여유 있는 이미지를 줄 수 있다. 갑자기 하려면 실수할 수 있으므로, 시간을 들인 숨은 노력이 필요하다.

　상대의 보디랭귀지를 제대로 해석하는 것 또한 중요하다. 상대가 안경을 닦고 있다면 말을 준비할 시간을 갖고 싶거나 생각을 정리하는 중일 가능성이 많으니 재촉하지 말고 조금 기다려보자. 상대가 손을 비비고 있으면 초조한 심리 상태일 가능성이 많으니 조금 편안하게 마음의 여유를 좀 주고, 입술에 자꾸 침을 바르고 있다면 하기 힘든 말을 꺼내려 하는 경우가 많으니 듣는 사람도 마음의 준비를 하는 것이 당황스러움을 방지할 수 있다. 상대가 하는 말의 내용만이 아니라 뜻을 읽어낼 때, 보다 원활하고 매끄러운 커뮤니케이션이 이루어질 수 있다.

다국적 보험회사 아플락의 CEO 댄 아모스는 "나의 목적은 아랫사람들이 나의 행동을 통해서 나를 책처럼 읽도록 하는 것이다"라고 말한다. 리더의 말이나 행동은 그저 단순한 몸짓이 아닌 메시지로 모두에게 해석되는 것이기에, 피곤하게 느껴지더라도 늘 신경을 써야만 한다. 타인과의 의사소통에 답답해하기만 할 것이 아니라, 이제부터는 자신의 작은 동작 하나하나에 보다 정확한 메시지를 담아 전달해보자. 신기하지 않은가. 언어가 아니고도 사람들이 나를 읽어낸다는 사실이.

나누는
기쁨을 누려라

미국 '자선 1세대'로 불리는 이는 바로 최고의 사업가이기도 했던 존 데이비슨 록펠러이다. 그러나 그가 처음부터 그랬던 것은 아니다. 그는 43세에 세계 최대의 석유회사를 설립하여 53세 때는 세계 제일의 부호가 됐으면서도, 좋은 돈벌이가 있다는 뉴스를 들을 때 이외에는 결코 웃지 않았다. 그에게는 운동이나 오락에 허비할 시간이 없었다. 그는 밤마다 침상에 누워서 '자신의 성공이 일시적인 것이 아닌가', '직원들이 외부 사람들에게 사업상의 비밀을 누설하지 않을까' 하고 불안해했다. 그는 사람들을 전혀 신뢰하려 하지 않았다. 심지어 150달러의 손해에도 생병이 나서 앓아누울 정도로 인색했던 그는 결국 50대 후반부터는 산송장 생활을 하며 1주일 동안의 식비로 고작 2달러만 쓸 수 있는 상태가 되고 말았다. 극도의 긴장과 고민으로 피폐해진 그에게 마침내 의

사들은 '돈이냐, 생명이냐' 둘 중의 하나를 선택하라고 했고 결국 그는 은퇴하였다.

그는 은퇴 후, 생애 처음으로 얼마만큼 돈을 벌 수 있는가 하는 생각을 그치고, 돈이 인간의 행복에 얼마만큼 소용되는 것인가를 생각하기 시작했다. 그리고는 그 막대한 재산을 다른 사람에게 주기 시작했다. 그에게 어떤 변화가 왔을까? 록펠러는 마침내 마음이 평안해지고 행복해졌을 뿐만 아니라 최악의 건강 상태에서 벗어나 98세까지 장수하였다. 그리고 그의 이름은 후세에 아름답게 기억되고 있다.

록펠러와 더불어 기부 1세대로 불리는 카네기는 "부자인 채로 죽는 것은 너무나 부끄러운 짓"이라고 했다. 사실 그에 대해서는 기부에 대한 칭송 못지않게 '악덕 자본가들의 이미지 메이킹' 혹은 '거액 기부를 통한 지배력 강화'와 같은 비난도 만만치 않았다. 그러나 대표적인 악덕 자본가에서 인류의 삶의 질을 향상시킨 자선의 리더로 그들의 이름이 바뀔 수 있었던 것은 그야말로 일시적인 이벤트가 아니라 한 세기가 넘도록 지속적으로 만들어나간 '나누고 베푸는 이미지의 강화'였다.

뉴욕에 있을 때 나는 한때 스테튼 아일랜드라는 섬에 살면서 자유의 여신상 앞을 지나 맨해튼까지 가는 페리를 타고 등하교를 했다. 그 당시 승용차를 이용해 다리를 건너면 통행료가 4달러나 되었기에 많은 차와 사람들이 그 배를 이용했다. 자유의 여신상을 보기 위해 탑승한 관광객도 자주 눈에 띄었다. 이층으로 된 그 배는 꽤 규모가 컸고 운항 시간도 45분 정도 짧지 않은 거리였다. 그런데 그 배의 요금은 단돈 25센트밖에 하지 않아 의아했다. 세 번째 탈 때쯤 옆 좌석의 어떤 사람에게 "왜 이렇게 요금이 싸냐"고 물으니 록펠러 재단에서 지원하는 것이기 때문이라 했다. 뿌듯한 표정으로 내게 그 사실을 말하던 옆 사람의 얼굴에서 재벌에 대한 우리의 정서와는 사뭇 다르다는 느낌을 받았다. 요즘은 우리나라 재벌들도 학교에 건물을 기증하는 등 기부 문화가 확산되는 경향이지만, 20년 전인 그 당시만 해도 나에게는 무척 생소한 대답이기만 했다.

우리나라에도 믿기 힘들 만큼 어려운 상황에서도 다른 이들을 돕는 사람들이 있다. 92세 길분예 할머니는 폐지를 팔아 모은 전재산 15억 2천만원을 한밭대학교에 기증했고, 13세 때 지뢰 사고로 양손을 잃은 지체 장애인 강경환 씨는 힘든 염전 일로 번 돈의 10%를 독거노인들에게 15년 이상 후원하고 있다. 이런 미담을 들으면 닮아갈 분들이 계셔서 다행스럽다. 그러나 아직도 우리 사회는 기부 문화에 인색하다. 2005년 유니세프의 한 보고서에 의하면 한국의 기부금 순위는 16위, 정부 기부금 순위는 20위로 최하위권이다. 소위 '있는 사람들'이 자신의 홍보를 위해 1년에 한두 번 소외 계층을 찾는 것은 필수적인 행사쯤으로 인식되어있기도 한데, 매년 반복되는 모습에 오히려 거부감이 들기도 한다. 기부를 통해 '따뜻하고 베푸는 이미지'를 만들 수 있는 것은 분명하다. 하지만 기업이나 개인의 이미지 홍보 전략 혹은 자서전에 한 줄 넣기 위한 일회성 이벤트에서 벗어나 기부는 일관되게 지속하는 것이어야 한다.

마이크로소프트 창업자 빌 게이츠, 헤지펀드 매니저 조지 소로스, 인텔 창업자 고든 무어, 세계적인 투자가 워렌 버핏, 억만장자 엘리 브로드. 이들의 공통점을 묻는다면 뭐라고 답할 수 있을까. 아마도 "아, 돈 많은 사람들" 하지 않을까 싶다. 사실 이들은 2009년 미국의 경제지 포브스가 뽑은 상위 기부자 1위에서 5위까지 명단이다. 특히, 마이크로소프트의 빌 게이츠 회장은 1998년 총 재산의 60%인 235억 달러를 들여 그와 그의 아내 이름을 딴 '빌&멜린다 게이츠 재단'을 세우고, 아프리카와 인도의 어린이들에게 백신을 공급하고 있다. 이처럼 미국 기업가들에게 기부는 선택이나 겉치레가 아니다. 돈을 벌어도 사회에 무언가를 기여하지 않으면 존경받지 못한다는 것이 미국 자본주의에서 확립된 불문율인 셈이다.

이렇게 사업에 성공한 후 자선을 하는 사람들이 있는가 하면 아예 자선을 위해 사업을 하는 사람도 있다. 27세에 백만장자가 된 미국의 기업인 폴 마이어가 그 예다. 사회에 보탬을 주려면 돈이 필요하고, 돈을 벌려면 장사를 해야 한다는 단순명쾌한 논리인데, 그래서 그는 자선사업을 위해 이익 사업을 하는 것이다.

또 유언장을 통한 사후 기부보다는 평생에 걸쳐 일정액을 기부하겠다고 약속하는 약정 기부가 선호되는 추세다. 세계 최대의 인터넷 경매 사이트인 '이베이'의 창업자 피에르 오미디어는 재산의 99%를 기부하겠다고 밝혔다. 그런데 중요한 것은 '죽기 전까지'라는 단서이다.

〈비즈니스위크〉가 매년 '기부자 50인' 특집을 내는 것도 미국을 대표하는 정신의 하나인 "성공할 기회를 부여한 사회에 감사해야 한다"는 점과 "우리의 재산은 사회에서 잠시 빌려온 것이므로 환원하는 것이 당연하다"는 점을 강조하기 위해서라고 한다. 미국의 기부 문화는 개인이나 기업의 이미지 홍보를 위한 일회성 이벤트에서 벗어나 점차 생활화되면서 미국을 '기부 천국'으로 선도하였다. 그야말로 '노블리스 오블리제'의 실천인 것이다.

원래 귀족 계급이 따로 없던 미국에서는 1776년 독립혁명을 거치면서 모두 '천부적 시민의 자격을 부여받은 미국인'으로서 어느 특정 계층에게 의무를 요구하기보다는 '자신이 속한 지위에서 사회를 위해 어떤 일을 할 것인가'를 더 중히 여긴다. 이런 배경 덕에 미국에서의 기부는 '특정 계급의 의무'가 아닌 '전 국민의 의무'로 자리잡았다. 지난 99년 미국의 연구기관인 인디펜던트 섹터의 조사를 보면, 미국 국민의 70%가 자선 활동을 벌이며, 해마다 평균 연수입의 2.1%인 1075달러(약 140만 원)를 비영리기관에 기부하는 것으로 나타났다. 노블리스 오블리제의 실천을 통해 사회 전체의 삶의 방향이 전환된 것이다.

우리나라 역시 '진정한 상류 계급'이 없다고 한탄만 하지 말고 개인과 기업이 기꺼이 기부하고 제대로 쓰는 풍토가 확산되어야 할 것이다.

그런가 하면, 나눔에 있어 무엇보다 중요한 것은 돈으로만 후원하기보다는 재능 봉사를 포함하여 직접 몸으로 하는 봉사의 시간을 만들어 보는 것이다. 더구나 혼자가 아니라 직원들과 함께 정기적으로 봉사하는 기회를 가져보자. 간혹 '아무도 모르게' 좋은 일을 하는 사장님들이 있는데 이왕이면 직원이나 지인들과 함께할 기회를 만드는 것이 좋은 기업문화를 만들어가는 길일 수도 있다. 홍보용으로 연말에 한 번 하는 행사가 아니라 이 역시 지속적으로 하는 것이 중요하다.

'천사의 병원'은 노숙자와 가난한 이들을 위한 병원이다. 몇몇 원장님들이 퇴근 후 이곳에서 지속적으로 봉사를 하신다. 안과 수술처럼 노력과 시간이 드는 일을 해주는 분도 계신다. 그러나 나에게 가장 인상 깊었던 분은 가습기의 물을 바꾸고 밤새 수건을 정리하는 어느 원장님이었다. 의사가 왜 이런 자질구레한 봉사를 하시냐고 물으니 "이 일도 누군가가 해야 할 일"이라 답한다.

  남을 돕는 보람은 기부나 봉사를 해본 사람만 느낄 수 있는 즐거움이다. 사실 이렇게 기쁨으로 충만한 이미지라면 표정 연습 같은 것을 하지 않아도 회사 식구 모두가 환한 얼굴이 될 것이다. 기부나 봉사 행위는 인간의 측은지심에서 비롯된 것이지만 기부를 하는 사람에게도 상당한 보람과 기쁨을 준다. 얼마 전, 초등학교 걸스카웃 시절 이후 처음으로 거리 모금에 동참한 적이 있다. 아프리카 아이들을 돕는 행사였는데 한 명에게 천 원씩, 나는 모두 8만원을 모았다. 중요한 것은 금액이 아니라 내내 인사로 내 뻣뻣했던 목을 숙이며 배운 겸손과 감사다. 영국의 셰익스피어는 "자선이라는 덕성은 이중으로 축복받는 것이요, 주는 자와 받는 자를 두루 축복하는 것이니, 미덕 중에서 최고의 미덕"이라고 칭송했다.

  우리의 기부 문화가 차츰 발전하고 있는 것은 고무적인 일이다. 최근 한 조사에 따르면 한국의 성인 4명 가운데 3명이 1년에 한 번 이상 자선적 기부를 한 것으로 집계됐다. 이제 우리도 '주는 기쁨'에 서서히 눈을 떠가고 있다. 올해는 독감 대신 기부 바이러스가 온 나라에 퍼지기를 기대해본다.

플레이보이처럼
쉬어라

아침 잠이 많은 나로서는 새벽에 일어나 조찬 회의에 참석해야 하는 일이 여간 힘든 일이 아니다. 외부 강연과 회사 업무량이 부쩍 많아지면서 아침 6시에 일어나 그 다음날 새벽 1시나 되어서야 잠드는 나날들이 몇 달째 계속되고 있을 정도다. 나에게 가장 필요한 휴식은 바로 수면인 셈이다. 그래서 조금이라도 짬이 생기면 일부러라도 토막잠을 자두려하는 습관을 가지게 됐다. 스케줄이 빠듯한 일정 중에도, 잠깐의 틈을 이용해 단 20분이라도 자고 나면 마치 새 날이 시작되는 양 피로가 싹 가신다. 만약 미팅 약속 시간까지 30분간의 여유가 있다면, 식사는 운전하며 차 안에서 김밥이나 샌드위치로 때우는 한이 있더라도 그 시간을 낮잠에 투자하는 쪽이다.

한국에 돌아온 직후에는 지금보다 더 노골적으로 낮잠의 기회를 노렸다. 한 번은 시내에서 미팅이 끝나고 다음 미팅까지 1시간 정도 시간이 남은 적이 있었다. 약속 장소가 시청 근처였는데 나른한 오후의 졸음을 통제할 길이 없었다. 타인의 눈을 의식하지 않는 나이였기에 가능했을까? 나는 아무 거리낌없이 덕수궁에 혼자 들어가 벤치에 길게 누워 30분 동안 낮잠을 달게 잤다. 깨어날 때쯤 보니 지나가는 사람들이 죄다 이상한 눈으로 나를 흘끔거렸는데 지금 생각해보면 당연한 일이었다. 젊은 여자가 말끔한 정장 차림에 서류 가방을 베고는 대낮에 고궁의 벤치에서 혼자 누워 잠을 잤으니 우리 정서상 얼마나 이상했겠는가. 지금은 그렇게까지 할 용기는 없지만, 그래도 짧은 낮잠이 나에게 퍽 중요한 활력소이자 휴식 방법이라는 점만은 변함이 없다. 처칠도 휴식의 일환으로 평생 낮잠을 즐겼다는 얘기는 때때로 위안이 된다.

어느덧 자리 잡은 웰빙 라이프는 좀 더 마음에 여유를 갖고 휴식을 즐기며 건강을 돌보자는 것이다. 하지만 죽어라 일해도 하루아침에 나앉기 십상인 사회 분위기에 여유를 찾는 것은 사치처럼 느껴지는 게 사실이다.

그러나 웰빙 열풍과는 상관없이 우리들 인생에 있어 휴식은 선택이 아니라 필수다. 휴식과 여유를 제대로 즐길 줄 모르는 사람에게서는 이끌림 대신 측은함이 느껴진다. 가끔씩 모임을 갖는 친구들 중에 한 명은 자신의 분야에서 성공을 거둔 대신 항상 바쁜 사람이라는 낙인이 찍혔다. 사실 그가 친구들과의 모임이나 놀러 가는 자리를 등한시하거나 빠진 적은 별로 없었다. 그러나 그는 약속 장소에 조금 늦게 도착해서는 남들보다 먼저 일어나고, 또한 모임 참석 여부를 항상 끝까지 망설이다가 가장 나중에 결정하곤 한다. 그래서 그는 주변 사람들에게 늘 바쁘고 정신 없으며 일에 쫓기는 사람이라는 인상을 심어주었다.

그러나 또 다른 친구는 일에 있어서 유능하면서도 사람들 사이에서는 잘 노는 사람으로 각인되어 있다. 가만히 보면 이 사람은 놀 때는 충실하게 그 시간 동안 최선을 다해서 놀 뿐만 아니라, 바쁜데 참석할 수 있겠냐고 물어도 당연히 "놀 때는 놀아야지"라든가 "그런 자리에 빠질 수는 없죠"라며 흔쾌히 모임에 참석한다. 똑같이 바쁜데도 위의 경우와는 달리 어딘지 여유 있어 보이고 풍요로워 보이는 것이다.

무엇을 하든 주어진 시간에 충실하는 사람은 매력 있어 보인다. 일을 할 때와 휴식을 할 때를 명확히 구분지어 놓고, 쉴 때 제대로 쉴 줄 아는 사람이 아름답다. 휴식은 마치 플레이보이와도 같다. 여자들이 뻔히 알면서도 플레이보이에게 매력을 느끼고 매달리는 것은, 그 플레이보이가 각각의 여자들에게 충실하여 여자들로 하여금 자존감을 느끼게 하기 때문이라고 한다. 플레이보이처럼 자신에게 충실하여 스스로 자존감을 느낄 수 있는 휴식을 즐기자. 주어진 시공간을 활용하여 그때그때 최대한 충실하는 것이다.

한 연예인은 아무리 촬영이 늦게 끝나더라도 자기만의 여가를 갖기 위해 꼭 스키를 타러 간다고 한다. 내가 아는 어떤 사장은 해외 출장을 갈 때면 반드시 정해진 업무 일정보다 하루를 더 체류함으로써 단 하루만이라도 그 나라, 그 도시를 둘러보는 여유를 갖는다. 자기만의 휴식을 만들어 즐기는 모습에서는 인생에 대한 열정이 느껴지고 주어진 환경에서 자신을 풍요롭게 만들려는 노력이 엿보인다. 휴식 역시 일하는 것 못지 않게 철저할 필요가 있다. 여행이든 운동이든 하다 못해 10분간의 낮잠이든, 휴식의 방식은 각자의 마음이다. 대신 열정적으로 쉬어라.

헬렌 니어링은 우리가 건강과 장수를 위해 실천에 옮길 몇몇 지침을 소개한다. 그것은 적극성, 밝은 쪽으로 생각하기, 깨끗한 양심, 적당한 바깥일과 깊은 호흡 등이라고 한다. 그 대신 약, 의사, 병원을 멀리 하라고 한다.

"휴식은 우리의 몸을 수리하는 기능을 담당하고 있다. 짧은 시간의 휴식에도 인간의 몸은 놀랄 만한 수리 능력을 발휘한다"라고 한 데일 카네기의 말에 동감하며 나는 오늘도 하루 중 20분의 낮잠 기회를 엿본다.

Chapter Four

작은 변화로 큰 차이를 만드는 자기 관리법

마음을 움직이는 프레젠테이션

대중음식점과 고급음식점의 차이는 무엇일까. 무심코 들어간 음식점에서 된장찌개 가격이 만 원을 넘으면 하나하나 따져보게 된다. 우선 실내 인테리어와 음악이 다르고, 채소가 신선하고 해물이 냉동이 아닌 생물이라 식감이 살아있다. 확연히 눈에 띄는 것은 바로 그릇들이다. 스테인리스 그릇과 플라스틱 그릇보다는 사기그릇이 왠지 더 맛있고 청결한 느낌을 준다. 이 고급 그릇들을 던지듯 씻지는 않았을 것 같아 왠지 세심하게 세척했을 것 같고, 깔끔하게 담긴 반찬을 보면 요리할 때도 정성을 기울였을 것 같은 인상을 받는다. 그래서 같은 맛의 음식을 기분 좋게, 더 맛있게 먹게 된다면 그것은 단지 기분 때문일까. 물론 아니다. 그런 기분이 든다는 것만으로도 이미 그만한 값어치가 있는 것이다.

프레젠테이션(PT)도 이와 비슷하다. 양질의 내용이 어떤 자료로 뒷받침되고 누가 어떤 색깔의 그릇에 담아 어떻게 진행하느냐에 따라 결과가 크게 달라진다. 나도 때로는 발표자로 나서기도 하고, 때로는 평가자로 참여하기도 한다. 이런 경험을 비추어 보면 어떤 경우든 프레젠테이션의 성패는 결국 '무엇을'보다는 '어떻게'가 더 중요한 결정 요인으로 작용한다.

2018년 동계올림픽 개최지 선정 투표를 앞두고 국제올림픽위원회(IOC) 총회에서 진행된 최종 프레젠테이션에서 우선은 '무엇을' 이야기하는지에 대해 모두의 관심이 쏠렸을 것이다. 평창 유치위원회는 감성적으로 접근하여 다른 도시들을 이겼다고 평가받는다. '새로운 지평의 초상'이라는 제목의 마지막 동영상은 전체 주제를 강렬한 이미지로 표현했고 확실한 비전과 감동을 담아 IOC위원들의 마음을 움직였다. 자칫 딱딱하고 지루해질 수 있는 인프라 소개 동영상의 내레이션을 김연아가 맡으면서 부드러운 분위기를 만들었고 청중들이 집중력을 유지할 수 있었다. '스포츠를 통해 어려움을 극복하고 성숙해질 수 기회는 세계 각국의 누구라도 누려야 할 권리'라는 보편적 호소가 결국 IOC 위원들의 가슴을 열었다. 한마디로 '어떻게'의 승리다. 그런데 '어떻게'는 역시 '누가' 했는가에 크게 영향을 받는다.

김연아와 더불어 올림픽 유치의 1등 공신으로 꼽히는 나승연 평창 유치위원회 대변인은 유창한 영어실력 외에도 호소력 있고 절제된 말투, 침착한 진행으로 평창 유치의 히어로이자 '4번 타자'로 환호를 받았다.

"역경을 이겨내기 위해, 우리는 두 개의 중요한 단어에만 집중했습니다. 바로 끈기와 인내심이었습니다."

만약 이 말을 그녀의 안정감 있는 시선 처리와 신뢰를 주는 음성 없이 국어책 읽듯이 무심하게 했다면 어떤 느낌을 주었을까. 과연 같은 결과를 얻을 수 있었을까. 결과가 좋았기에 더욱 돋보인 것도 있겠지만 그녀의 안정된 매력에 많은 사람들이 매료되었음은 부인하기 어렵다.

한 마디로 프레젠테이션은 매력적이어야 한다. 남자든 여자든, 어떤 종류의 프로젝트이든 듣는 사람이 매력적으로 느껴야 한다. 그 매력은 3가지로 분류된다. '무엇을, 어떻게, 누가 전달하는가.' 보통은 무엇을 말하는가를 중요하게 여긴다. 그러나 그보다 더 중요한 것은 누가 전달하는가다. 성공적인 프레젠테이션을 위해서는 시청각 기자재를 활용하고, 적합한 자료를 제시하는 것도 물론 빼놓을 수 없는 요소다. 그런데 무엇을 어떻게 준비했든 그것을 빛내는 것도 사람이고, 망치는 것도 사람이다. 그런 면에서 강한 의지와 신뢰가 느껴지는 발표자보다 중요한 것은 없다.

훌륭한 발표자가 갖추어야 할 요소로는 상황에 맞는 성의 있는 복장, 의욕적이면서 변화 있는 표정, 당당한 시선, 여유 있는 자세와 제스처, 전달력 있는 음성과 화법, 그리고 성의 있는 답변을 꼽을 수 있다. 바로 이 책에서 여러 번 소개하고 강조했던 내용들이다. 프레젠테이션의 대상은 대체로 연배로나 사회적 경륜으로나 자신의 선배격일 경우가 대부분이다. 그들의 정서를 감안하여 격식을 갖춘 복장을 번거롭게 느끼지 말고 깨끗이 손질된 정장을 입는 것이 좋다. 수염도 깎지 못하고 밤샘 작업하던 광고인도 프레젠테이션을 할 때는 말쑥한 차림으로 나선다. 이젠 자신의 역할이 바뀌었음을 복장으로 보여주는 것이다. 우리는 중요한 자리에 갈 때 으레 의상에 신경을 쓴다. 그것은 자신의 마음가

짐을 표현하는 기본 예의이기 때문이다. 주제에 맞는 의상을 입으면 예의를 갖춘다는 의미를 넘어서 상대방에게 긍정적인 연상 효과를 이끌어내어 좋은 결과를 얻을 가능성도 커진다.

숨김 없는 당당함과 의욕적인 표정은 프레젠테이션에 대한 기대와 관심을 높인다. 희망적인 내용을 말할 때는 밝은 표정을, 각오나 결의를 담은 내용이면 힘 있는 표정을 짓는 식으로 전달하고자 하는 내용에 따라 표정을 바꾸어주면 열 문장 이상의 효과를 발휘한다. 이때 염두에 두어야 할 것은 시선이다. 시선은 표정을 분명하게 살려주는 역할을 한다. 동물 다큐멘터리를 보면 눈빛만 봐도 제압하는 쪽과 제압당하는 쪽을 쉽게 구분할 수 있다. 굳이 싸우지 않고도 시선만으로 이미 위계서열이 결정되어 버리는 것이다. 그런 점에서 당당하고 자연스러운 시선을 유지하는 것이 중요하다.

나승연 대변인의 프레젠테이션에서 가장 우수한 점은 바로 시선 처리였다. 자연스럽고 성공적인 시선 처리를 위해서는 청중 모두에게 고루 시선을 나누어주되 규칙적이지 않아야 한다. 시선의 이동 속도에도 신경을 써야 한다. 이동 속도가 너무 빠르면 침착하지 못하고 불안감을 줄 수 있기 때문에 여유 있게 천천히 이동하는 것이 좋다. 시선을 한 곳에만 고정하는 것도 피해야 한다. 한 곳, 혹은 한 사람만을 응시하면 시선을 받는 사람에게 부담을 주게 되고, 시선 밖에 있는 사람들은 긴장을 풀고 설명에 집중하지 않아 산만해지기 쉽다. 시선 처리에 자신이 없다면 우선 응원이 될 만한 대상에게 먼저 시선을 두면서 마음의 안정을 찾고, 다른 사람 2~3명에게 이동하면 자연스럽다. 자신이 없어지려 하면 다시 반응이 좋거나 응원이 될 만한 사람에게 시선을 돌리는 것도 효과적인 방법이다.

　프레젠테이션을 할 때 서있는 자세가 어색하다고 느껴진 적은 없는가? 그럴 땐 어떻게 할까. 포인터나 프레젠테이션 순서가 요약되어 있는 종이를 한 손에 들고 팔을 접어 가슴과 배 사이쯤 되는 곳에 두면 편안하다. 종이를 든 손으로는 제스처를 삼가고, 다른 쪽 팔로 종종 약간의 제스처를 쓰는 것이 좋다. 제스처에 대해 잠시 살펴보면, 너무 큰 동작은 산만해 보이고, 작은 동작은 소심해 보인다. 그리고 지나치게 자주 사용하지 않아야 한다. 제스처를 할 때는 손목이 꺾이지 않도록 하고, 손만이 아닌, 팔 전체를 사용하면 더 안정적인 느낌을 준다. 또한 한 자리에만 서있는 것보다 스티브 잡스처럼 공간을 활용하면 의욕적 이미지를 전하고 집중도를 높이는 데 효과적이다. 내용에 맞는 제스처가 주제 전달과 설득에 도움이 될 수 있다.

　그러면 스피치는 어떠한가. 효과적인 프레젠테이션을 위한 시청각 기자재 활용이나 자료의 제시 이상으로 중요한 것은 강한 의지와 신뢰가 느껴지는 발표자 자신의 음성이다. 음성의 크기와 높이, 속도, 음의 장단과 고저에 따라 같은 자료가 다르게 전달된다. 자신감 있고 듣기에 편안한 발표를 하려면 평소보다 조금 높은 톤과 청중 전체가 들을 수 있는 크기로 소리를 내야 한다. 긴장을 하게 되면 자신도 모르게 말의 속도가 빨라질 수 있으므로 사전에 충분히 연습해야 하는 것은 물론이다. 주요 단어 등은 특히 액센트를 주어 분명히 전달하고, 강조하고자 하는 문장을 말하기 전에는 잠깐 말을 멈춰서 간격을 두면 청중의 집중을 유도할 수 있다.

　질의 응답 시간은 프레젠테이션에서 전하고자 하는 내용을 더 확실히 전할 수 있는 기회이자 프레젠테이션에 대한 참석자들의 관심이 표현되는 순간이다. 수능 시험을 볼 때처럼 사전에 예상 질의에 대한 충분한 준비가 필요하고, 질문을 듣는 동안에는 말하는 사람에게 집중해야 한다. 청중이 많을 경우, 질문을 전체가 들을 수 있도록 한 번 더 반복해주는 것이 좋다. 질문을 감정적으로 받아들이지 말아야 한다. 답변은 짧고 명확하게 하는 것이 원칙이다. 이때에도 얼마나 진심으로 그 시간에 열중하느냐는 상대에게 느껴진다는 것을 잊지 말자.

다음은 '무엇을' 전달할 것인가에 대한 사전 준비에 대해 생각해보자. 무엇을 말할 것인지를 정할 때는 우선 상대를 알아야 한다. 목적에 맞는 내용을 준비하는 것도 중요하지만 대상을 파악하여 호감도를 높일 수 있는 방법을 선택하여 접근하는 것이 더 필요하다. 상대방을 설득하려면 머릿속의 이론과 실력만으로는 부족하다. 타사에 가서 프레젠테이션을 할 때는 해당 회사의 기업 철학과 동향을 충분히 이해할 때 좋은 콘텐츠를 만들 수 있다. 주요 관계자에 대한 가치관과 성향 등을 미리 알아두면 더욱 설득력 있는 자료를 만들 수 있다. 나 역시 최종 결정자가 매우 감성적인 점을 감안하여 스토리텔링 자료가 효과를 발휘했던 경험이 있다. 상황에 따라 자료의 구조화 방법도 달라지고 설명 방법이나 시각 자료 등의 스타일에 변화를 주어야 한다.

자료를 만들기 전부터 배정된 시간과 참석 인원수, 제약 조건 등 전체 환경을 정확히 확인해야 한다. 준비한 자료가 프레젠테이션의 목적과 목표에 적합한가? 참석자의 수, 좌석 배열을 고려할 때, 참석자 모두가 보고 들을 수 있는가? 시대에 맞게 하이테크적인 분위기를 전달할 수 있나? 경쟁사나 타 부서의 방법과 차별화 되면서 효과적인가? 의사결정권자의 취향에 맞는가? 이외에도 신경 쓸 부분이 많다. 이런 조건에 맞추어 프레젠테이션을 준비해야 최적의 효과를 거둘 수 있다. 어떤 경우든 '아마 20층 회의실에서 할 걸?' 하는 식의 추측이 아니라, 사전 파악과 정확한 확인이 필요하다.

만약의 경우를 대비하여 여분의 노트북이나 USB 메모리 등을 마련해 놓고, 복사물은 확인된 인원수보다 여유 있게 준비하는 것도 필요하다. 또 아무리 좋은 내용을 준비했어도 너무 양이 많아 급하게 진행하거나 '오늘은 시간이 부족한 관계로 준비한 내용을 다 못하지만…' 같은 말을 하게 된다면 결국은 철저한 준비를 하지 않았다는 평가를 받게 될 것이다. 정확하게 시간을 계산하고 그에 따라 프레젠테이션을 진행하는 것은 나중에 일을 맡겼을 때 그 팀의 조직적인 이미지를 연상하게 되므로 매우 중요하다. 전체 전략과 방향을 결정하였다면 이제 시작이다.

지금부터는 '어떻게' 전달할 것인가에 대한 고민이 필요하다. 프레젠테이션은 다수를 상대로 하는 의사소통이다. 개성과 취향이 다른 여러 사람들의 시선과 생각을 일정 시간동안 사로잡을 수 있는 프레젠테이션을 하려면 자료를 만들 때부터 치밀한 작전이 필요하다. 자료가 너무 많으면 지루하고 산만해서 프레젠테이션 효과가 떨어지고, 자료가 너무 없으면 어설퍼 보인다. 따라서 많지도 적지도 않은 최적의 분량이 어느 정도인지 세심하게 고려해야 한다.

시각적 집중력을 높일 수 있는 장치 역시 필요하다. 시각화된 프레젠테이션 자료는 크고 명확하게 써야 하고, 프레젠테이션 자료에는 키워드만 제시하는 것이 좋다. 그래야 청중을 발표자에게 집중시킬 수 있다. 프로젝트 성격에 따라 상세 수치나 데이터가 결정에 중요한 요소이기도 하다. 그러나 일반적인 프레젠테이션에서 중요한 것은 발표자의 설명이지 자료에 적힌 글이 아니다. 자료는 어디까지나 보조 수단으로 사용해야 한다. 상세한 내용은 프레젠테이션 후에 참고자료로 배포할 것이라고 미리 알리는 것도 좋다. 적절한 색과 영상 자료, 그래프, 일러스트 등을 사용하여 시각의 집중을 도울 수 있다. 참가자 지향적인 문장으로 작성하는 것도 중요하다. 참가자 지향적인 문장이라는 것은 제품명이나 프로젝트 명들을 객관적으로 두기보다는 '우리의 ○○○○' 같은 이해 당사자의 관심사에 부합하는 표현을 의미한다.

무엇보다도 내용이 짜임새 있게 구성되어야 전달하고자 하는 내용을 체계적이고 집중력 있게 전달할 수 있다. 서론에 해당하는 인사말, 주제와 설명 순서, 간략한 내용 소개는 최대한 매력적이고 짧게 하는 것이 좋다. 소위 구미가 당기게 해야 한다. 너저분하게 늘어놓는 것은 촌스럽다. '영광스러운 이 자리' 등으로 너무 비굴한 시작도 좋지 않다. 짧게 첫 소감을 전하는 정도면 충분하다. 본론에서는 구체적이면서도 자연스럽게 내용을 전개하고, 결론에서는 본론의 중요 부분을 요약하고 결정적인 방향을 정리하는 것으로 마무리한다. 완벽한 결론을 위해서는 본론의 주요 내용이 청중에게 내재한 욕망까지 이어질 수 있어야 한다.

내용이 좋고 발표를 잘했다고 끝이 아니다. 좋은 내용을 상대가 집중하여 듣게 하려는 목적은 결국 상대를 설득하는 것이다. 광고계의 기린아 이용찬 씨가 프레젠테이션을 연습하는 모습을 본 적이 있다. 그는 광고 대상을 수없이 받았고, 20여 년 동안 광고주 앞에서 진행되는 대형 프로젝트의 프레젠테이션을 도맡아 해온 전문가다. 그런 그가 아무도 없는 회의실에서 실제 상황처럼 빔 프로젝트를 켜놓고 제스처를 섞어가며 사전 연습을 하던 모습이 인상적이었다. 많은 이들이 스티브 잡스의 프레젠테이션을 연극에 비유하곤 한다. 그의 프레젠테이션을 분석하고 비법을 정리해놓은 책도 많다. 그만큼 그의 프레젠테이션은 큰 영향력을 발휘한다. 스티브 잡스는 트레이드마크가 된 검정색 폴라를 입고 자신감 넘친 표정으로 무대를 오가며 힘 있는 제스처를 사용하여 청중을 집중시킨다. 기능 중심보다는 스토리 중심의 화법을 구사하는 것으로도 유명하다. 그의 프레젠테이션이 청중의 마음을 사로잡은 이유가 단지 상품의 기술적인 요인 때문이었을까.

그 어떤 자료의 시각적 퍼포먼스나 음색을 압도하는 것은 말하고자 하는 내용에 확신을 갖고 성실한 마음으로 최선을 다하여 전달하려는 사람의 매력이다. 사람들은 그런 매력에 빠져들고 결국에는 설득되고 만다. 과연 나는 그렇게 매력적인가. 타인의 마음을 사로잡을 진정한 매력을 아직 갖지 못했다면, 프레젠테이션의 기회는 다른 누군가에게 양보해야 양심적이다. 그러나 자신감과 상대에 대한 애정, 전하고자 하는 메시지에 대한 확신과 실무적인 능력을 갖추었다면 이번 프레젠테이션은 바로 당신 차례다.

SNS를 현명하게 사용하는 법

문득 내가 외울 수 있는 전화번호가 몇 개인지 손을 꼽아본 적이 있다. 휴대폰을 두고 와 남의 휴대폰을 빌려 회사에 전화를 건 후 잠시 떠올려보니 내가 그 상황에서 연락할 수 있는 이는 모두 5명도 안 되었다. 나의 게으름이나 아둔함 때문이기도 하지만 날로 성능 좋아지는 문명의 이기 탓을 하고 싶었다. 늘 이메일로 소식을 전하다보니 점점 악필이 되어간다. 전화번호를 달달 외우던 시절이 조금은 그립다. 밤새 꾹꾹 눌러 쓴 볼펜자국 선명한 편지를 넣으며 설렜던 빨간 우체통은 조금 더 그립다.

하루가 멀다 하고 더 좋고, 더 편리하고, 더 강력한 상품들이 쏟아져 그때그때 제대로 써보는 것도 어려울 지경이다. SNS 역시 빠르고 재미있고 유용한 기능으로 무장하고 등장한 지 불과 몇 년 만에 전 세계를 사로잡았다. 방송통신위원회에 따르면 전 세계 SNS 이용자 수는 15억 명에 달한다. 국내 SNS 가입자는 싸이월드 2500만 명을 비롯하여, 카카오톡 1300만 명, 미투데이 502만 명, 페이스북 400만 명, 트위터 321만 명 등 대표적인 5개의 SNS 이용자를 합치면 중복된 사람이 많다는 것을 감안해도 5000만 명에 달한다. 여기에 카페나 블로그, 댓글까지 포함하면 아마 대한민국 거의 모든 국민이 해당할 것이다.

많은 사람들이 온라인상으로 친구, 동료들과 간단하게 소통하고, 한 다리만 건너면 모르던 사람과도 바로 친구를 맺고 인맥을 쌓을 수 있는 서비스에 만족해한다. SNS 사용자들은 남을 돕고 공익에 도움이 되고자 하는 이타성을 발현하고, 활발한 정보 공유를 통해 자기만족을 느낀다. 그만큼 삶의 질을 개선하는 데 유용한 도구로 이용하고 있다.

어떤 방송이나 신문보다 신속하게 생생한 뉴스 현장을 실시간으로 보도하기도 하고, 보이스 피싱 범죄 사례와 예방법을 주고 받는 등 범죄예방에 큰 몫을 담당하기도 한다. 잃어버린 물건을 찾아주기도 하고, 경찰을 대신하여 강도를 잡아주기도 한다. 방안에서는 절대 알 수 없는 지하철에서 벌어진 훈훈한 미담을 널리 알리기도 하고, 때로는 어려운 이들의 사연을 소개하여 도움을 보탤 수 있는 기회를 주기도 한다.

SNS 덕분에 예전보다 쉽고 빠르게 다양한 정보를 접하게 되었고 남을 도울 기회가 많아졌다. 그만큼 실시간으로 정보를 공유하고 대화할 수 있는 기능은 매력적이다. 그러나 본인의 이미지 역시 그만큼 빠르고 폭넓게 전달될 수 있고 기록으로 남게 되는 만큼 온라인에서의 자기 관리가 더욱 중요해지고 있다. SNS에서의 자신의 모습을 돌아보고 그 가치를 더 높이는 기회로 만들기 위해 몇 가지를 함께 생각해보자.

1. SNS는 공적 공간이다

　대체로 SNS가 불특정 다수에게 공개되어 있다는 점에서 엄연히 공적 공간이므로 공적인 공간에서처럼 자신을 관리하고 책임 의식을 가져야 한다. 김문조 고려대 사회학과 교수는 'SNS에 올린 정보와 글은 언제라도 공론화될 수 있다'고 하면서 'SNS에서 명예훼손이나 범죄행위가 빈번하게 발생하는 것도 공적 공간이기 때문'이라고 말했다. SNS는 공적인 공간의 성격을 띠고 있지만 우리는 사적인 공간으로 착각하고 있는 것이 문제를 만들고 있다. 작가 공지영씨가 신정아씨의 책에 대해 트위터에 올린 글이 바로 다음날 신문에 '공지영, 신정아 대필 의혹 제기'라는 제목으로 오르기도 했고, 김영하 작가는 트위터에 올린 글이 문제가 되어 인터넷 절필을 선언하기도 했다. 반듯한 이미지의 아나운서가 쓴 거친 표현의 문장 하나가 금세 퍼져 논란이 되기도 한다.

　신속성과 파급력이 상상을 초월하는 만큼 누구라도 뜻하지 않게 논란의 중심에 설 수 있다. 점심에 무엇을 먹었는지, 무엇을 샀는지를 알리다보니 친구와의 통화나 일기장처럼 개인적인 공간으로 생각하기 쉬우나, 사용하기 쉬워지고 넓어진 만큼 더 큰 책임이 따르는 것이다. 쉽게 올리고 나중에 '아님 말고' 식의 안일한 마음이라면 언젠가 막중한 책임을 져야 하는 일이 닥칠지도 모른다.

2. 검증된 사실을 전하고 사실을 확인한 후 반응하자

　정보의 출처나 사실관계조차 검증이 이뤄지지 않는 경우가 많은 채 SNS가 만능으로 받아들여지고 있는 현 상황에 대해 근본적인 문제가 있다는 주장의 목소리도 높다. 김은정 아주대 심리학과 교수는 정보가 재생산되면서 '정확한 정보'이자 '쓸모 있는 정보'로 포장된다며 그야말로 '영혼 없는 참여'가 늘고 있다고 말한다. SNS 상에서 30대 초반, 미모의 전문직 여성, 명문대 졸업 등의 프로필로 '교주'니 '당주'니 하며 떠받들어지던 매력적인 요소를 모두 갖춘 A씨. SNS에 이런 프로필을 올려놓고 활발하게 활동하는 그녀의 인기는 그야말로 하늘을 찔렀다. 아무도 그녀의 실명을 궁금해하지 않았고 떠받들기 바빴다. 그러나 실제 그녀를 아는 사람들은 모두 가공된 것이라고 말한다. A씨의 직장 동료는 "현실 세계에서 이루지 못한 꿈을 인터넷상에서 풀고 있는 것처럼 보인다"고 말했다. SNS상에서는 별 고민 없이 인터넷 집단을 모방하고 행동에 동조하는 양상을 보이는 것은 정체성을 상실한 상태라고 봐야 하며, 이런 행동은 남을 매도하거나 나쁜 소문을 퍼뜨릴 때 특히 심각하게 나타난다고 양윤 이화여대 심리학과 교수는 우려한다.

이런 일이 빈번하다면 그렇게 활동할 수 있는 기회도 개인에게 결코 행운이 아니며, 열광하던 이들의 허탈함과 불신감도 나중에 큰 사회적 문제가 될 것이다. 이미지는 부풀려진 커리어로 만들어지는 것이 아니라 진정성을 토대로 한 성실함과 관계지향적인 노력으로만 제대로 전달된다. 비대면 교류의 확산이 그러지 않아도 삭막하고 불신에 가득 찬 사회의 골을 더욱 깊게 만드는 느낌이다. 이렇게 정체성의 확인 없이 빨리, 넓게만 지향하다보면 사회의 기반이 모래성처럼 허술해진다. 그 피해는 결국 우리에게 돌아오고 만다.

3. 양과 숫자에 집착하지 말자

영화 〈소셜 네트워크〉의 감독 데이비드 핀처는 "상호 연결된 세상이라는 페이스북의 개념에 위선을 느끼는 것은 건강한 인식"이라고 말한 적이 있다. 내가 그간 받은 명함이 5만 장이고 내 휴대폰에 2000개의 전화번호가 저장되어 있으면 내가 대단한 사람일까. 인생에서 만나는 사람의 숫자는 전혀 중요하지 않다. 얼굴도 모르는 친구의 친구가 내 친구로 올라오면 나를 기쁘게 하는 것은 친구가 늘어서인가, 숫자가 늘어서인가. SNS를 통해 인간관계를 맺는 것을 '성과주의'로 평가하는 데 일면 동감한다. '사람들과 열심히 관계를 맺고 있다'는 심리적 위안을 얻기 위해 메시지나 방문자의 댓글, 조회수, 친구의 수 등 숫자로 바로 확인되는 SNS에 기댄다는 것이다. 명지대 문화심리학과 김정운 교수는 'SNS는 현대인이 자신의 존재를 확인하는 방식 중 하나'라고 분석한다. 내가 장담컨대 그런 데서 존재의 의미를 찾는 것은 아무런 가치가 없다. 그중에 내 친구나 내 편은 없다. 그저 지금의 필요로 서로를 곁에 두고 있는 것뿐이다. 온라인상의 친구들에게는 그야말로 쿨해져야 한다. 감격할 것도 절망할 것도 없다. 친구의 수에 연연하고 남에게 보이는 이미지만 쫓다가는 온라인상에서의 이미지도 그리 좋을 수 없다.

4. 내가 남긴 모든 글은 기록된다

황상민 연세대 심리학과 교수는 "SNS 공간을 '나'를 중심에 둔 사이버 공동체로 여겨 정서를 공유하지만 실상은 언제든 하이에나로 돌변할 수 있는 무기"라 표현하기도 한다. 우리 모두 염두에 둘 부분이다. 손석희 교수의 저렴한 시계가 인터넷에 올라오자 그의 소탈함에 더 열광하고, 소신을 지키는 그를 멋있게 여기는 것은 '다름'에 대한 가치 때문일 것이다. 그런데 그 가치를 아는 사람이 정작 자신의 삶에서는 그 기준을 지키기보다 별 생각 없이 주위에 휩쓸리는 것은 아닌지 돌아볼 일이다. 물론 모두가 그렇지는 않아서 다행이지만, 주위 속도에 따라 몇 걸음 가다보면 자기도 모르는 사이에 휘말릴까봐 우려된다.

언론홍보대학원에서 뉴스 기사 두 편을 스터디한 적이 있다. 한 편은 시위 장면에서 마구 매 맞는 학생들을 먼저 보여주고 그 후에 전경들을 공격하는 장면을 보여주면 시청자들은 학생 편이 되어 '오죽하면 그랬을까' 하고 이해하려 든다. 다른 한 편은 그 반대였다. 똑같은 내용인데도 순서를 바꾸어 전경들이 학생들에게 공격받는 장면을 먼저 보여주고, 그 후에 학생들이 맞는 장면을 보여주면 시청자는 '맞을 만하다'고 생각해버린다는 것이다. 그래서 언론의 편집이라는 것이 늘 문제가 된다. 기존 미디어 못지않은 영향력을 발휘하는 SNS도 예외는 아니다. 지금 내가 쓰는 글 역시 누군가가 맥락 없이 한 문장만 인용하면 몰매의 대상이 될 수도 있다.

법적인 책임을 떠나서 자신의 인생을 위해서 신중하게 행동해야 한다. 트위터나 온라인에서 만난 어떤 사람이 궁금할 때는 그 사람이 남긴 글을 몇 개만 살펴보면 성향이나 성격, 관심사 등을 대략적으로 파악할 수 있다. 다른 사람 역시 같은 방식으로 나에 대해서 알 수 있다. 오프라인에서야 잠시 한 순간의 모습으로 끝날 수 있지만 온라인에서의 행적은 계속 남게 되고, 누군가가 퍼가고 때로는 공론화될 수도 있기에 자신의 이미지에 치명적일 수도 있다. 유명인뿐 아니라 일반인들까지도 이런 문제로 곤란한 상황에 놓일 때가 많다.

건전한 정보를 제공하고 미담을 전하고 깊게 고민한 의견을 피력하는 도구가 생겼다는 것은 환영할 일이지만 표피적이고 단편적인 것에 몰두하는 가벼움과 행여 쳐질세라 나도 하나 올리려는 조급증은 늘 경계해야 한다. 시골의사라는 필명으로 유명한 박경철 원장의 경우, 내용이나 횟수 시간 등을 늘 의식한다고 말하기도 했는데 SNS를 현명하게 이용하는 이상적인 사례 중 하나다. SNS 영향력 1위에 선정된 것은 그런 철저한 관리 덕분인지도 모른다.

5. 깊이 있게, 그리고 넘치지 않게

조선조 성리학의 대가 퇴계 이황과 고봉 기대승이 서신을 통해 사단칠정론에 대해서 토론할 때, 퇴계의 나이는 58세였고, 고봉은 그보다 32세 어린 26세였다. 당시 퇴계는 국립대 총장격인 성균관 대사성이었고, 고봉은 오늘날 행정고시나 사법고시 합격생에 해당하는 과거 급제자였다. 경륜으로나 나이로나 썩 어울리지 않는 두 사람은 퇴계가 70세로 세상을 떠날 때까지 13년간 지속적으로 서신을 주고받았다. 그들은 각자에 대한 존중 속에서 학문적 논쟁을 벌였고, 조선 최고의 담론을 남겼다.

최첨단 소통의 도구 앞에서 이러한 깊이가 조금 아쉽다. 영화 〈소셜 네트워크〉로 아카데미 각본상을 수상한 아론 소킨은 페이스북과 트위터에 대해 비판적인 의견을 밝힌 바 있다. "소셜 미디어에는 깊이가 없다. 인생은 복잡한 것이며, 그 복잡함에 대해 설명할 능력을 갖출 필요가 있다. 소셜 미디어는 표피적인 접촉의 극단으로 사람들을 몰아간다." SNS 프로필에 올리는 사진이나 이미지를 고민하는 것만큼 자신의 정체성을 확인하고 진정성 있는 활동에 대해 고민하는 것보다 더 중요하다고 믿는다.

정신과 전문의 박진생 박사는 "SNS가 인기를 끄는 심리적 배경에는 자신을 드러내서 주목받고 싶은 '노출증'과 다른 사람의 생활을 들여다보고 싶은 '관음증'이 있다"고 분석한다. 인정하고 싶지 않지만 그렇다고 전혀 틀린 말은 아니라는 생각이 든다. 지나치면 병이고, 헤어 나오지 못하면 중독이다. 자신을 과다하게 노출하는 것은 눈살을 찌푸리게 하고, 남을 들여다보느라 시간 가는 줄 모르면 왠지 초라하게 느껴진다. 소셜 미디어에 대해 근본적인 회의를 의미하는 '페이스북 피로(facebook fatigue)'라는 신조어가 주목을 받는다. 그만큼 소통과 공유라는 본질에서 멀어진 활동 때문에 미디어 자체에 무관심해진 사람도 늘고 있다.

1964년 우여곡절 끝에 만난 비틀스와 엘비스 프레슬리. 침묵 끝에 그들은 하나씩 악기를 집어 들고 곧바로 연주에 들어갔다. 그들은 말이 아닌 연주로 교감했고, 그 하모니는 너무 아름다웠다 한다. 더 많은 사람들이 드러내지 않아도 나를 알아보는 친구를 만드는 도구로 SNS를 쓸 수 있으면 좋겠다.

6. 상처받지 않기 위한 감정 컨트롤

모두를 포함하여 특히 여성에게 당부하고 싶은 것 중 하나가 온라인상에서 상처를 받지 말라는 것이다. SNS를 통해 남성은 자신이 필요로 하는 정보를 얻고자 하는 성향이 있고, 여성은 친목, 교제 등 관계를 유지하려는 성향이 강하다고 한다. 2010년 한국인터넷진흥원이 발표한 인터넷 이용 실태 조사에 따르면, 여성 SNS 이용률은 64.4%로 나타났다. 특히 블로그 이용률(86.9%)이 남성(79.9%)보다 높고, 미니홈피 이용률(71%)도 남성(65.6%)보다 높다. 전경란 동의대학교 디지털콘텐츠 공학과 교수는 "여성들은 SNS를 통해 상처를 위로받고 정서를 교감하길 원하지만 의례적 소통만 오갈 뿐이다. 유사 친밀성으로 위장된 공간일 가능성이 많다"고 분석한다.

많은 유명인들의 자살 원인이 SNS의 무차별 폭력 때문이라는 분석이 잇따르면서 SNS 폐해에 대한 자성의 목소리도 높다. 전문가들은 특히 여성들이 SNS를 통한 친밀한 관계 맺기에 집착하면서 사이버 폭력으로 상처를 더 아프게 받아들이는 경향이 있다며 우려한다. SNS를 제대로 활용하려면 여성들이 심리적으로 좀 더 강해져야 한다고 지적한다. 사실 내 경험에 비추어봐도 여성들은 훨씬 적극적이고 활발한 활동을 보이기도 하는 반면 상처받고 감정적인 반응을 보이는 경우들도 적잖다. 내가 누군가에게 상처를 주지 않는 것만큼이나 남에게 상처받지 않기 위해 자신을 다스리는 것도 중요하다.

7. 직접적인 만남을 대신할 수 있는 것은 없다

아무리 기술이 발전해도 사람을 직접 만나는 것을 대신할 수는 없다. 미국 저널리스트 엘리자베스 번스타인은 "전자 문자로 소통하는 것은 신체 언어와 목소리의 억양으로 표현되는 느낌이 결여되어 있다"면서 온라인 소통의 한계를 지적한다. 캘리포니아 대학교의 과학자들의 최근 연구 결과에 따르면, 요즘 젊은이들은 전자매체를 이용한 소통에는 탁월하지만, 직접적인 소통 능력은 예전보다 떨어진 것으로 나타났다.

평생 SNS로만 소통할 수는 없는 노릇이다. 사람을 만나는 일이 귀찮아지고, 이야기를 주고받는 것이 마치 외국어로 대화하는 것처럼 어려워지면 인생에서 중요한 것을 잃게 된다. 눈빛을 나누고 말투의 온화함이나 냉정함을 감각으로 느끼고, 온기 있는 얼굴로 나누는 소통의 가치는 앞으로 그 무엇이 개발되든 대신 할 수 없다. 140자 이상의 깊이 있는 의사소통을 자유로이 즐길 수 있는 표현력과 공감능력을 늘 유지할 수 있어야 한다.

'괜찮아?' 하고 한 줄 문자 메시지로 확인해도 좋을 때가 있고, 직접 전화를 걸어서 정말 괜찮은 것인지 육성으로 들어야 할 때가 있다. 그리고 직접 만나서 어깨를 토닥이며 마음을 전해야 할 때가 있다. 소통의 수단이 늘어난 만큼 균형감을 위한 노력이 더 필요한 시대다. 가족이나 친구에게 위안을 주어야 하는 순간에 컴퓨터 앞에 앉아 세상을 향한 외침에만 골몰하지 않는다면, 친구 수보다 자신의 정체성을 확인하는 것이 더 소중하다는 것을 안다면 SNS는 더 빛날 것이다. 최고(最高)의 상품이 최선(最善)의 상품이 되길 기대한다. 최선(最善)은 가장 앞선 것이 아니라 착한 것, 바로 세상을 이롭게 하는 것이다.

가장 작은 자기소개서, 명함

세상에는 재미있는 인사법이 많다. 아시아의 한 소수민족은 서로 혀를 내미는 것이 인사이고, 티베트 사람들은 자기 귀를 잡아당기며 혀를 내밀며, 인도의 일부 지역에서는 옷을 많이 벗는 것이 상대방에게 존경심을 나타내는 인사라고 한다. 엄지손가락으로 깍지를 끼었다가 소리 내어 빼는 인사법도 있고, 두 눈을 위아래로 치켜 뜨는 인사법도 있다 하니 세상에는 정말 다양한 인사법들이 있는 것 같다.

이렇게 다양한 인사 방법 중에 현대사회에서 가장 널리 쓰이는 인사법은 악수와 더불어 명함 교환이다. 비즈니스 세계에서는 만나면 우선 명함을 건네는 것이 어느덧 관례가 되었고 그러지 않으면 실례라 여긴다.

명함을 처음 사용한 나라는 중국이라고 한다. 중국인들은 채륜이 종이를 발명한 기원후 105년 무렵부터 명함을 썼는데, 당시 중국에서는 아는 사람의 집을 방문했을 때 상대방이 부재 중이면 이름을 적어 남겨 두었고, 그것이 명함의 시초가 되었다 한다. 독일에서도 이와 비슷한 용도로 16세기경부터 이름을 적은 쪽지를 사용했으며, 프랑스에서는 14세기경부터 명함을 사용했다고 한다.

우리나라의 명함의 역사는 약 100년으로, 국내에 보존되어 있는 명함 중 최초의 것으로 추정되는 것은 연세대 동은의학박물관에 있는 구한말 민영익의 명함이다. 그는 나라를 대표하여 외국을 방문하는 사절단의 일원으로 구미를 순방했는데, 이때 처음으로 명함을 사용했다. 미국산 종이로 만들어진 이 명함은 지금의 명함과 비슷한 크기인 가로 5.5센티미터, 세로 9센티미터다. 명함에는 민영익 특유의 필체로 이름이 적혀있고, 또한 명함을 받은 미국인이 그를 기억하기 위해 연필로 'Min young ik, Corean ambassador to US'라 적어 놓은 흔적을 확인할 수 있다.

이토록 명함은 오랜 역사를 가지고 있고, 오늘도 우리는 수없이 많은 명함을 주고받는다. 그러나 아직도 명함 하나 제대로 주고받을 줄 모르는 사람들이 많다. 소위 정치인의 '뿌리기식' 명함 돌리기처럼, 언뜻 보기에도 상대에게는 별로 관심도 없으면서 그저 눈도장 찍는 듯한 인상이 역력한 경우가 너무 많다. 명함은 손에 장애만 없으면 줄 수 있는 것이 아니다. 낯선 사람과 나누는 첫 인사다. 그렇기 때문에 상대에게 명함을 준다는 것은 곧 본인의 이미지를 알리는 시작이다.

최근 명함에 관한 재미있는 설문조사가 있었는데, 명함을 주고받을 때 가장 불쾌했던 경험에 대한 것이었다. 그중 3위는 마지못해 주는 것처럼, 혹은 마치 하사품을 주듯이 아무 말 없이 명함을 줄 때였다고 한다. 2위는 명함을 받자마자 바로 명함집에 넣어버릴 때였다. 상대방의 이름이나 회사명 정도는 잠깐이라도 읽고 집어넣는 것은 기본 예의인데 말이다. 그렇다면 가장 불쾌할 때는 언제일까? 그것은 바로 명함을 받기만 하고 주지 않을 때라고 한다. 혹시 명함이 부족한 상황이었다면 "명함이 부족한데, 이메일로 꼭 다시 인사드리겠습니다"라고 한마디 말만 해도 상대는 전혀 불쾌하지 않을 것이다. 최근 한국내쇼날인스트루먼트 사장이 내게 그렇게 하여 인상적이었다. 이밖에도 명함 글자의 방향을 무시한 채 삐딱한 방향으로 명함을 주거나, 상대방의 눈을 쳐다보지 않고 무성의하게 건네주는 경우에도 불쾌감을 느낀다고 한다. 이처럼 명함을 주고받는 태도 때문에 상대방에게 불쾌감을 주거나 오해를 사는 경우가 적지 않다.

　명함을 줄 때는 상대방이 바로 읽을 수 있는 방향으로 바르게 잡고, 상대의 눈을 보며 인사말을 건네고 주는 것이 중요하다. 여러 사람을 동시에 만날 때, 대상 모두를 죽 바라보고 나서는 고개를 숙인 채 죽 나누어주는 행동은 인사를 나누는 것이 아니라 그야말로 뿌리는 것에 지나지 않는다. 그 대신 이렇게 해보면 어떨까.

　우선 명함을 꺼내 손에 들고 잠시 인사말을 한다. 그러면 상대는 얘기를 들으며 자신의 명함을 꺼낼 것이다. 그 후 상대 중 한 명에게 명함을 건네고 짧게 인사말을 건넨다. 그 후 차례로 이 방법을 반복하는 것이다. 작은 차이지만 앞의 경우보다 훨씬 성의있는 첫 이미지를 줄 수 있다. 시간이 훨씬 더 걸리는 것도 아니다. 손목을 꺾으면서 건네면 무성의하게 보일 수 있으므로 항상 손이 아닌 팔을 움직인다는 느낌으로 앞으로 내미는 것이 좋다. 팔을 길게 죽 뻗어야만 하는 간격이라면 차라리 한 걸음 다가가서 팔을 좀 접고 건네는 것이 훨씬 정중하다. 모든 손동작은 팔꿈치를 중심으로 약간 팔이 꺾여있는 자세가 정중하다.

또한 상대의 명함을 받고서 바로 주머니에 넣어버리거나 명함을 제대로 보지 않는 것도 큰 실례다. 잠시 내용을 보며 한마디 인사를 개별적으로 나누는 것이 좋다(그런데 최근 노안이 온 나 역시 잘 보이지 않아서 거의 받자마자 넣을 때가 종종 있는 게 사실이다). 상대에게 일행이 있다면 차별 받는 느낌이 없도록 같이 인사를 하는 것도 필요하다.

명함을 받는 것 못지않게 관리하는 일도 소홀히 해서는 안 된다. 나중에 하려고 미루다보면 일이 커져 답이 잘 나오지 않는 일들이 종종 있는데, 명함 정리도 그중의 하나다. 시간이 지나고 나면 어디에서 누구에게 받은 것인지 기억이 나지 않아 분류도 어렵기 때문에 실수를 하는 경우가 종종 있다. 여러 사람을 만나는 일도 중요하지만, 명함 관리를 잘 하여 나중에 시기적절하게 활용하는 것도 매우 중요하다.

자신의 명함을 한 번 다시 보자. 언제부턴가 일상화되어 별로 신경을 쓰지 않게 되었을지 모른다. 그러나 명함은 헤어스타일에 신경 쓰는 것보다, 넥타이를 고르는 것보다 훨씬 중요하다. 명함은 자신을 알리는 또 하나의 얼굴인 만큼 조금만 다듬어도 지금보다 좋은 효과를 만들 수 있다. 정치인 중에는 명함에 사진을 넣은 경우가 많은데, 한마디로 너무 가벼워보인다. 상대에게 자신을 기억시키려는 인위적인 의도가 느껴지기 때문이다. 영업이익이 아닌 국민을 위해 일하는 사람이라면 가벼움은 금물이다. 상대에게 나를 기억시키는 방법은 사진이 아니라 만났을 때의 이미지다. 또한 연령이나 경력에 따라 명함에 엠보싱 처리를 하여 조금 더 고급스럽게 하는 것도 좋다. 너무 얇은 종이에 빼곡이 경력을 나열한 명함은 조잡하기 그지없다. 명함은 인사다. 깔끔한 명함을 건네며 따뜻한 인사말을 나누며 좋은 이미지를 주는 것이 사진으로 얼굴을 알리는 것보다 중요하다.

하루에도 수십 장씩 주고받게 되는 명함. 그중에서 나를 인상적으로 기억하는 사람은 과연 몇 명이나 될까. 나와 친분이 있는 기업 임원 중 '명함' 하면 떠오르는 사람이 있다. 명함을 주기 전까지만 해도 그의 이미지는 무겁고 진지하기만 했다. 그런데 그가 나에게 명함을 건네며 "마리화나 리입니다"라고 인사하는 것이었다. 깜짝 놀라 명함을 들여다보았더니 그의 이름이 바로 '이환각'이었다. 명함을 건네면서 해준 인상적인 인사말 덕에 그분의 이름은 절대 잊어버리지 않게 되었다. 어느 비즈니스 포럼에서 만난 한 CEO는 명함을 건네면서 "안녕하세요. 저는 종이에 대한 모든 일을 하고 있습니다"라고 말했다. 알고보니 인쇄업을 크게 하는 분이었는데, 어색한 첫 만남을 대비해 거울을 보고 음성과 표정을 여러 번 연습했다고 고백했다. 회사 PR도 할 겸 이와 같은 인사말을 생각했다고 하는데, 특색을 살린 인사말 덕분에 곧바로 자연스럽게 대화가 이어지고 적극적인 이미지를 받을 수 있었다.

이처럼 명함은 단순히 주고받기만 하면 끝나는 것이 아니다. 건네줄 때의 태도와 인사를 통한 이미지가 무엇보다 중요하다. 아무 말 없이 명함을 주고받기만 하지 말고 반드시 한 두 가지 질문을 해서 서로에 대한 관심을 표현하는 것이 예의다. 많은 사람들이 명함을 주면서 "제 명함입니다"라고 인사하는데, 이는 사실 하나마나한 말이다. "만나 뵙게 되어 반갑습니다"도 너무 흔하다. 명함은 그 자체가 인사이므로, 명함을 건넬 때는 자신의 이미지를 강하게 전달할 수 있는 자신만의 인사말을 만드는 것이 좋다. 처음 만나는 상대에게 명함을 건넬 때 자신만의 이미지를 전달하고 있는지, 아니면 뿌리듯이 돌리고만 있는지 돌이켜볼 필요가 있다. 명함의 가장 큰 의미는 몇 장을 주고받았느냐가 아니라 상대에게 어떤 이미지로 얼마만큼 기억되느냐다. 그런 의미에서 어느 기업체 CEO가 한 말이 기억에 남는다.

"명함은 손에 장애만 없으면 건넬 수 있다고 생각했는데, 상대에게 나의 이미지를 전달하는 순간이라는 생각을 하지 못했습니다. 그동안 수천 명에게 명함을 주었을 텐데 그 기회를 이용하지 못해 아깝군요."

명함은 가로 9cm, 세로 5cm에 담은 나의 이력서다. 깔끔한 명함을 건네면서 따뜻하고 개성 있는 인사말을 곁들이는 것을 기억하자. 그보다 더 중요한 한 가지, 명함을 주고받은 상대를 잘 기억하자. 그것이 사람에 대한 예의다.

애창곡에 담는 나만의 이미지

참 묘한 경험이었다. 대학 동창이 심하게 섭섭하게 하여 마음이 꽤나 상해있던 때의 일이다. 어느 날 점심을 먹고 있었는데 전화벨이 울렸다. 전화기에 찍히는 번호를 보니 그 동창이어서 받지 않으려 했다. 그런데 그 순간 식당의 스피커에서 그 친구가 늘 즐겨 부르던 'Desperado'라는 노래가 흘러나왔다. 그 순간, 즐거웠던 지난 시간들과 다정했던 친구들의 얼굴이 떠오르며 나는 통화 버튼을 눌렀다. 결국 우리를 화해시킨 것은 바로 그 노래 한 곡이었다.

노래는 강력한 이미지 요소다. 어떤 노래를 듣는 순간 떠오르는 사람이 있는 경우를 경험해본 적이 있을 것이다. 때로는 첫사랑처럼 개인적인 누군가가 떠오르기도 하고, 어떤 상황이 기억되기도 하는데, "이 노래 하면 그 사람!"과 같이 기억되는 경우도 적지 않다. 따라서 평소 자신의 노래 선곡도 한 번쯤 되돌아보고, 누군가가 애창곡을 묻는다면 바로 답할 곡명은 있는지, 그 이유를 묻는다면 본인의 이미지에 맞게 답변할 수 있는지 한 번쯤 짚어볼 부분이다.

광화문에 본사가 있는 한 기업 회장님의 애창곡이 '광화문 연가'임을 안 후, 그 노래를 들으면 그 회사가 떠오른다. 색소폰을 부는 빌 클린턴 대통령의 모습이나, 입이 거칠게만 느껴지던 대통령의 기타 치는 모습은 이미지 보완 효과에 적잖은 영향을 주었다. 삭막하고 건조한 이미지의 리더가 악기를 다루거나 노래를 근사하게 하는 모습은 옷을 잘 입는 것 못지않은 이미지 관리 효과를 준다.

CEO들은 누구나 애창곡 하나쯤은 갖고 있다. 각종 행사에서 이런저런 이유로 마이크를 잡는 기회가 많기 때문이다. 의사들이 즐겨 부르는 곡 중에는 '말 달리자'가 많고, CEO들의 회식 자리 애창곡 중 흔한 것은 노사연의 '만남'이라고 한다. '우리 만남은 우연이 아니야'로 시작되는 노랫말이 직원들에게 소속감과 애사심을 자극할 수 있기 때문이라고들 한다. 정치인들 역시 유권자들을 상대로 득표 활동을 하는 데 딱 들어맞기 때문에 너도나도 선호하는 곡이다.

우리는 흔히 누군가의 노래를 들으며 가사를 의미 있게 받아들이는 경향이 있고, 더구나 요즘에는 노래방 기계의 모니터를 응시하면서 가사를 함께 읽는 경우가 많기에 선곡에서 리듬 못지않게 중요한 것이 가사다. 분위기나 청중을 고려한 적당한 노래 선곡이 우선 중요하다. 애창곡을 고를 때에는 자신의 음색에 잘 맞고 좋아하는 곡으로 고르되, 그때그때 분위기를 어색하게 만들 만한 가사는 피하는 것이 좋다. 자신이 좋아하는 노래 이외에도 최소한 3~5곡 정도 색깔이 다르고 연령대가 다른 노래를 준비해두면 배려하는 이미지가 느껴져 더욱 좋을 것이다. 항상 무거운 가곡이나 박자가 너무 느린 곡만 부르면 분위기를 너무 가라앉히므로 회식 자리에서는 삼가도록 한다. 반면 최신곡만 연달아 부르면 연장자들의 흥이 깨지는 경우도 있다. 그런가 하면 누군가가 계속해서 이별 노래만 부른다면, 우리는 그가 실연했을 것이라는 추측을 하는 것도 무리가 아니지 않을까.

많은 정치인들도 자신만의 애창곡 하나 정도는 간직하고 있는 것을 볼 수 있다. 조용필의 '창밖의 여자'를 들으면 최형우 전 국회의원이 생각난다는 사람들이 있다. 현역 의원 시절 그가 가끔 눈시울을 붉히며 부르던 노래라고 한다. 노태우 전 대통령 하면 '베사메 무쵸'가 떠오른다고 육사 출신들은 말한다. 이한동 전 국무총리는 대학 재학 시절부터 고전음악에 심취하여, '남몰래 흐르는 눈물'이라든가 베르디의 '여자의 마음' 같은 아리아를 부담 없이 부를 수 있다고 한다. 김덕룡 전 국회의원은 군사 정권으로부터 혹독한 탄압을 받던 재야 시절 알게 된 '예성강'의 노랫말 '말하라 강물이여 너만은 알리라'를 특히 좋아한다. 그 노래만 들으면 당시 어려움을 헤쳐 나가던 상황들이 떠올라 힘이 솟는다고 한다.

사연을 알고 들으면 더 맛이 나고, 그 의미를 되새기게 하는 노래들도 있다. 김근태 전 보건복지부 장관의 애창곡 사연은 눈물겹다. 그의 애창곡은 바로 최진희의 '사랑의 미로.' 지난 1982년 고문 장소로 악명 높은 치안본부 남영동 대공분실에서의 사연이 계기가 됐다고 한다. 당시 부인 인재근 씨의 생일이 다가오자 선물을 준비할 형편은 못 되고 생각 끝에 그때 유행하기 시작했던 이 노래의 가사를 적어 틈틈이 라디오를 들으면서 연습했다. 드디어 생일날. 면회실에 마주 앉은 부인은 남편이 정성껏 준비한 이 노래를 울먹이며 들었다. 당시 김 위원은 모진 고문으로 몸 상태가 아주 좋지 않았다고 한다. 두 사람은 노래가 끝난 뒤 평생 기억에 남을 정도로 눈물을 쏟았고, 이후 '사랑의 미로'는 김 위원의 사연 있는 애창곡이 됐다고 한다. 이런 에피소드가 있는 노래 한 곡쯤 본인의 곁에 두어도 좋을 일이다.

기업의 대표들도 애창곡 관리에 있어서는 예외가 아니다. 이병규 문화일보 사장은 현대백화점 사장으로 재직할 당시 신입사원 환영회에서 당시 유행하던 테크노댄스 곡에 노래와 춤을 추어 큰 인기를 끌기도 했다. 인터파크의 이기형 회장은 서울대 합창단 출신으로 자타가 공인하는 바리톤 가수인데 술자리에서 손수 기타를 치며 노래를 부를 정도라고 한다.

노래방 기기의 발달은 일반인들의 노래 실력을 한층 더 향상시키는 계기가 되어, 요즘은 노래를 잘하는 사람을 흔하게 볼 수 있다. 그러나 때로는 매너나 배려가 부족하여 오히려 기분이 상하는 경우도 있다. 행여 섭섭해하실까 아무리 간곡히 청해도 절대 극구 사양하시는 분이 있어 민망할 때가 있다. 어른이 먼저 멋지게 한 곡 불러주면 다른 사람들이 편히 즐길 수 있다. 그런가 하면 다른 사람은 배려하지 않고 한번 마이크를 잡았다하면 혼자서 몇 곡씩 연달아 부르는 것 역시 좀 삼가는 게 좋다.

어색함을 핑계 삼아 소파나 의자에 앉은 채로 노래를 부르는 경우가 있는데 이건 예의에 어긋날 뿐만 아니라, 정확한 발성을 힘들게 함으로써 결국 노래 실력 발휘도 어렵다. 몸의 방향 또한 중요하다. 요즘은 가사를 외워서 노래하는 사람들이 드물다보니 TV모니터를 향한 채 노래를 부르곤 하는데 이 역시 다른 이들에 대한 매너와 이미지에 효과적이지 못하다. 뒷모습을 보이는 채로 노래를 부른다는 것은 큰 실례가 되며 뒷모습의 이미지가 그리 좋을 리도 없다. 모니터를 보는 경우에는 옆으로 살짝 비켜서서 다른 사람들에게 등을 보이지 않는 범위 내에서 부르는 것이 좋다.

표정이나 제스처 등을 가사나 분위기에 맞게 표현하며 여유를 전할 수 있다면 경직된 이미지 보완에 도움이 된다. 가창 후 관객의 박수에 답하는 적당한 인사 역시 중요하다. 쑥스러워 중간에 앉아 버리거나 끝내고는 바로 화장실로 가버리는 것은 보기에도 어색하다. 또한 다른 사람이 노래를 부를 때의 매너를 지키는 것도 이미지 관리에 중요하다.

'노래방 꼴불견'을 재미있게 풀어놓은 것이 있는데, 남이 노래할 때 큰소리로 따라 부르는 사람, 신나는 곡 나오면 꼭 남의 손을 끌면서 백댄싱을 강요하는 사람, 자기 노래 예약 한다고 예약 버튼 잘못 눌러서 남의 노래 다 끊어놓는 사람, 마이크를 돌리다가 남의 머리 치는 사람, 남의 허벅지에 탬버린 쳐서 피멍 들게 하는 사람 등이라고 한다. 한 번쯤은 경험한 듯하고 우스갯소리로 넘겨버릴 말들만은 아니다.

노래방은 노래만 하면 되는 곳이라기보다는 딱딱한 사무실에서 알기 힘들었던 서로의 훨씬 진솔한 이미지를 나눌 수 있는 곳이다. 노래를 부르는 것 못지않게 다른 이의 노래를 관심 있게 들어주고 그의 마음속 이야기에 귀 기울이면서 작은 것에 배려하는 모습은 매우 중요하다.

한 CEO가 노래방에서 보여준 모습에서 감동을 받은 적이 있다. 우선 본인이 빠른 것과 발라드를 두 곡 부르며 흥을 돋우더니, 약주만 들고 가만히 뒤에 앉아 구경하는 것이 아니라 직원이 노래하는데 계속 박수를 쳐주며 지켜봐주고, 쑥스러워하는 직원의 경우에는 급기야 앞으로 나아가 옆에 서서 박수를 쳐주며 함께 불러주었다. 만취하여 어수선하게 오가거나 연신 대화만 하는 경우와는 전혀 다른 그림이다. 자신의 목소리를 내는 것만이 아니라 귀를 여는 리더의 모습이 중요한 것은 노래방에서도 예외일 리 없다.

가치를 높이는 선물 이미지

지휘자 정명훈은 도쿄 필하모니 오케스트라 단원들에게 '삽'을 선물한 적이 있다. 각자의 악기에 잠재되어 있는 '음을 퍼내라'는 의미의 그 선물은 긴 잔소리보다 강한 메세지를 담고 있다. 자크 시라크 전 프랑스 대통령은 이라크 파병에 대한 이견으로 사이가 껄끄러운 영국의 블레어 총리에게 크리스탈 잔과 와인을 선물했다고 한다. "친애하는 토니. 당신이 프랑스를 얼마나 좋아하는지 잘 알고 있습니다. 이번 기회에 우리나라가 얼마나 축복받는 땅인지 알 수 있게 해주는 선물을 보냅니다"라는 근사한 메시지도 있었다. 그러나 영국 언론들은 "선물받은 와인인 1989년산 샤토 무통 로쉴드는 좋은 와인이지만 최고급 와인은 아니다"라고 지적했다고 한다. 블레어의 출생년도인 1953년산을 보냈더라면 의미가 있었을 것이라면서 시라크의 인색함을 결례로 꼬집었다고 와인 전문가가 전한다.

그러고보면 오늘날에는 선물이 마음의 정성만으로 되는 것은 아닌 듯하다. 상품이 많아지고 선물의 폭도 넓어진 오늘날 가치 있고 만족할 만한 선물을 한다는 것은 그리 쉬운 일이 아니다. 요즘엔 실용성을 내세워 상품권을 선물하는 것이 보편화되었고, 아예 현금을 주고받는 경우도 많다. 선물은 유용성이나 가격보다 고르고 고민하는 시간과 정성의 가치가 더 클 텐데도 말이다. 명절 때, 선물 배송 후 잘 받으셨는지를 묻는 '해피콜'을 하면 상품권으로 바꾸어달라는 고객이 40% 정도라는 백화점 직원의 말에 놀란 적이 있다. 심지어 고급 상품은 포장할 때에 가격표를 꼭 넣어달라는 구매 고객도 많아서 예전과는 다른 포장 교육을 해야 하는 시대라며 웃는다.

선물 역시 그 사람의 이미지에 적지 않은 영향을 미친다. 해마다 한 작가의 책을 선물하던 어떤 분이 생각난다. 여러 해가 지나고 이제는 선물을 주고받지 않는데도 그 작가 이름만 들어도 그분이 생각난다.

연말연시에는 백화점 앞이 장사진을 이루고, 선물 배달로 오가는 차들 때문에 도로는 마비된다. 언젠가 꽉 막힌 도로에 갇혀 있으면서 '저 안에 내 선물도 있을까' 하고 생각하다 웃은 적이 있다. 잦은 경험은 아니지만 일상에 열중해있는 어느 날 인터폰이 울리며 갑자기 내 앞에 깜짝 선물이 나타난다면 그것이 무엇이든 참 반가운 게 사실이다.

우리나라에서는 상업적으로 변질되어 연인 사이에 초콜릿을 주는 것으로 제한되었지만, 뉴욕 유학 시절에 경험한 발렌타인데이는 참 좋은 기억으로 남아있다. 그들의 발렌타인데이는 남녀노소 가리지 않고 카드 한 장으로 이웃 간에 축복도 해주고 미루던 사과도 할 수 있는 날이었다. 한 번은 문 앞에 나가니 아파트의 같은 층에 사는 6살 제니가 "Happy Valentine's Day!"하며 카드 한 장을 내밀었다. 내용은 전에 엘리베이터를 기다려주어 고맙다는 것이었다. 나는 문득 그 아이가 부러웠다. 어렸을 때부터 감사와 사과를 표현하는 문화에 익숙해질 수 있는 그들이 부러웠다.

언제부터였을까. 우리네 선물들은 너무 거창하고 비싸졌다. 얼마 전에는 대학원 송년 모임을 준비하는 간부 모임에서 선물을 하나씩 사와서 서로 교환하면 좋겠다는 의견이 나왔다. 모두에게 각각 선물하려면 비용도 많이 드니 각자가 하나를 선물하고 하나를 선물 받는 것이다. 그런데 선물 하나당 10만 원짜리로 준비하자는 의견으로 마무리되었다. 너무 가격이 높지 않느냐고 했더니 10만 원 이하의 물건은 살 만한 게 없다는 것이다. 그 말은 아마도 받은 선물이 별로 쓸 만한 것이 없다는 얘기였을 것이다. 아마도 살 수 있는 선물을 넥타이나 고급 소품에 한정짓는 모양이다.

그러나 과연 그럴까. 소극장의 공연 티켓도 좋고, 한 해를 차분히 마무리할 아름다운 음악이 담긴 CD 2장도 3만 원이면 된다. 행여나 그 CD의 판매 수익금이 심장병 어린이 수술비나 불우한 이웃을 돕는 데 쓰이는 것이라면 그 선물은 훨씬 의미 있을 것 같다. 혹은 비싸지 않은 와인 한 병에 스토리를 담고 예쁜 리본을 맨 선물을 들고 오면 연말의 멋을 한껏 낼 수도 있었을 것이다. 나는 벙어리장갑 한 세트를 선물 받아도 좋을 것 같다. 뚜껑을 여는 순간에 어린 시절을 떠올리며 잠시 웃을 수 있을 것 같기 때문이다.

여러 해 전, 내가 선택했던 연말 선물이 기억에 가장 오래도록 남는다. 연말연시 선물로 누구도 짐작하지 못할 아이템이었다. 선물은 참기름이었다. 난데없는 참기름에는 특별한 사연이 있었다. 춘천에 사는 한 참기름 장수 할머니가 참기름만 30년을 팔아오셨는데, 기본 생활비를 빼고는 모두 앞을 보지 못하는 분들의 개안 수술비로 대주고 계시다는 것이었다. 그 신문 기사를 본 후, 나는 그 할머니로부터 200병을 사서, 크게 선물해야 하는 대상에게는 10병, 보통의 연말 선물이라면 3병, 그리고 우연히 선물하게 되는 대상에게는 1병, 이렇게 그해 모든 선물을 그 참기름으로 보냈다. 대신 카드는 아주 우아한 것으로 고르고 그 말을 꼭 적었다. 그런 분이 파는 참기름이면 아마도 '진짜 참기름'일 테니 안심하고 드시라고.

내가 이끄는 회사는 지난 17년 동안 1년에 한 번, 추석 때에만 클라이언트들에게 선물을 해왔다. 자연산 송이라든가 인삼 같은 고가의 선물은 한 번도 해본 적 없다. 17년간 변함없이 고집한 선물의 아이템은 바로 떡이었다. 그런데 내가 떡을 선물하는 방식은 결코 간단하지가 않다. 요즘에는 예쁜 모양의 떡을 쉽게 주문할 수 있지만 그때만 해도 그렇지 않았다. 그래서 나는 추석 연휴 직전이면 새벽부터 손수 떡을 세팅하는 데에만 하루를 바쳤다. 예쁜 떡을 골고루 담고 카드를 곁들였으며 직원들이 직접 발로 뛰며 떡을 전달했다.

이 선물 덕에 나는 감사 전화를 많이 받았는데, 떡보다도 떡과 함께 포장한 '떡 시식용 세트'에 대한 칭찬이 많았다. 비닐 팩에 여러 종류의 티백, 일회용 접시, 냅킨, 이쑤시개 그리고 떡을 집을 때 쓸 위생 장갑까지 넣어 떡과 함께 포장한 것이다. 사무실에서 앉은 자리에서 번거롭지 않게 떡을 드실 수 있도록 하자는 생각에서였는데, 이런 준비가 기대 이상의 평가를 받았다. 모두 1인당 3만 원도 안 되는 선물이지만, 새벽부터 세팅한 떡을 쉬기 전에 배달하느라 몹시 바빴던 데다 직원이 직접 찾아가 인사를 건네야 했으니, 사실 정성도 보통 정성이 아니었다. 어쩌면 어떤 클라이언트들은 아무리 뒤져도 '떡값'이 나오지 않는 나의 선물을 하찮게 여겼을지도 모르겠다. 하지만 나의 선물은 그 자리에서 다 함께 먹어치우면 그만이기 때문에, '윤리경영'을 내세워 작은 선물조차 받지 않으려 하는 회사들도 이것은 거부감 없이 받아들였다.

비록 번거롭기는 하지만 나는 오랫동안 이 선물을 고수하고 있다. 선물은 선물로서의 가치가 있어야 하며, 가치가 있으려면 '특별한 의미'가 담겨있어야 한다고 생각하기 때문이다.

지금도 허물없이 만나는 초등학교 남자 동창이 한 명 있다. 어릴 적 하교 길에 그는 나에게 껌을 한 통씩 주곤 했는데, 일부러 고른 것인지는 몰라도 그 껌의 이름은 '한마음 껌'이었다. 요즘도 편의점 같은 곳에서 한마음 껌을 보면 그 친구 생각에 빙그레 웃음이 나온다. 세월이 한참 흐른 뒤 선물로서의 껌의 의미를 알게 됐는데, 그것은 '오래 사귀고 싶어요'라고 한다. 물론 그 친구가 어렸을 때 그런 뜻까지 알지는 못했을 것이다.

이처럼 선물에는 특별한 의미가 숨겨있는 경우가 많다. 빗에는 '제발 좀 깨끗해지세요'라는 메시지가 들어있다고 하고, 젊은 연인들끼리 주고받는 인형에는 '저를 매일 생각해주세요'라는 뜻이 숨어있고, 모자는 '나를 감싸주세요', 구두에는 '당신을 보내드립니다'라는 뜻이 담겨있다. 반지는 누구나 알고 있듯 '당신은 나의 것입니다'라는 뜻이고, 담배는 '당신을 좋아하지 않아요', 시집은 '진심으로 당신을 사랑합니다', 잉크는 '우리의 추억은 영원할 거예요'라는 뜻이라 한다. 그밖에도 손수건은 '당신과 이별할 것 같아요', 귀걸이는 '당신의 비밀을 알고 싶어요', 음반에는 '당신과 함께 있고 싶어요'라는 뜻이 있다.

숨겨진 선물의 의미를 무시하거나 모를 경우 자칫하면 오해를 사거나 불쾌감을 줄 수 있으니 조심해야 한다. 오래 전 일이지만 미국의 한 외교관이 인도의 장관에게 소가죽으로 만든 고급 다이어리를 선물한 일이 있는데, 이 선물은 결국 감사는커녕 국가적인 불쾌감으로 이어지게 되었다. 우리나라 사람들이 개업 선물로 많이 하는 괘종시계의 중국어 발음은 '죽음'의 발음과 비슷하다고 한다. 이 때문에 중국에서는 이런 시계를 절대 선물하지 않는다. 우리나라 사람들이 감사의 상징으로 여기며 어른들께 선물하는 카네이션을 프랑스에서는 장례식에서 쓴다. 우리나라에서도 지갑을 선물할 때는 동전 한 닢이라도 넣어서 주는 것이 오랜 관습이며, 칼을 선물하는 경우에는 단돈 10원이라도 받고서 파는 모양새를 취하는 것이 예의라고 한다.

내가 아는 어떤 사장은 자신의 이미지를 콘셉트 있는 선물로 전한다. '클래식 음악 100선'이라는 책과 CD다. 우연히 그 책이나 CD를 갖고 있는 사람과 만나면 나는 그를 아느냐고 묻게 된다. 이렇듯 자신이 좋아하는 어떤 것을 나누려는 의도가 담긴 선물에서는 전하는 사람의 마음이 느껴진다. 반면 어떤 사장은 아는 사람에게 일괄적으로 똑같은 모양의 꽃바구니를 선물로 돌린 적이 있다. 다른 회사의 사무실을 방문했을 때, 내가 받은 것과 세밀한 부분까지 똑같은 꽃바구니가 놓여있는 것을 보고는 선물을 받은 고마움이 반감되었음은 물론이다.

선물이란 겉치레가 아닌 상품에 마음을 입히는 것이어야 한다. 기쁜 일에 선물을 할 때는 그 포장에 세심한 배려를 하여 소홀함이 없도록 해야 한다. 선물을 받을 사람과 경조사의 종류에 맞게, 그리고 내용물과 어울리는 포장지와 색상과 크기를 선택한다. 포장의 겉에는 선물의 취지와 선물하는 사람의 이름을 잘 보이는 곳에 명기한다. 요즘에는 전화나 인터넷을 이용해 선물을 간접적으로 보내는 경우도 많은데, 보낼 선물은 되도록 직접 눈으로 확인한 후에 보내는 것이 좋다. 예를 들어 꽃집에 전화 주문으로 꽃배달을 시켰는데 회사 개업식에나 어울릴 꽃바구니를 가정집에 보내버리는 실수를 저지르면 상대방에게 큰 결례가 된다.

평소 고마움을 느꼈던 분에게 넥타이를 선물한 적이 있었다. 여러 색의 태양이 프린트된 것으로 골랐는데, 나는 동봉한 카드에다 "이 태양들처럼 항상 맑은 날만 함께 하셨으면 합니다"는 글을 적어 넣었다. 선물을 주는 입장으로서 나는 내심 그가 선물과 카드를 그 자리에서 열어보고 기뻐해주었으면 하고 바랐다. 하지만 그는 "나중에 보겠다"고 하고는 선물을 옆으로 치워놓았다. 만약 그가 나의 선물을 그 자리에서 풀어보고 무엇으로든 칭찬을 해주었다면 나누는 기쁨도 컸을 것이다. 반면 나와 절친한 한 후배는 남성 고객에게 넥타이를 선물했다가 오히려 당황했다고 한다. 선물을 풀어보는 것까지는 좋았는데, 선물한 타이가 마음에 들지 않았는지 한참을 뚫어져라 살펴보더니 이리저리 뒤집어 보더라는 것이었다. 선물을 한 사람의 입장에서는 민망하기 짝이 없었다고 한다.

위의 두 가지 경우가 바로 선물을 요령 있게 받지 못한 대표적인 예다. 우선 선물은 받은 자리에서 풀어보는 것이 좋다. 보통 우리는 선물을 받으면 일단 옆으로 치워놓거나 가방에 집어넣으면서 "아유, 뭐 이런 걸 다…"라고 해버리고 마는 경우가 많다. 하지만 선물을 그 자리에서 풀어보며, "와, 제가 참 좋아하는 색깔이군요"라든가 "마침 저에게 정말 필요했던 건데 참 잘되었네요. 고맙습니다"와 같이 감사의 표현을 한다면, 선물을 고르던 기쁨만큼 나누는 즐거움도 느끼게 될 것이다. 만약 선물이 마음에 들지 않는다 하더라도 "이런 넥타이는 제가 평소에 잘 하지 못했던 건데, 새로운 시도가 될 수 있겠어요"와 같이 얼마든지 긍정적으로 표현할 수 있다.

선물을 받는 태도에 따라 받는 사람의 이미지도 크게 달라진다. 특히 답례 인사를 할 때는 문자 메시지를 보내거나, 직원을 시켜 감사의 인사를 대신 전하는 것은 삼가야 한다. 전화로라도 정겨운 인사 한마디는 짧게라도 직접 건네도록 하자. 선물을 주고받는 데 있어서는 반드시 감정의 교류가 동반되어야 하기 때문이다. 만약 선물을 거절해야 하는 경우라면 받을 때보다 훨씬 신경을 써야 한다. 순수한 의도의 선물을 냉정히 거절하면 상대방은 심한 모욕감을 느낄 수 있다. 거절할 때는 더욱 정중해야 하며, 왜 받을 수 없는지에 대해 보다 충분한 설명이 필요하다. 정기홍 전 서울보증보험 사장은 모든 선물을 감사히 다 받고는 구청이나 자선단체 등을 통해 어려운 사람들에게 나누어준다고 한다.

선물을 할 때 다음과 같은 것들을 염두에 두도록 한다. 첫째, 내가 선물을 할 만한 사이인지부터 생각해야 한다. 상대방의 성별, 나이, 직업, 취향은 가장 중요한 고려 대상이다. 서로의 관계에 걸맞지 않거나 지나치게 고가인 선물은 상대를 기쁘게 하기보다 부담만 줄 수 있다.

둘째, 왜 선물을 하는지 이유가 분명해야 한다. 이유 없는 선물이란 없다. 지난 시간의 관계에 대한 감사의 표시일 수도 있고, 앞으로 도움을 받기 위한 것일 수도 있다. 단순한 기념의 의미일 수도 있다. 어떤 경우든 상대방이 오해하지 않을 이유와 메시지가 필요하다.

셋째, 어느 곳으로 그리고 언제 전달하는 것이 효과적일지 따져볼 필요가 있다. 기념일이나 명절 당일에 임박해서 보내기보다는 좀 더 일찍 보내는 선물이 빛을 발한다. 의례적인 느낌을 덜기 때문이다. 내가 이끌었던 회사의 창립 기념일은 3월 2일인데, 한번은 어느 기업인이 2월 2일에 화환을 보내왔다. 카드엔 이렇게 적혀 있었다.

"10년 전 이맘때 정신없이 오픈을 준비하셨겠지요? 그렇게 시작된 지난 10년을 축하드립니다."

이런 감동적인 인사말은 세월이 오래 흐른 뒤에도 기억에 남는다.

넷째, 전달 방법도 중요하다. 직접 전달해야만 하는 대상이 있는가 하면 그렇게 하는 것이 오히려 부담스러울 수 있는 대상도 있다. 우편이나 택배로 보내는 경우 주소와 전화번호가 적힌 명함은 함께 보내지 않는 것이 좋다. 답례를 바라는 것으로 오해하거나 부담을 줄 수 있기 때문이다. 선물을 할 때 평소 비즈니스용으로 쓰는 일반 명함 대신 이름만 쓰여 있는 네임카드를 보내는 것은 비즈니스 세계에서의 상례다. 네임카드도 좋지만 이럴 때는 단 몇 마디라도 마음을 담은 카드 한 장을 함께 보내는 것이 좋다. 상대가 나를 잘 기억하지 못할 것이 우려가 된다면 관계를 상기시킬 인사말을 넣으면 된다.

요즘 같은 불경기에는 부담스런 선물보다 정성스런 카드 한 장이 더 고맙게 느껴질 수도 있다. 가령 상대방의 직업이나 선물을 할 때의 상황을 고려하여 카드에 개별적인 인사말을 적어보라. 훨씬 뜻깊고 기억에 남는 선물이 될 것이다. 번거롭게 느껴질 수도 있지만, 이렇게 마음을 쓰면 같은 값의 선물이라도 상대방에게는 훨씬 큰 만족감을 줄 수 있다. 선물은 물건을 주는 것이 아닌 관계를 전하는 것이다. 가격보다 중요한 이미지를 담아 전하는 일이 결코 쉽지만은 않다.

영혼을 담는 사진 이미지

　사진을 통해 상대와 처음 만나게 되는 경우가 적지 않다. 나이가 들수록, 역할의 범위가 다양하고 넓어질수록 사진으로 자신이 공개되는 일이 많아진다. 신문에서 사진으로만 봐오던 사람을 직접 만나 대화를 하게 되는 경우, 사진으로 보던 느낌보다 훨씬 더 진솔하고 따뜻한 면모를 느끼게 될 때는 안타까움이 든다.
　강의와 컨설팅을 하기 때문에 직접 대면하는 대상이 적지 않음에도 불구하고, 사진의 첫 이미지가 매우 중요하게 다루어지고 있다는 것을 최근 경험했다. 모 기업 임원들 대상으로 20시간의 PI 과정을 진행할 때다. 네 그룹으로 나누어 주제별로 진행되는 스케줄이었는데, 시간을 절약하고 중복 설명을 피하기 위하여 24명 중 유사 성향을 가진 사람끼리 그룹을 만들어 진행하는 것이 효율적이라 판단했다.

그때 교육 담당자에게 내가 우선 요구한 것은 그들의 사진이었다. 대면 인터뷰가 없었으므로 사진을 통해 전달되는 표정과 옷차림, 전체 분위기가 그룹을 나누는 전제 기준이 될 수밖에 없었다. 그 결과, 비슷한 성향의 사람들끼리 그룹이 되었고 컨설팅의 내용이 크게 벗어나지 않았다. 그러나 예외가 있었다. 대면했을 때 알아보지 못할 정도로 오래 전의 사진을 제출했거나 자신의 실제 이미지를 제대로 담지 못한 사진을 제출한 사람들은 안타깝게도 다른 방향의 설명이 덧붙여져야 했다. 그중에는 미리 본 사진보다 이미지 관리가 더 필요한 사람도 있었지만, 그 반대의 경우도 적지 않았다. 안타깝게도 그들은 실제의 자신보다 부족하게 이미지를 전달하고 있었다.

신문에 날 때가 아니더라도 사진은 중요한 이미지 요소다. 온갖 단체에서 명부 관리용으로 사진을 요구받는 경우가 적지 않다. 지금 사진 제출을 요구받는다면, 내가 전달할 나의 사진은 어떤 모습인가. CEO의 경우 '비서가 하는 일이지'라고 생각한다면 큰 문제다.

PI에 있어서 본인의 사진은 매우 중요한 요소다. 대표적인 우수 사례로는 히틀러와 케네디를 들 수 있다. 히틀러는 늘 사진의 뒤 배경을 어둡게 하고, 언론에 사진이 노출될 때에는 군가를 크게 틀어 강력한 카리스마를 전달하였으며, 왜소하고 작은 키가 드러나지 않도록 상반신만 잡아서 키가 커 보이는 로(low) 앵글로 찍은 사진만 노출시켰다.

케네디는 극히 보수적이거나 너무 평범해 보일 수 있는 정면 사진은 거의 없고, 약간 사선으로 얼굴의 각을 주고 시선을 높게 하여 세련된 이미지와 새로운 미래에 대한 뉴 프론티어의 이미지를 전달하게 했다.

우리나라 안철수 의장의 경우도 우수 사례로 제시된다. 평소에 수수한 모범생 이미지를 가지고 있는 안 의장은 2000년 6월 자신의 연구소를 컴퓨터 바이러스 치유 전문연구소에서 컴퓨터 종합 솔루션 업체로 바꾸면서 번개 맞은 머리 모습으로 기업 PR광고에 등장해 기업 이미지를 한 순간에 바꿔놓았다.

손금은 변한다고 한다. 일반적으로 남자는 왼손, 여자는 오른손의 손금을 기준으로 본다는 설이 있지만, 손금을 연구하는 분들의 주장에 의하면 왼손 손금은 자신의 마음가짐에 따라, 오른손 손금은 자신이 처한 현실 상황에 따라 변한다고 한다. 자신의 마음과 환경에 따라 변하는 것은 단지 손금만이 아닐 것이다. 우리의 눈빛과 인상은 더욱 그렇다. 나이가 들어갈수록 사진 찍는 것을 피하는 분들이 있다. 본인이 생각하는 자신과 사진으로 확인되는 모습의 차이가 갈수록 커지기 때문이다. 찍은 사람의 잘못을 탓하는 경우도 있지만, 우리의 모습이 세월에 따라 변하고 있다는 것도 인정해야 한다. 그러므로 예전처럼 그냥 편하게 사진을 찍었다가는 스스로 실망하게 되는 경우가 많아진다.

실물만큼이나 사진으로 이미지를 전달하는 기회도 많기 때문에 이제는 자신의 사진에 좀 더 정성을 들일 필요가 있다. 우선 사진을 미리 준비해두어야 한다. 필요할 때 준비 없이 갑자기 찍으면 분명 손해를 본다. 시간에 쫓기면 자신도 만족하지 못하는 사진을 그냥 쓸 수밖에 없다. 직업적으로 사진을 찍는 모델들의 경우에도 잘 나왔다 싶은 사진은 수백 장 중에 선택된 한 장이다. 예술적 가치를 논하지 않는다 해도 자신의 색깔과 장점을 잘 표현한 사진을 갖는 것은 그리 쉬운 일이 아니다.

최근에는 선거에 나선 후보들의 홍보용 사진들도 예전과 많이 달라진 것을 발견할 수 있었다. 천편일률적으로 정면을 보던 예전의 벽보들과는 사뭇 다르게 요즘 선거에서는 의상은 물론, 각도나 표정, 명암과 구도에 있어서 각자의 색깔을 표현하려 애쓴 흔적이 많다.

그런가 하면 인물 사진 자료에서 보게 되는 국내 정치인들의 사진은 이목구비의 작은 차이를 제외하고는 놀라울 정도로 비슷하다. 짙은 감색 양복에 입을 꼭 다문 무표정한 얼굴로 정면을 향해 딱 버틴 모습은 뵙기도 전에 상대를 경직시킨다. 그것 역시 의도된 것일 수도 있겠지만, 일의 성격과 자신의 색깔을 담아 하나의 메시지를 만들 필요가 있다.

지금부터 제대로 자신의 이미지 목표를 점검하고 설계한 후, 사진도 이와 맥을 같이 해야 한다. 맥을 잇는 정도가 아니라 사진으로써 이미지를 리드할 수도 있다. 정치인의 경우 사진을 통해 유권자와 더 자주, 더 많이 만난다.

옷 한 벌 사는 것은 아까워하지 않으면서도, 훨씬 넓게 쓰이고 많은 사람들에게 공개되는 사진에는 인색한 경우가 많다. 귀찮고 번거롭게 느껴질 수 있으나, 한번 생각해보라. 한 명 한 명과 만날 때마다 넥타이를 바꾸어 매고, 늦지 않도록 서둘러 떠나고, 만나면서 소요되는 시간들을 생각해본다면, 한 번에 수백 명 아니, 경우에 따라 그 이상이 보게 될 수도 있는 내 사진 한 장에 신경을 쓰는 것은 귀찮게 생각할 일이 아니다.

보통 리더에게는 최소 5가지 이상 다른 이미지의 사진이 준비되어 있으면 좋다. "정장을 입고 점잖게 찍은 정면 사진이면 됐지"라고 생각해선 안된다. 그건 기본이다. 그 외에 셔츠를 걷어붙이고 일에 열중하다 잠시 앵글을 바라보는 듯한 열정적인 모습, 자기 분야의 현장이나 사진을 배경으로 한 전문적인 모습, 캐주얼하게 세상 사람들과 어울리다 본인만 한 컷 잡힌 듯한 자연스런 한 장, 그리고 행복하고 유쾌하게 웃는 환한 얼굴이 중심인 사진이 필요하다. 특히 수많은 사람들과 사진으로 대면할 기회가 많은 위치의 리더라면 이 정도 사진은 기본이어야 한다.

인터뷰를 할 때도 사진을 준비해둘 필요가 있다. 인터뷰 내용에 충실하다 보면, 사진기자에게는 건질 만한 사진이 별로 나오지 않을 때도 있다. 촬영한 컷 중에서 제일 나은 것을 고르겠지만, 그러고도 자신이 실린 사진에 불만족하는 경우가 많다. 이를 방지하기 위해서는 인터뷰 협의 과정에서 미리 요청하여 내용에 맞는 콘셉트이면서 자신의 이미지를 잘 전달할 수 있는 사진을 미리 준비하여 전달하는 것도 한 방법이다. 그냥 대화할 때와는 다르게 인터뷰 중 사진 촬영이 병행된다면 심상화를 통하여 인터뷰 동안 자신의 이미지를 연출할 필요가 있다. 그것은 단지 사진 전문가의 실력에만 달린 것이 아니라, 메시지를 담으려는 본인의 의도와 올바른 표현력에 좌우되는 것이다.

CEO나 전문직 종사자라면 점잖은 정면 모습뿐만 아니라 카메라를 바라보거나 먼 곳을 응시하는 등 시선에 변화를 준 사진, 서로 복장이 다른 사진이 여러 장 있어야 한다. 또 여권 사진 크기의 인물 사진 외에도 팔의 모양과 앉은 각도를 달리한 사진을 준비해 용도에 따라 사용하는 것이 효과적이다. 체격과 인상을 고려해 촬영 각도와 팔의 모양을 달리하면 전체적인 무게감이 달라 보인다. 더불어 안경테나 넥타이의 색상 등을 고려해 이미지를 고급스럽게 혹은 수수하게 조절할 필요가 있다.

'사진은 뺄셈'이라는 말처럼 주제에 방해되지 않도록 소재를 최소화시킬 필요도 있다. 언론 매체 인터뷰의 경우, 경험자가 아니고는 낯선 기자 앞에서 자연스런 포즈를 취하기는 쉽지 않으므로 업무 환경을 배경으로 한 자연스러운 사진을 미리 준비해두었다가 활용하는 것도 아쉬움을 피할 수 있는 방법이다.

일반적인 직장인의 경우에는 전문성과 신뢰감이 느껴질 수 있는 정장 차림으로 진지한 표정을 지은 공식적인 사진과, 동호회나 모임 등에 쓸 세미 정장 느낌의 비공식적인 사진으로 두 가지 정도면 된다. 단, 사진을 너무 많이 수정하지 말 것을 권하고 싶다. 얼마 전 직원 채용 때 제출된 이력서 사진들을 보면서 느꼈던 것이다. 인물 좋고 깔끔한 인상을 주는 사진의 주인공에게 호감이 더 가는 것은 사실이었지만 면접 때 실물과 너무 큰 차이를 보이면 오히려 인간적인 믿음을 저하시키는 느낌을 받았다. 더구나 공적인 목적으로 제출하는 사진에 너무 귀엽고 편하게 찍은 사진을 사용하는 것은 긍정적인 연상 효과가 어려우므로 피하는 것이 좋다.

그러나 부족한 이미지를 보완할 필요는 있다. 사진을 '빛 그림'이라 표현했던 어느 수필가의 말처럼 조명을 잘 이용하고 조리개를 여는 정도에 따라 강하게 혹은 부드럽게 인상을 조절할 수 있다고 한다. 모델이 아마추어니 조금 가격이 높더라도 좀 더 유능한 전문가의 도움을 받는 것도 좋다.

사진을 찍을 때는 번거로워도 배경으로 또 하나의 메시지를 담아보자. 배경 색이나 의미 있는 소품은 강력한 메시지로 자신의 이미지를 보완해준다. 그리고 '이 정도면 됐지, 뭐' 하는 선에서 만족해버리지 말자. 스스로 충분히 만족할 만한 사진이 나오도록 하자. 사진을 찍은 후에도 주기적으로 관리를 해야 한다. 지금 누군가의 손에는 이미지에 관심조차 없었던 예전의 자신의 엉성한 모습이 담긴 사진이 쥐어져있을

지도 모른다.

사진에서 가장 중요한 것은 눈이 전달하는 느낌이다. 렘브란트, 자코메티 등 많은 초상화가들을 비롯해 아베든 같은 유명 사진 작가들은 공통적으로 "인간의 눈은 영혼이다"라고 했다. 어떤 전문가가 찍어주어도 이것만은 본인이 만들어야 한다. 그저 앵글만 바라보며 빨리 찍으라고 재촉하지 말고, 행복했던 기억이나 소원하는 것이 이루어진 장면을 떠올리거나, 당당한 자신의 이미지를 상상하며 카메라를 보라. 지금까지와는 다른, 자신이 원하던 이미지의 사진을 갖게 될 것이다.

이미지 관리를 하고 싶다면 사진부터 바꾸어보자. "현재 사진 이미지 속에서 지나간 과거의 흔적과 향수가 누설된다"는 문예이론가 발터 벤야민의 말은 지나친 것이 아니다. 얼굴이 아닌 메시지를 전한다고 생각해보라. 사진을 보내는 순간, 상대와의 만남은 이미 시작되는 것이다. 상대는 그 사진에서 내 얼굴만 확인하는 것이 아니라 내 이미지를 받는다. 그리고는 일방적으로 결정한다. 자신이 만나지도 못한 수많은 사람들이 오늘도 내 사진을 보고 있을 수 있음을 기억하라.

10초의 홍보, 인터뷰 이미지

얼마 전, TV에서 특강을 1시간 동안 했더니 여기저기서 안부 전화가 왔다. 그 후 9시 뉴스에 단 몇 십 초 동안 인터뷰를 했는데 안부 전화가 세 배는 더 많이 왔다. 매스미디어의 힘을 확인한 경험이었다. 오늘날은 이에 더하여 멀티미디어의 시대다. 이미 2007년 말에 영국 엘리자베스 여왕은 왕실 소식을 알리는 유튜브 채널을 개설했고, 미국 오바마 대통령은 취임 후부터 'Change.gov'라는 홈페이지를 운영하고 있다. 로마 교황청도 유튜브 채널을 개설하여 교황의 메세지를 더 쉽고 빠르게 전 세계에 전하고 있다. 찾아오는 인터뷰 시대가 아니다. 저명 인사들조차 전략을 세워 먼저 그리고 직접적으로 홍보에 나서고 있다.

요즘 TV의 뉴스나 교양 프로그램에서 일반인들을 대상으로 한 편안한 인터뷰도 자주 보게 되는데, 리더로서 또는 직업에 관련된 인터뷰를 할 때는 그저 자연스러움만이 능사는 아니다. 사실 TV인터뷰는 최고의 기업 홍보 기회다. 인터뷰 내용에 잘못은 없는지, 얼굴이 괜찮게 나왔는지에만 관심을 두기에는 그 기회가 아깝다. 자주 찾아오지 않을 그 기회를 자신과 기업을 위한 최대의 홍보로 만들려는 노력이 준비되어야 한다.

어느 전문 직종 대표는 TV인터뷰를 한 후 인터뷰 내용이 왜곡되었다고 방송국에 화를 내고 심지어 소송을 하겠다고 한 적이 있었다. 어떤 사안에 대해 책임을 묻는 질문에 약간의 동의를 한 후 문제점을 이야기했는데, 앞부분만 방송되어 마치 그 문제에 대해 책임을 시인하는 것처럼 보였다는 것이다. 또 하나의 경우는 의사가 방송국에서 연락이 와 반가운 나머지 덜컥 인터뷰에 응했는데, 나중에 방송을 보니 의료 문제점을 지적하는 부정적인 내용의 방송에 인터뷰한 것이었다고 한다. 아차 했지만 이미 늦은 것이다.

인터뷰라는 것은 자주 찾아오는 기회가 아닐지도 모른다. 그러나 언론의 인터뷰에 있어서 한 가지 기억해야 할 것이 있다. 방송국의 인터뷰 요청은 우리 기업을 홍보해주기 위한 것이 아니라, 원하는 방송 내용을 찾기 위해서라는 점이다. 그러니 그들이 원하는 방향으로 얼마든지 편집될 수 있다는 사실도 잊어서는 안 된다. 따라서 조금이라도 불리하게 쓰일 수 있는 답변은 아예 하지 않아야 한다.

만약 인터뷰를 하게 된다면 다음 몇 가지는 염두에 두자. 우선 인터뷰 요청이 오면 먼저 방송 프로그램의 종류와 성격이 무엇인지 반드시 확인해야 한다. 프로그램의 성격에 따라 준비해야 할 자료가 달라질 수 있기 때문이다. 취재하는 목적을 정확히 알아야 효과적이다. 또한 방송

시간이나 취재 비중 등도 미리 확인하여 인터뷰 답변 내용을 준비해야 한다. 방송하는 날짜와 시간을 확인해 그 콘셉트에 맞는 내용과 인터뷰 장소, 의상도 준비해야 한다. 당연한 내용인 듯하지만 큰 조직에서도 종종 놓치곤 한다.

또한 기자들은 항상 시간에 쫓기며 취재를 한다는 사실을 염두에 두고, 짧게 인터뷰한 후 오해가 없도록 이해를 도울 수 있는 관련 보충자료는 요청이 없어도 미리 준비해두는 것을 잊지 않아야 한다. 보충자료를 제공하면 기자는 분명히 그것을 참고할 것이며, 인터뷰 내용에는 없더라도 기자의 음성으로 몇 가지 내용이 덧붙여질 수 있을 것이다. 단 몇 초짜리 인터뷰라 할지라도 취재 시간은 길어질 수 있으므로, 방송국에서 요청하는 한 협조적으로 진행할 수 있도록 그날의 시간 스케줄은 넉넉히 잡는 것이 좋다. 그날만은 바쁜 척하지 말고, 시간이 지연되거나 재촬영을 하는 상황을 이해하고 협조하는 태도를 보여야 한다. 그 과정에서 좋은 이미지는 전달된다.

효과적인 인터뷰가 되려면 TV의 3가지 특성을 조금 이해할 필요가 있다. 그것은 다음과 같다.

1. Close up medium : 표정, 미소, 집중, 제스처에 신경 써야 한다.

인물에 밀착되어 있는 매체라는 점이다. TV에서는 직접 대면을 했을 때보다 아주 작은 표정의 변화도 생생하게 드러난다. 인터뷰를 통해 적극적인 이미지를 주려면 특히 표정에 신경을 쓰고, 가만히 앉아 있는 모습보다는 적당한 제스처를 한두 번 쓰는 것이 좋다. 단, 제스처를 하다가 마이크를 건드리지 않도록 조심해야 한다. 자연스러운 눈 깜박임도 중요하며 특히 목에 힘을 주지 않도록 주의해야 한다.

2. Visual medium : 매력적인 목소리와 외모, 개성을 보여줄 수 있는 분장과 의상을 준비해야 한다.

비주얼적인 요소가 중요한 매체라는 점이다. TV를 보는 시청자들은 집중도가 그리 높지 않은 경우가 많다. 따라서 약간의 분장이나 의상 등을 통해 보다 매력적인 외모를 보여줄 수 있도록 해야 한다. 또한 카메라를 그냥 바라보는 것이 아니라 렌즈 안을 들여다보듯 눈으로 응시하면 진지하고 강한 이미지를 전달할 수 있다. 전달력이 좋은 목소리로 시청자의 관심을 유도하는 것도 중요하다. 그러기 위해서는 평소보다 조금 높은 톤으로 목소리를 내어야 전달 효과가 커진다.

3. Intimate medium : 평범하고 서민적인 모습, 인간미, 우호적인 느낌, 동정심, 겸손, 사교적인 이미지가 보여야 한다.

친밀감을 주어야 하는 매체라는 점이다. 시청자는 연령이나 성별, 직업은 물론 경제적인 수준이 다양하다. 따라서 전체적인 이미지나 인터뷰 장소 등은 무난하고 평범한 것이 좋다. 겸손하면서도 자신 있는 이미지로 인간미를 전달할 수 있다면 금상첨화라 하겠다.

인터뷰를 할 때는 의상 준비도 소홀히 해서는 안 된다. 인터뷰 콘셉트와 장소의 배경 색을 고려하여 옷은 보색 효과가 나도록 준비하고, 가능한 한 밝은 분위기의 단정한 복장을 하는 것이 얼굴 이미지의 전달에 있어 좋다. 전경련 홍보팀이 펴낸 〈경영자의 매스컴 사귀기〉에서 권장

하는 홍보 노하우에서 강조하듯 TV인터뷰를 앞두고 2~3일 전에 이발하거나 펌을 하는 것은 피해야 한다. 시간 여유를 두고 연락이 온다면 7~10일 전에 미리 하는 것이 좋겠다.

인터뷰 내용을 준비할 때는 무엇을, 어떠한 목적을 가지고 말할 것인지가 중요하다. 정보 전달에 목적이 있는 것인지, 아니면 설득을 위한 것인지에 맞추어 준비해야 한다. 대중의 정서와 가치관을 감안하여 내용을 준비하는 것도 매우 중요하다. 말의 속도와 높낮이, 악센트 등은 원고를 읽는 것이 아니라 입 밖으로 말하면서 사전에 미리 연습을 해두는 것이 좋다. 앞서 강조한 대로 언제 방송되는 어떤 프로그램인지에 따라 전체 분위기는 달라야 한다.

인터뷰를 할 때는 'KISS' 원칙을 기억하자. KISS는 'Keep It Short & Simple'의 약자로, 답변은 짧고 간결하게 결론부터 말하는 것이 가장 좋다는 뜻이다. 길게 말하면 편집하기 어려워 뒤를 흐리며 말이 잘리게 되는 경우가 있으므로 5초, 10초, 30초 짜리로 설정하여 미리 연습해두는 것도 좋다. 답변은 전문 용어나 약어는 피하는 것이 좋으며, 숫자의 표현은 정확해야 한다. '사십 다섯'이 아니라 '사십 오'로 말하고, '10프로'가 아니라 '10퍼센트'라고 하는 것이 정확한 표현이다. 또 가급적 시청자 중심의 표준어, 경어를 사용해야 한다. 비어나 속어 그리고 은어 등을 피해야 하는 것은 당연하다. 습관적인 헛기침이나, '에-, 마-, 저-' 같은 습관들도 피해야 한다. 이런 습관은 인터뷰 때 갑자기 고치려면 어렵기 때문에 평소에 가급적 쓰지 않도록 노력해야 한다.

본인의 인터뷰 답변이 마음에 들지 않는데, 기자가 "이제 됐다"고 하여 그냥 끝낸 적은 없는가? 촌스러워 보이거나 너무 TV를 의식하는 것으로 보이기 싫어서 아쉬우면서도 그냥 기자를 보내지는 말자. 당신도 귀한 시간을 낸 것이니 한 번 더 찍자고 해도 큰 실례가 아니다. 인터뷰 후에라도 정정하고 싶은 내용이 있다면 늦었다고 생각 말고 연락하는 것이 좋다. 귀찮게 생각하지 말고 방송 내용은 반드시 확인해야 하며, 본인의 모습 중 차후 개선 사항을 점검하는 것이 큰 도움이 된다. 마지막으로 기자와의 유대관계를 잘 관리하는 것도 매우 중요하다.

  TV인터뷰는 때로는 어떤 광고보다 강력한 기업 홍보의 기회가 될 수 있다. 특히 경영자의 홍보 인식은 지극히 중요하다. 일본 경제단체연합회(한국의 전경련과 비슷한 단체이다) 회장을 역임한 히라이와 가이시는 "홍보는 경영 그 자체"라고 단정하기도 했다. 그러니 '나는 조용한 성격'이라는 이유로 자꾸 기피하거나 혹평을 겨우 모면하는 정도로 소극적으로 대응하는 것이 아니라, 적절한 기회가 왔을 때 팔 벌려 환영할 수 있도록 적극적으로 준비해보면 어떨까.